Martina Meuth
Bernd Neuner-Duttenhofer

Lieblingsgerichte

das Begleitbuch zur

WDR

ServiceZeit
Essen und Trinken

Redaktion:
Dieter Stobbe

Fotos:
Martina Meuth

RAU

LIEBLINGSGERICHTE
Martina Meuth und
Bernd Neuner-Duttenhofer
ServiceZeit Essen und Trinken

Fotos: Martina Meuth
Christine Strub, München (Titelbild, S. 6 – 7, S. 95)
Dr. Brigitte Klemme, Berg/Ahrweiler (S. 186)
Videograbs: Produktion ServiceZeit Essen und Trinken,
Arno Imhoff Realisation
Umschlaggestaltung und Layout: Kirsten Mehnert, Düsseldorf
Gestaltung: Kirsten Mehnert, Margrit Schrimpf
Gesamtherstellung: Walter Rau Verlag, Düsseldorf

ISBN 3-7919-0689-5

Gedruckt auf umweltfreundlichem, chlorfrei gebleichtem Papier

Inhalt

In diesen beiden Transportern befindet sich die gesamte Technik, die zum Aufzeichnen der Sendung nötig ist. Sie stehen etwas unbequem hinterm Haus

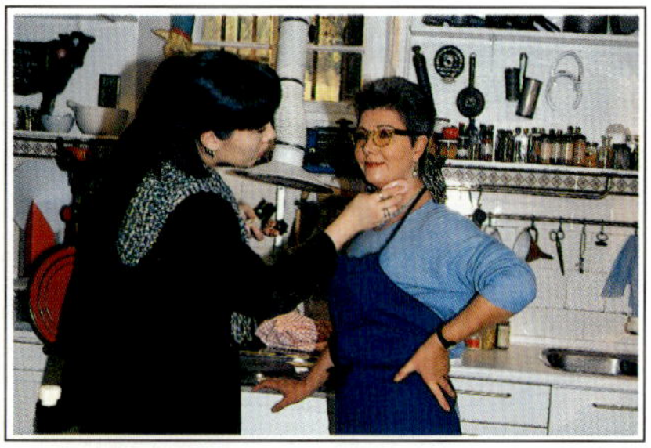

Choanne, unsere Maskenbildnerin, sorgt dafür, daß keine Nase glänzt – das heiße Scheinwerferlicht macht immer wieder Nachpudern nötig

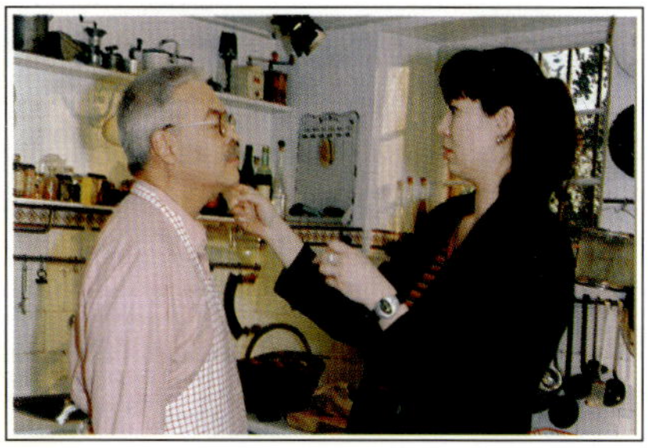

Auch Bernd, genannt Moritz, muß geschminkt werden, manchmal sogar die Lippen – das findet er besonders scheußlich, es schmeckt ihm nicht!

Vorwort

Dies ist nunmehr das dritte Buch, das unsere Sendung Essen und Trinken begleitet. Wir haben darin alle Rezepte gesammelt, die wir Ihnen im Laufe eines Jahres im Fernsehen vorgeführt haben. Dazu außerdem eine ganze Menge zusätzlicher Rezepte, die wir uns rund um das jeweilige Thema ausgedacht haben, und natürlich, wie immer, eine Fülle der unterschiedlichsten Tips und Kniffe, die die Arbeit in der Küche leichter machen sollen.

Wenn Sie unsere Sendung öfter sehen, dann wissen Sie längst, daß uns Kochen, Essen, Gäste haben und alles, was dazu gehört, richtig Spaß macht. Wir finden, es gibt einfach nichts Gemütlicheres, als zu zweit oder mit Freunden um einen Tisch zu sitzen, zu essen, zu trinken, zu schwatzen und zu genießen, was uns der Einkaufsbummel über den Wochenmarkt oder der Gang durch den Garten beschert hat. Natürlich macht das Arbeit, aber wir empfinden sie durchaus nicht als Last, sie ist vielmehr bereits ein Teil des Vergnügens, eine wahre Lust!

Es müssen ja nicht immer aufwendige Menüs sein, denn auch wir haben nicht immer die Zeit, stundenlang in der Küche zu stehen. Trotzdem kämen wir nie auf die Idee, eine Packung mit irgendeinem Fertiggericht aufzureißen. Schließlich läßt sich im Handumdrehen eine köstliche Pasta auf den Teller zaubern (zum Beispiel nach dem Rezept auf Seite 162), sogar ein Safranrisotto steht nach fünfzehn Minuten auf dem Tisch (Rezept Seite 76) – selbst dann, wenn man keine Zeit zum Einkaufen hatte, sondern sich aus seinen (selbstverständlich klug eingerichteten) Vorräten bedienen mußte.

Praktische Vorräte, intelligent eingesetzte moderne Technik und ein bißchen Phantasie, dazu unsere Rezeptideen mit ihren Hinweisen zur Warenkunde und ein paar Kenntnisse der wichtigsten Küchentricks – mehr braucht man doch eigentlich nicht, um Spaß am Kochen zu haben, oder? Wir wünschen uns, Sie mit unserer Begeisterung ein wenig anstecken zu können, und Ihnen gutes Gelingen!

Dann muß der Sender für das Mikrofon versteckt werden. Gaps, der Tonmann, befestigt das zigarettenschachtelkleine Ding hinten am Gürtel

Bevor richtig gedreht wird, zeigen wir den Kameraleuten, was wir genau tun wollen, damit sie den Bewegungen jeweils präzise folgen können

Während Tonmann Gaps den Sender in Moritz' hintere Hosentasche steckt, bereitet der bereits die Zutaten für den nächsten „Take" vor

Alles, was dazu nötig ist, Zutaten, Geräte, Töpfe müssen vorbereitet und am richtigen Ort bereitgestellt werden. Wehe, man hat etwas vergessen!

Ist ein Take oder sogar ein ganzer Abschnitt der Sendung „gestorben", muß zwischendurch immer wieder klar Schiff gemacht werden ...

Arno Imhoff, der Regisseur und Produzent unserer Sendung, läßt sich jeden Handgriff genau erklären oder in einer Probe vorführen, damit er ...

... ihn auch richtig ins Bild setzen kann. Während wir drehen, sitzt er dann draußen im Ü-Wagen und verfolgt alles über seine Monitore

Und dann heißt es: Schürzen umbinden, die Maske überprüfen, pudern und: „Achtung, bitte, wir drehen, absolute Ruhe, 3 Sekunden und ... los!"

Die schönsten Nudelaufläufe
Ganz international

Aufläufe, Gratins, wie man auch vornehm sagen kann, das sind diese wunderbaren, brodelnden Gerichte, die direkt aus dem Ofen auf den Tisch kommen, oft eine knusprige Schicht von gebakkenem Käse haben und eigentlich immer unwiderstehlich sind! Und denen man, wenn man es richtig macht, nie ansehen kann, daß sie oft nichts anderes als geschickte Resteverwertung sind. Denn für einen Auflauf müssen erst einmal alle Bestandteile vorbereitet sein, bevor man sie zusammensetzt. Das können entweder frische Zutaten sein oder eben Reste – aus übriggebliebenem Kartoffelpüree, Sauerkraut und einem Schweinebratenrest wird noch ein fabelhafter, herzhafter Auflauf; auch aus übriggebliebenen Nudeln mit Saucen- oder Gemüseresten und Käse. Da kann man seine Phantasie spielen lassen, Rezepte sind in einem solchen Fall ja völlig überflüssig.

DIE REZEPTE

Französischer Gemüsegratin mit Maccaroni

Für 4 bis 6 Personen:
1 kleiner Wirsingkopf,
3 dicke Möhren,
1 Staude Bleichsellerie,
Salz, 500 g Maccaroni,
400 g gekochter Schinken in halbzentimeter dicken Scheiben,
1/4 l kräftige Brühe,
2 Eigelb, 200 g Crème fraîche, 300 g geriebener Käse, Butterflöckchen

Das Französische daran: Wir verwenden eine flache Gratinform, wie man sie in Frankreich bevorzugt. So ist die Oberfläche größer, die Käsekruste, die ja als das Beste an einem solchen Auflauf gilt, bekommt mehr Gewicht. Übrigens sind natürlich auch andere Nudelformen geeignet.

❶ Den Wirsing putzen, halbieren, dicke Strunkstücke herausschneiden, die zarten Blätter quer in feine Streifen schneiden. Die Möhren mit dem Sparmesser schälen, in feine Streifen hobeln.

❷ Den Bleichsellerie putzen, falls nötig, Fäden entfernen, die Stengel quer in feine Scheibchen schneiden. Die Blätter hacken.

❸ Zuerst die Wirsingstreifen in einem Sieb oder Blanchierkorb in reichlich kochendes Salzwasser tauchen. Nach einer Minute die Möhrenstreifen zufügen. Und nach zwei Minuten die Selleriescheibchen.

❹ Das Gemüse herausheben, abtropfen und in Eiswasser abkühlen. So bleibt die leuchtende Farbe erhalten, außerdem werden die Vitamine und Inhaltsstoffe stabilisiert.

❺ Jetzt kann man im selben Wasser die Nudeln garkochen, abgießen, kurz abbrausen und abtropfen, mit einem Eßlöffel Olivenöl vermischen, damit sie nicht zusammenkleben.

❻ Den Schinken vom Fettrand befreien, den Rest klein würfeln. Brühe, Eier, Crème Fraîche miteinander verquirlen, mit Salz, Pfeffer und Muskat würzen.

❼ Das Gemüse mit den Schinkenwürfeln mischen, dabei mit Salz, Pfeffer und einem Hauch Cayennepfeffer würzen.

❽ Ein Drittel der Nudeln auf dem Boden einer flachen Form verteilen, das vorbereitete Gemüse und den Schinken mit dem zweiten Drittel mischen und darauf ausbreiten, mit dem letzten Nudeldrittel bedecken. Jeweils etwas Käse dazwischenstreuen.

❾ Zum Schluß die verquirlte Saucenflüssigkeit darübergießen. Restlichen Käse auf der Oberfläche gleichmäßig verteilen, alles mit Butterflöckchen besetzen.

❿ Den Gratin im 200 Grad heißen Backofen etwa 20 bis 30 Minuten backen, bis die Oberfläche goldbraun geworden ist und der Auflauf brodelt.

Variante:

Eine **Nudeltorte** wird daraus, wenn man die Nudeln für den Boden so sorgfältig in eine Spring- oder eine andere runde Form schichtet, daß sie eine geschlossene Fläche bilden, dann füllt man die mit Gemüse vermischten Nudeln ein und deckt die Oberfläche wieder mit ebenso akkurat gelegten Nudeln ab.

Die Saucenflüssigkeit wird in diesem Fall mit zwei weiteren Eiern verquirlt (Achtung: dann muß man die Gewürze stärker dosieren!), schließlich läßt man die Nudeltorte diesmal bei 180 Grad eine gute halbe Stunde backen, bis die Eier auch im Innern abgebunden haben.

Jetzt läßt sich der Auflauf aus der Form lösen und behält seine Form als Nudeltorte.

Das sieht spektakulär aus und schmeckt vorzüglich!

Tip: Schön sind auch gehackte Kräuter, die man verschwenderisch dazwischenstreut, vor allem Basilikum; zur kalten Jahreszeit tut's auch glattblättrige Petersilie.

Allgäuer Käs'spätzle-Auflauf

Für 4 bis 6 Personen:
Spätzle:
8 Eier, Salz, ca. 400 g Mehl, eventuell ein Schuß Wasser
Auflauf:
500 g Zwiebeln, 75 g Butter, 200 g geriebener Käse

Natürlich kann man dafür auch gekaufte Spätzle verwenden; wenn es schnell gehen soll, ist das völlig in Ordnung. Aber erst mit den richtigen, den von Hand geschabten Spätzle ist dieses gute Essen ein Gedicht!

❶ Für den Spätzleteig die Eier in einer Rührschüssel glatt quirlen, dabei langsam das Mehl hinzuschütten, soviel, bis der Teig schön geschmeidig ist. Mit einem Rührlöffel ihn energisch schlagen, bis der Teig Blasen wirft und seidig glänzt. Den Teig eine halbe Stunde ruhen lassen, dann erneut durchschlagen, bevor man ihn endlich verarbeitet.

❷ Einen großen Topf mit Wasser zum Kochen bringen, salzen. Einen zweiten Topf oder eine Schüssel mit heißem Wasser bereitstellen. Den Teig portionsweise auf ein angefeuchtetes Holzbrettchen streichen, davon mit einem Messer oder mit einem Teigkärtchen schmale Streifen schaben – wenn man das Brettchen auf den Topfrand stützt, purzeln die Nudelstreifen geradewegs ins kochende Wasser. Sobald sie wieder oben schwimmen, sind sie gar.

❸ Die Spätzle mit einer Schaumkelle herausfischen, im klaren Wasser abspülen, bevor man sie in einem Sieb abtropfen läßt.

❹ Die Zwiebeln auf dem Gemüsehobel in Ringe schneiden, portionsweise in heißer Butter langsam schön braun rösten.

❺ Abwechselnd Zwiebeln, geriebenen Käse und Spätzle in eine Auflaufform schichten. Im 200 Grad heißen Ofen nur knapp fünfzehn Minuten überbacken, bis der Käse geschmolzen ist.

Die Spätzlepresse:

Traditionell sind jene Pressen, Kartoffelpressen ähnlich, durch deren kleine, runde Löcher der Teig ins kochende Wasser gedrückt wird. Die Spätzle, die so entstehen, sind aber mehr Nudeln gleich, haben mit jenen Spätzle, die eine schwäbische Hausfrau vom Brett mit der Hand schabt, wirklich nichts zu tun. Jetzt aber hat man – wahrscheinlich ein schwäbischer Tüftler – ein neues Gerät entwickelt, das wie eine Presse funktioniert, durch dessen vielfältig und unterschiedlich geformte Preßlöcher ungleichmäßig geformte Nudeln entstehen. Mal flach, mal dünn, mal dick, mal schlank –, so daß sie tatsächlich von geschabten Spätzle nicht zu unterscheiden sind. Die Presse von der Fa. Buchsteiner gibt's in Haushaltsgeschäften.

Italienische Lasagne

Für 6 Personen:

Nudelblätter:

300 g Mehl, 6 Eier, Salz oder 500 g fertigen Nudelteig oder gekaufte Nudelblätter verwenden

Ein Paradegericht der italienischen Hausfrauenküche. Wie überhaupt ja Aufläufe aus dem Repertoire der Hausfrauen stammen, die berühmt dafür sind, aus nichts noch etwas Gutes zaubern zu können – eine Fähigkeit, welche die berühmten Köche ja nicht unbedingt beherrschen oder als besonders wichtig erachten.

Zunächst braucht man dafür Nudelblätter: Man kann sie fertig kaufen – wir zeigen, wie sie aussehen; es gibt sogar welche, die man gar nicht mehr vorkochen muß. Man kann sie aber auch selber machen: Nudelteig aus Mehl und Eiern, der dann vor dem Verarbeiten ruhen muß.

❶ Zuerst den Nudelteig herstellen: Mehl auf die Arbeitsfläche häufen, eine Vertiefung in die Mitte drücken, dorthinein die Eier einzeln aufschlagen. Sie salzen. Dann von der Mitte her zuerst mit einer Gabel die Eier verquirlen, dabei immer mehr vom Mehlrand einarbeiten. Schließlich mit den Händen den Teig rasch kneten, bis er elastisch, schön weich und ganz glatt ist. Zugedeckt, am besten in einer Plastiktüte, eine halbe Stunde ruhen lassen.

❷ Mit der Nudelmaschine dünne Teigbänder drehen, diese in Rechtecke zuschneiden. Etwas antrocknen lassen.

Fertiger Nudelteig ist bereits dünn ausgerollt, ihn braucht man nur noch in rechteckige Blätter zu schneiden.

❸ Die Nudelblätter in reichlich Salzwasser nur eine Minute vorkochen, kalt abschrecken und zwischen feuchten Tüchern aufbewahren, bis die übrigen Vorbereitungen erledigt sind. Wer gekaufte Lasagneblätter nimmt, muß sich an die Aufschrift auf der Packung halten. Oft müssen sie gar nicht einmal vorgekocht werden, sondern können direkt aus der Packung in die Form geschichtet werden.

❹ Für die Füllung zunächst die Pilze mit soviel kochendem Wasser überbrühen, daß sie gerade bedeckt sind, und eine halbe Stunde einweichen.

❺ Die Zwiebel schälen, fein würfeln und in einem großen, flachen Topf im heißen Olivenöl andünsten. Die Pilze fein hacken und mitdünsten. Das Hackfleisch zufügen, jetzt die Hitze verstärken, das Fleisch so lange braten, bis es krümelig geworden ist. Die Knoblauchzehen durch die Presse hinzufügen. Sellerie fein würfeln und ebenfalls unterrühren. Das Tomatenfleisch beziehungsweise die Tomaten samt Saft in den Topf geben sowie das Tomatenmark. Mit Origano würzen. Lorbeerblatt und Chilischote zufügen, salzen, pfeffern. Zum Schluß die Petersilienblättchen abzupfen und beiseite legen. Die Stiele bündeln und in der Hackfleischsauce mitkochen. Sie soll auf mildem Feuer ungefähr eine halbe Stunde vor sich hin köcheln. Falls sie dabei zu trocken zu werden droht, immer wieder einen Schuß Rotwein unterrühren.

❻ Inzwischen eine Bechamelsauce zubereiten: Die Butter erhitzen, feingeriebene Zwiebel darin andünsten – unbedingt die Zwiebel direkt in den Topf reiben, damit sie nicht an der Luft oxydieren kann! – wenn vorhanden auch winzig kleingewürfeltes Schinkenfett mitdünsten. Das Mehl anschwitzen und schließlich mit Milch ablöschen. Ein Lorbeerblatt zufügen.

❼ Die Sauce auf mildem Feuer etwa 20 Minuten köcheln, bis sie schön dick geworden ist. Mit Salz, Pfeffer, Muskat und einem Hauch Cayennepfeffer sowie einem Spritzer Worcestershiresauce kräftig abschmecken – das Lorbeerblatt wieder entfernen. Zwei

Füllung:
10 bis 25 g getrocknete Steinpilze, 1 große Zwiebel, 2 EL Olivenöl, 500 g Hackfleisch (ganz nach Belieben: vom Rind oder mit Schweinefleisch gemischt),
3 – 4 Knoblauchzehen,
2 – 3 Selleriestengel,
1 große Dose geschälte Tomaten oder passiertes Tomatenfleisch,
1 – 2 EL Tomatenmark aus der Tube,
1 TL Origano, 1 Lorbeerblatt, 1 getrocknete Chilischote, Salz, Pfeffer, glatte Petersilie, Rotwein

Bechamelsauce:
2 EL Butter, 1 kleine geriebene Zwiebel, wenn vorhanden etwas Schinkenfett, 1 EL Mehl, 1/2 l Milch, 1 Lorbeerblatt, Salz, Pfeffer, Muskatnuß, Cayennepfeffer, 1 Spritzer Worcestershiresauce, 150 g geriebener Parmesan, Butterflöckchen

Eßlöffel geriebenen Parmesan einrühren.

❽ Eine rechteckige flache Auflaufform mit Olivenöl auspinseln. Den Boden mit einer Schicht vorgekochter Nudelplatten (oder den trockenen Nudelblättern, wenn man sie nicht vorkochen muß) auslegen. Mit einer dünnen Hackfleischschicht bedecken, diese mit etwas Bechamel bestreichen. Wieder mit Nudeln abdecken und so fortfahren, bis alles aufgebraucht ist.

❾ Die Oberfläche mit etwas Bechamel bestreichen, mit Käse bestreuen, mit Butterflöckchen besetzen oder mit Olivenöl beträufeln.

❿ Die Lasagne jetzt in den Ofen schieben, bei 200 Grad eine gute halbe Stunde backen – mit gekauften Nudelblättern, die meist etwas dicker sind, braucht sie etwa 45 bis 50 Minuten.

Zur Lasagne gehört ein Salat und ein frischer, fruchtiger, nicht zu schwerer Rotwein.

Nudelteig:

Manchmal muß man den Bäcker oder Metzger nur fragen – dann kann er frischen Nudelteig besorgen oder hat ihn fix und fertig ausgerollt in seiner Tiefkühltruhe. Auch in manchen Delikateßgeschäften, vor allem beim Italiener, kann man häufig Nudelteig frisch kaufen – dann kann man sich die Mühe des Selbermachens sparen.

Tip: Die Lasagne macht viel Mühe, daran läßt sich nichts deuteln – aber es ist ein wunderbares Festessen, auch für eine große Runde, denn ob man eine Form oder mehrere in den Ofen schiebt, das bedeutet wahrlich nicht viel mehr Arbeit! Übrigens kann man den Auflauf sehr gut wieder aufwärmen: einfach bei nicht zu starker Hitze (ca. 170 Grad) im Ofen erwärmen, bis der Auflauf wieder brodelt. Eine frische Tomatensauce dazu – und niemand kommt auf die Idee, daß es sich hier um Resteverwertung handelt.

ZUM SCHLUSS NOCH EIN DESSERT:

Ananassalat

Möglichst die kleinen, aromatischen Ananas verwenden, die so betörend duften. Übrigens ist es immer der Geruch, der anzeigt, ob die Frucht reif ist und von guter Qualität, nicht etwa die Farbe. Halten Sie also beim Einkauf Ihre Nase dran: Nur was gut riecht, wird auch gut schmecken!
Die Ananas schälen, halbieren oder vierteln, je nach Größe. In dünne Scheiben schneiden und auf Desserttellern hübsch anrichten.

Vanilleparfait

❶ Die Eigelb mit dem Puderzucker im Wasserbad so lange schlagen, bis die Masse heiß, sehr dick und hell geworden ist.

❷ Den Topf mit der Masse in eine Schüssel mit Eiswasser stellen und so lange schlagen, bis sie wieder kalt ist.

❸ Die steifgeschlagene Sahne unterziehen. In eine Kastenform füllen und gefrieren.

❹ Zum Servieren stürzen, in Scheiben schneiden und servieren.

Himbeersauce

Himbeeren auftauen, mit dem Zucker aufkochen. Durch ein Sieb streichen und abkühlen lassen.

Tip: Mit Zucker bestäuben, mit Rum beträufeln. Jeweils eine Eiskugel daraufsetzen und schließlich mit Himbeersauce dekorieren.

Für 4 Personen:
1 oder 2 Ananas – je nach Größe,
2 – 3 EL Puderzucker,
3 EL weißer Rum,
nach Belieben: Vanilleeis und Himbeersauce

Vanilleparfait,
für 4 bis 6 Personen:
4 Eigelb, 100 g Puderzucker, 0,2 l Sahne

Himbeersauce,
für 4 bis 6 Personen:
300 g Himbeeren (auch tiefgekühlt),
3 EL Zucker

ZUSATZREZEPTE

Für 4 bis 6 Personen:
1 Portion Nudelteig wie oben angegeben oder 500 g fertige Röllchen, Salz, Olivenöl zum Beträufeln

Füllung:
600 g Spinat (tiefgekühlt) oder 1 kg fester frischer Freilandspinat, Salz, 250 g Quark, 3 Eier, 2 Knoblauchzehen, Salz, Pfeffer, Muskat, 200 g frisch geriebener Parmesan, 1 Portion Bechamelsauce (wie im Rezept für Lasagne, S. 14f.)

Canneloni mit Spinatfüllung

Auch Cannelonïröllchen aus Nudelteig kann man fertig kaufen, oftmals muß man auch sie nicht vorkochen. Das gilt übrigens nicht für solche aus Hartweizenmehl – sie müssen zunächst gekocht werden, weil sie sonst hart bleiben. Die vorgekochten Teigröllchen zu füllen ist ein wenig mühsam – eine saucenartige Füllung praktiziert man deshalb am einfachsten mit einem Spritzbeutel in die weichen Röllchen.
Noch einfacher hat man es allerdings mit selbstgemachtem Nudelteig: Da schneidet man sich quadratische Teigplatten aus, die man kurz in Salzwasser vorkocht. Auf diese Quadrate setzt man dann die Füllung und rollt sie einfach auf. Mit der Nahtstelle nach unten werden die Canneloni dann in die Form geschichtet – schönere, gleichmäßigere und bessere kann man sich nicht denken.

❶ Den Nudelteig zubereiten, hauchdünn ausrollen und in Quadrate von ca. 10 Zentimetern schneiden. In Salzwasser vorkochen, in kaltem Wasser abkühlen. Mit Olivenöl vermischen, damit sie nicht zusammenkleben.

❷ Den Spinat auftauen. Den frischen Spinat verlesen, putzen, entstielen, in reichlich Salzwasser zusammenfallen lassen, eiskalt abschrecken. Gut abtropfen lassen und fest ausdrücken.

❸ Spinat, Quark und Eier im Mixer pürieren, dabei den Knoblauch mitmixen, außerdem mit Salz, Pfeffer und Muskat herzhaft abschmecken.

❹ Schließlich zwei Drittel des Käse untermischen.

❺ Diese Spinatfüllung in die vorbereiteten Canneloni verteilen. Sie in eine flache rechteckige Form setzen – möglichst nur eine Lage, die Canneloni sollten nicht übereinandergeschichtet sein.

❻ Mit der Bechamelsauce übergießen, mit dem restlichen Käse bestreuen und mit etwas Olivenöl beträufeln.

❼ Im 220 Grad heißen Ofen 20 bis 30 Minuten backen, bis die Oberfläche gebräunt ist und der Auflauf brodelt.

Provenzalische Canneloni Maison – gefüllte Teigblätter

Für 4 Personen:
Nudelteig:
250 g Mehl, 2 Eier, 1 Eigelb, Salz

Füllung:
250 g Braten oder Schmorfleischreste (von der Daube), 250 g Mangold oder Spinatblätter, 2 Schalotten, 4 Knoblauchzehen, 1 Bund Petersilie, 1 Ei, Salz, Pfeffer, Butterflöckchen, 150 g Reibkäse

Tomatensauce:
1 Zwiebel, 2 Knoblauchzehen, 2 EL Öl, 500 g Tomaten, Salz, Pfeffer, 2 EL provenzialische Kräutermischung, 3 EL frisches Olivenöl

❶ Canneloni, ursprünglich nur in Nizza heimisch, sind längst völlig selbstverständlich in den provenzialschen Rezeptschatz eingegangen.

❷ Die Zutaten für den Teig rasch zusammenkneten. Eine halbe Stunde ruhen lassen, bevor er hauchdünn ausgerollt und in Quadrate von ca. 10 Zentimetern geschnitten wird. Die Teigblätter jeweils kurz in kochendes Salzwasser geben und mit kaltem Wasser abschrecken.

❸ Für die Füllung Fleisch, blanchierten Mangold, Schalotten und Knoblauch sowie Petersilie durch den Wolf drehen. Mit dem Ei mischen und kräftig abschmecken.

❹ Jeweils zwei Eßlöffel dieser Farce auf einem Teigblatt verteilen, aufrollen und dicht nebeneinander in eine gebutterte, flache, feuerfeste Form setzen. Mit Käse und Butterflöckchen bestreuen.

❺ Im 200 Grad heißen Ofen etwa 35 bis 40 Minuten backen, bis alles brodelt.

❻ Für die Sauce gehackte Zwiebeln und Knoblauch im Öl andünsten. Die grob zerschnittenen Tomaten, Salz, Pfeffer und die Kräutermischung zufügen, eine halbe Stunde köcheln. Durch ein Sieb streichen und mit Olivenöl aufmixen.

Nudelauflauf mit Hühnerfleisch

Für 6 Personen:
400 g Mehl, 4 Eier, Salz, 1 fleischiges Hähnchen (ca. 1200 g), 1 Zwiebel, 2 Knoblauchzehen, 1 Möhre, 1/4 Sellerieknolle, 1 Lauchstange, 1 Lorbeerblatt, 3 Petersilienstengel, 1 EL Pfefferkörner, 1 EL Butter, 1 TL Mehl, 1/8 l Sahne, Pfeffer aus der Mühle, frisch geriebene Muskatnuß, 2 Eigelb, 300 g frische Champignons, 2 EL Butter, 2 EL Petersilie, 3 EL frisch geriebener Gruyère oder Parmesan

❶ Aus Mehl, Eiern und Salz, wie im Kurs gezeigt, einen Nudelteig herstellen. Schmale Bandnudeln daraus schneiden und etwas trocknen lassen. Das Hähnchen waschen. Zwiebeln, Knoblauch, Möhre, Sellerie und Lauch putzen und in Stücke schneiden.

❷ In einen ausreichend großen Topf füllen. Mit einem Liter Wasser bedecken und 10 Minuten kochen. Das Hähnchen, Lorbeerblatt, Petersilienstengel und Pfefferkörner zufügen. Ohne Deckel bei milder Hitze 40 Minuten ziehen lassen. Das Hähnchen in der Brühe auskühlen lassen. Sobald es nur noch lauwarm ist, herausnehmen, das Fleisch von den Knochen lösen und in mundgerechte Würfel teilen. Knochen und Haut zurück in die Brühe geben. Auf mittlerer Hitze um die Hälfte einkochen. Durch ein Sieb filtern. Jetzt sollte ungefähr 3/8 Liter sehr kräftige Hühnerbrühe übrig sein.

❸ In einer Kasserolle die Butter schmelzen, das Mehl darin andünsten. Mit der Brühe auffüllen und zu einer dicklichen Sauce kochen. Sahne mit Pfeffer, Muskat, Salz und Eigelb verquirlen. In die Sauce rühren. Langsam auf milder Hitze heiß und dicklich werden, aber auf keinen Fall kochen lassen. Diese Sauce, die sehr cremig sein sollte, abschmecken.

❹ Die Pilze putzen, blättrig schneiden, in einem Eßlöffel Butter anbraten, bis alle ausgetretene Flüssigkeit verdampft ist. Mit der restlichen Butter die Auflaufform einfetten.

❺ Die Nudeln in sprudelnd kochendem Salzwasser nicht zu weich kochen, abgießen und heiß abspülen. Gut abtropfen lassen. Nudeln, Hühnerfleisch und Champignons abwechselnd in die Form schichten, dabei jede Schicht mit etwas Petersilie bestreuen. Alles mit der Sauce übergießen. Den geriebenen Käse darübergeben. Die Form in den auf 250 Grad vorgeheizten Ofen schieben. Den Auflauf 10 Minuten überbacken. Heiß servieren.

Anmerkung: Natürlich können Sie den Auflauf auch mit gekauften Bandnudeln herstellen. Es genügen etwa 250 Gramm.

Tip: Mit einer Nudelmaschine sind Nudeln im Handumdrehen hergestellt: einfach die Teigzutaten lose vermengen und portionsweise zwischen den Walzen solange durchdrehen, bis sie sich zu einem homogenen, glatten Teigband verbunden haben. Dabei die Walzenstärke immer enger einstellen.

Der Handhobel:
Das Spezialmesser, mit dem man hauchdünne Scheiben und Käsestücke schneiden kann. Übrigens ist er auch gut geeignet, um die Rinde so dünn zu entfernen, daß nicht unnötig viel vom guten Käse dabei weggeschnitten wird.

Der Tischschneider:
Weichere, also junge Schnittkäse lassen sich damit gut in Stücke zerlegen. Der dünne Draht durchtrennt die Käsemasse auch dann exakt, wenn sie noch sehr nachgiebig ist.

Nudelauflauf mit Huhn und buntem Gemüse

Für 6 Personen:
1 große Poularde (ca. 1500 g), 2 dickere Möhren, 4 Stengel Bleichsellerie, 1 Lauchstange, 2 Lorbeerblätter, 2 Thymianzweige, 1 Bund glatte Petersilie, Salz, 250 g kleine Cocktailtomaten, 250 g Brokkoli, 500 g Bandnudeln oder kurze, glatte Makkaroni, 200 g geriebener Parmesan, 200 g Crème fraîche, Muskatnuß, eine Spur Cayenne, weißer Pfeffer

❶ Die Poularde in einen passenden Topf legen. Die geschälten Möhren unzerteilt zufügen. Von Sellerie und Lauch jeweils ein schönes Stück wegschneiden und beiseite tun. Den Rest grob gehackt zum Huhn in den Topf füllen, Lorbeer, Thymian und die abgezupften Petersilienstengel zufügen. Mit Wasser knapp bedekken, salzen. Die Tomaten mit kochendem Wasser überbrühen, abziehen. Ihre Haut in den Suppentopf füllen. Die Poularde etwa 1 Stunde sanft garen. Herausnehmen, Fleisch von den Knochen lösen, Häute und Sehnen entfernen, nun zusammen mit den Knochen zurück in den Topf füllen. Eine weitere Stunde auskochen, damit die Brühe schön kräftig wird. Und zwar ohne Deckel, damit sie um gut die Hälfte reduziert wird.

❷ Die Möhren jedoch bereits mit dem Fleisch zusammen herausnehmen und in 1 cm große Würfel schneiden. Fleisch in mundgerechte Stücke teilen. Beides mit etwas Brühe befeuchtet zudeckt beiseite stellen.

❸ Inzwischen die Brokkoliröschen von ihren Stielen trennen. Stiele schräg in Scheiben schneiden. Stiele, später Röschen, in Salzwasser blanchieren. Dann eiskalt abschrecken, damit die schöne Farbe erhalten bleibt. Auch den Lauch und Sellerie schräg in Scheiben schneiden und kurz blanchieren. Die Nudeln nicht völlig gar kochen, in viel Wasser abschrecken, damit sie nicht zusammenkleben.

❹ Eine ausreichend große Auflaufform dick ausbuttern. In bunter Folge Hühnerfleisch, gekochte Nudeln, Möhrenwürfel, Brokkoli, Lauch und Sellerie einfüllen. Die abgezogenen Tomaten dazwischen verteilen. Falls sie nicht wirklich sehr klein sind, halbieren und in diesem Fall auch entkernen. Hauch von Cayenne und weißem Pfeffer würzen, schließlich mit gehackter Petersilie und mit geriebenem Käse bestreuen. Den größten Teil des Käses allerdings mit Crème fraîche und gut 1/4 l der inzwischen sehr konzentriert eingekochten Hühnerbrühe verquirlen und über den Auflauf gießen.

❺ Im 200 Grad heißen Ofen gut 35 bis 40 Minuten backen, bis alles lebhaft brodelt und sich eine appetitliche, goldgelbe Kruste gebildet hat.

Grüne Tortellini mit Gorgonzolasauce

Für 6 Personen:

Tortelliniteig:
200 g Spinat, Salz, 3 Eier, 500 g Mehl

Füllung:
Ein altbackenes Brötchen, 350 g gemischtes Hackfleisch, 1 Ei, 300 g Spinat, 1 Zwiebel, 2 Knoblauchzehen, 2 EL Olivenöl, Salz, Pfeffer, Delikateßpaprika oder Chilipulver

Sauce:
150 g weicher Gorgonzola, 1/8 l Weißwein, 1/4 l Sahne, eine rote Chilischote, Salz, Pfeffer, Muskatnuß

Natürlich kann man die Tortellini fertig kaufen. In vielen Großstädten gibt es sie in Feinkostläden oder gut sortierten Kaufhäusern ganz frisch. Oft werden sie sogar vor den Augen der Kundschaft hergestellt. Aber, auch hier gilt: Selbstgemacht schmeckt es einfach noch einmal so gut. Deshalb hier das genaue Rezept – für den Fall, daß Sie genug Zeit haben und es etwas ganz Besonderes geben soll:

❶ Für den Teig die Spinatblätter entstielen, kurz in kochendem Salzwasser blanchieren, bis sie zusammenfallen – ausdrücken, im Mixer oder mit dem Messer sehr fein hacken. Aus diesem Püree mit den Eiern, Salz und so viel Mehl, wie die Masse aufnimmt, einen festen, aber geschmeidigen Teig kneten. In Folie oder ein Tuch gehüllt mehrere Stunden ruhenlassen.

❷ Unterdessen für die Füllung das Brötchen einweichen. Gut ausgedrückt mit Hackfleisch, Ei, dem fein gehackten Spinat, der mit der ebenfalls fein gehackten Zwiebel und dem Knoblauch im heißen Öl angedünstet wurde, mischen. Die Farce mit Salz, Pfeffer und Paprika oder Chilipulver kräftig abschmecken.

❸ Den Teig zu etwa 8 cm breiten Bändern hauchdünn ausrollen – das erledigt am bequemsten die Nudelmaschine. Quadrate von 8 cm Kantenlänge zuschneiden, jeweils 1 EL Füllung in die Mitte setzen. Den Teig so darüber schlagen, daß zuerst ein Dreieck entsteht. Dann die Ecken zusammennehmen und ineinander verschränken, so daß die Tortellini gut zusammenhalten können und sich nicht gleich wieder im Kochwasser lösen. Die Tortellini nun in reichlich sanft wallendem Salzwasser etwa 8 Minuten gar ziehen lassen.

❹ Für die Sauce den Käse im Wein und in der Sahne auflösen. Dabei die Chilischote mitziehen lassen. Wer's feurig mag, schneidet sie zuvor klein. Wer nur einen Hauch davon mitessen will, läßt sie unzerteilt und kann sie nachher wieder herausfischen.

❺ Die Tortellini mit einer Schaumkelle aus dem Kochwasser heben, in eine flache Auflaufform anrichten, mit der gut abgeschmeckten Sauce übergießen und im Ofen 5 bis 10 Minuten überbacken.

Trofiette al pesto

Für 4 Personen:
Trofiette:
200 g Mehl, 2 Eier, Salz, 2 EL Olivenöl
Außerdem:
250 g Kartoffeln

Pesto:
2 Bund frisches Basilikum, 1 Handvoll Pinienkerne, 2 gehäufte EL frisch geriebener Pecorino, 1 – 2 Knoblauchzehen, Salz, etwa 1/10 l aromatisches Olivenöl aus der ersten Pressung (extra vergine)

Eine Spezialität aus Ligurien: knapp fingerlange, mit der Hand geformte Nudeln, vermischt mit gekochten Kartoffelwürfeln und Pesto, der berühmten grünen Sauce aus viel Basilikum, gemahlenen Pinienkernen und geriebenem alten Pecorinokäse.

❶ Aus Mehl, Eiern, Salz und Öl einen geschmeidigen, aber festen Nudelteig herstellen. Zu einer Rolle von 2 cm Stärke formen. Davon etwa 1 cm lange Stücke abschneiden. Sie zwischen den Handflächen oder auf einer bemehlten Arbeitsfläche zu länglichen Würstchen rollen, deren Enden spitz zulaufen. Die Trofiette in reichlich Salzwasser gar kochen, so daß sie noch Biß haben (etwa 5 bis 8 Minuten).

❷ Kartoffeln schälen und in 1 cm große Würfel schneiden. Dann knapp mit schwach gesalzenem Wasser bedecken, in geschlossenem Topf weich kochen. Das Kochwasser abgießen, die Nudeln mit den Kartoffeln mischen.

❸ Für den Pesto die Zutaten im Mixer oder Mörser zu einer glatten Paste zerkleinern. Dabei löffelweise mit etwas heißem Nudelkochwasser anfeuchten. Dann kann sich alles besser miteinander verbinden.

❹ Grüne Sauce abschmecken und mit den Nudeln und Kartoffeln mischen, in eine Gratinform füllen und im 180 Grad heißen Ofen 5 bis 10 Minuten überbacken.

❺ Mit frischem Basilikumblättchen geschmückt heiß servieren.

Graubündner Pizokels

Für 4 bis 6 Personen:
400 g Mehl,
100 g Roggen, oder Buchweizenmehl, 4 Eier,
0,1 bis 0,2 l Wasser,
Salz, 1 EL Öl,
2 – 3 mittelgroße Kartoffeln, 1 große Zwiebel,
50 g Butter,
50 bis 70 g Reibkäse

❶ Aus Mehl, Eiern, Wasser, Salz und Öl einen luftigen Teig schlagen, der Blasen wirft. Mindestens eine Stunde, besser noch einen halben Tag, ruhenlassen.

❷ Die geschälten Kartoffeln würfeln, in einem großen Topf mit Salzwasser garen. Den Teig portionsweise auf ein Brett streichen, über den Topf halten und mit einem Messer oder Teigschaber Spätzli direkt ins Wasser schaben. Sobald die Pizokels oben schwimmen, sind sie gar. Mit einer Schaumkelle herausheben, dabei auch die Kartoffelwürfel mitfassen, abtropfen lassen und auf einer Platte anrichten. Mit in Butter gerösteten Zwiebelringen und Reibkäse bedecken und sofort servieren.
Dazu gehört unbedingt ein grüner, säuerlich gemachter Salat!

Älplermagrone mit Ankestückli

Für 4 bis 6 Personen:
4 – 6 mittelgroße Kartoffeln, 200 g Hörnchennudeln oder kurze, gerippte Makkaroni,
Salz, 250 g frisch geriebener Käse,
0,2 l Rahm, 0,1 l Milch,
2 – 3 große Zwiebeln,
2 EL Butterschmalz

Ankestückli:
1 kg feste, säuerliche Äpfel, 40 g Butter,
50 g Zucker,
0,1 l Apfelmost oder Weißwein

Hoch oben auf der Alm hat man nur wenige Zutaten ohne Schwierigkeiten immer zur Verfügung: Milch, Rahm, Käse, dazu vielleicht noch Zwiebeln, Kartoffeln und haltbare Nudeln. Magrone sind nichts anderes als Makkaroni, und unter Ankestückli versteht man eine beliebige Beilage zu manchen salzigen Gerichten: in Anken, alemannisch für Butter, gedünstete Äpfelschnitze.

❶ Kartoffeln schälen, in kleine Würfel schneiden und in reichlich Salzwasser zusammen mit den Nudeln gar kochen. Abgießen, auf eine tiefe, feuerfeste Platte geben, dabei den Käse dazwischenstreuen.

❷ Rahm und Milch aufkochen und darübergießen. Für etwa zehn Minuten in den 180 Grad heißen Ofen stellen, bis der Käse geschmolzen und die Milch brodelnd heiß ist.

❸ Mit in Butterschmalz gebräunten Zwiebeln überhäuft zu den Ankestückli servieren. Dafür die Äpfel in Achtel teilen, in der heißen Butter sanft andünsten, sofort mit dem Zucker bestreuen, der hell karamelisieren soll. Mit Most oder Wein besprenkeln und etwas einkochen.

Simonenmagronen

Für 4 Personen:
300 g Hörnchennudeln,
3 EL Butter,
2 große Zwiebeln,
300 g Kartoffeln, Salz,
1 l Wasser, 1/8 l Rahm,
150 g geriebener Käse

Eine Variante zu den Älplermagronen, die gleichen Zutaten, aber auf andere Weise zubereitet.

❶ Die rohen Nudeln in der heißen Butter sanft anrösten. Sobald sie goldbraun geworden sind, die feingehackten Zwiebeln zufügen und im rasch austretenden eigenen Saft mitdünsten.

❷ Die Kartoffeln in Schnitze schneiden und zufügen. Nach und nach das Wasser angießen, immer nur so viel, wie die Zutaten gerade eben brauchen, um nicht anzusetzen. Salzen.

❸ Sobald Nudeln und Kartoffeln weich sind und das Wasser völlig absorbiert ist, den Rahm angießen und etwas einkochen.

❹ Zum Schluß den Käse darüberstreuen und sofort, am besten mit einem grünen Salat, servieren.

Puffer, Rösti, Reibekuchen

Küchenreibe

Verschiedene Kartoffelschälmesser

Kartoffelpuffer sind ja hierzulande Leibspeise. Auf jedem Rummelplatz und auf Märkten kann man sie an irgendeiner Bude kaufen. Manchmal allerdings riecht man schon von weither, daß sie nicht gerade im frischesten Fett gebraten wurden – oftmals grenzt der Geruch schon an Körperverletzung. Deshalb machen wir unsere Puffer oder Reibekuchen lieber selbst. Da hat man alles in der Hand, kann Zusammensetzung und Gewürze selbst bestimmen.

Kartoffelpufferrezepte gibt es unzählige, ein jeder schwört auf seine eigene Zubereitung. Der eine liebt die Kartoffeln fein gerieben, geradezu zermust, der andere hat lieber Stückchen im Teig. Mal gehören Zwiebeln hinein, mal Knoblauch, mal zusätzliche Gemüse. Damit sich die Kartoffeln nicht verfärben, kann man etwas Rahm unterrühren; ob man Eier hineingibt oder nicht, ist ebenso Geschmacksfrage und Anschauungssache wie die Gewürze. Es passen frische Kräuter, wie Schnittlauch, Petersilie, winzig fein gehackter Rosmarin, Liebstöckel oder Majoran, getrockneter wie zwischen den Fingerspitzen zerrebbelter Origano, aber auch Muskat, Cayennepfeffer, ein Schuß Sojasauce – Kartoffeln sind vielseitig und anschmiegsam. Es gibt kaum ein Gewürz, mit dem sie nicht harmonieren. Wichtig in jedem Fall: nie hemmungslos viele Gewürze mischen, sondern lieber gezielt Akzente setzen.

Das Wichtigste, damit Puffer gut geraten: anständiges Fett. Es eignen sich die verschiedensten Fette. Sie müssen sich vor allem gut erhitzen lassen. Deshalb ist Butter allein nicht geeignet. Sie verbrennt zu früh, die Puffer werden dann leicht schwarz. Wer auf den Buttergeschmack nicht verzichten möchte, nimmt lieber Butterschmalz oder mischt frische Butter zur Hälfte mit Öl – dadurch erhöht sich der Rauchpunkt, man kann stark erhitzen, ohne daß sie sofort verbrennt. Zum Pufferbacken eignet sich am besten ein gutes Öl: geschmacksneutrales Soja-, Sonnenblumen- oder Erdnußöl, selbstverständlich immer gutes Olivenöl! Neben Butterschmalz kann man auch Schweine- oder Gänseschmalz verwenden. In der Schweiz bereiten viele Köche sich eigens ein „Röschti-Schmalz“ zu, das dann in großen irdenen Häfen neben dem Herd steht.

Die Kartoffelsorten

In jedem Fall sollte man für Puffer oder Rösti gut gelagerte Kartoffeln verwenden, keine Früh- oder Neukartoffeln, deren hoher Wassergehalt sie für diesen Zweck ungeeignet macht. Geeignet sind Kartoffeln vom Vorjahr oder wenigstens Kartoffeln, deren Ernte so lange wie möglich zurückliegt. Außerdem sollte es eine mehlige oder wenigstens eine mehlig-festkochende Kartoffelsorte sein. Speckige Salatkartoffeln enthalten nicht genügend Stärke, verbinden sich nicht gut miteinander. Achten Sie beim Einkauf auf die Sorte; nehmen Sie Bintje, Desirée, Granola, Grata, Aula, Spunta, Irmgard oder Datura.

Röstiraffel: Mit dem beweglichen Teil stellt man fein oder gröber ein

Kartoffelbürste

Chinesische Kartoffelbürste, die es in allen Asienläden gibt

Diese Scheibe macht akkurate Streifen

Reibscheibe (Sternscheibe) zum Zermusen

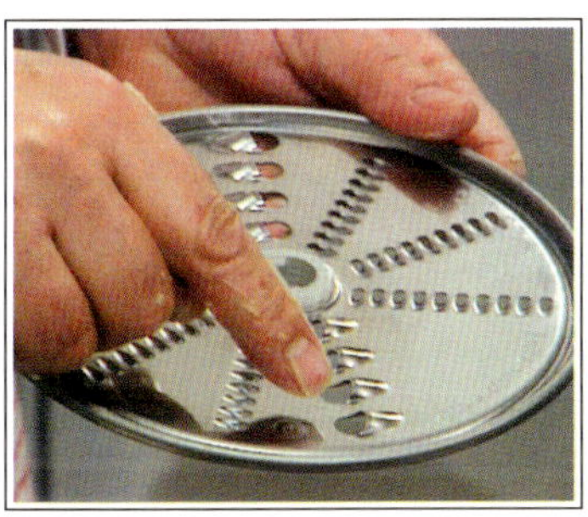

Die Röstischeibe für gekochte Kartoffeln ist gröber

Wie man die Kartoffeln klein kriegt

Für den Pufferteig kann man die Kartoffeln auf einer ganz normalen Rohkostreibe zerkleinern. Es gibt sie in unterschiedlichen Rasterungen, von der Streichholzstärke bis zum sogenannten Sternraster, der die Kartoffeln zu feinstem Püree zermust.

Einfacher hat man es natürlich mit dem Schnitzelwerk einer Küchenmaschine, die meist über verschiedene Einsätze verfügt, so daß man für alle Zwecke gewappnet ist. Man kann die Kartoffeln auch kurzerhand im elektrischen Zerhacker zerkleinern, dann tauchen womöglich dazwischen unterschiedlich große Stücke auf, aber das muß nicht unbedingt stören.

Die praktischen Schweizer haben eigens eine Röstiraffel entwickelt, die die gekochten Kartoffeln genau in der für sie richtigen Grobheit in die nötigen Streifen raffelt. Sie sieht sehr eigentümlich aus, ist gewöhnungsbedürftig, aber sehr praktisch, wenn man mit ihr umzugehen weiß.

DIE REZEPTE

Röschti-Schmalz

Für einen Schmalztopf von ca. 500 g Inhalt:
250 g Schweineschmalz,
125 g Butter,
1 große Zwiebel, 1 Apfel,
1 Scheibe Graubrot.
Das Schmalz mit der Butter erhitzen.

❶ Zwiebel und Apfel schälen, in feine Ringe beziehungsweise dünne Scheibchen schneiden und im Schmalz etwa eine halbe Stunde lang ziehen lassen und dabei langsam bräunen.

❷ Die Brotscheibe sollte die gesamte Zeit mitdünsten, sie nimmt dem Schmalz seinen womöglich etwas aufdringlichen, schweineren Geschmack.

❸ Das Schmalz durch ein feines Sieb filtern, in einen Steinguttopf füllen und abkühlen lassen.

Tip: Das mitgebratene Zwiebel-Apfelgemisch schmeckt wunderbar auf einer gerösteten, mit Knoblauch abgeriebenen Scheibe Brot!

Kartoffelpaillasson

Für 4 Personen:
600 g Kartoffeln, Salz, Pfeffer, Olivenöl zum Braten

❶ Die Kartoffeln schälen, in feine Streifen hobeln – fein raus ist, wer ein Schnitzelwerk mit einer entsprechenden Scheibe hat! Die Kartoffelstreifchen mit Salz und Pfeffer würzen. Sofort weiterverarbeiten und nicht mehr stehenlassen, weil sich sonst die Kartoffeln dunkel färben.

❷ In einer beschichteten Pfanne etwas Öl erhitzen, einen Löffel Kartoffelschnitzel hineinsetzen, dabei schön flach zu einem Küchlein formen.

❸ Bei mittlerer Hitze langsam knusprig braten, dabei immer wieder etwas zusammenschieben, damit die Kartoffelstreifen zusammenhalten. Die Küchlein auch auf der anderen Seite braten, auf Küchenkrepp abtropfen und möglichst sofort servieren.

Tip: Eine fabelhafte Beilage zu jedem kurzgebratenen Fleisch, aber auch – zusammen mit einem Salat – ein ganzes schnelles, kleines Essen.

Kartoffelpuffer (Grundrezept)

Für 4 bis 6 Personen:
1 kg Kartoffeln,
2 große Zwiebeln, 1 Ei,
Salz, Pfeffer, eventuell
1 – 2 EL Crème fraîche,
Öl zum Backen

❶ Die Kartoffeln schälen, fein reiben. Die Zwiebeln auf der Sternscheibe völlig zermusen und sofort unter die Kartoffeln mischen.

❷ Falls die Kartoffeln sehr viel Wasser abgeben, dieses abgießen. Das Ei unter die geriebenen Kartoffeln mischen, salzen und pfeffern. Den Teig möglichst sofort weiter verarbeiten.

❸ Jeweils einen Klecks Teig im heißen Öl verstreichen und auf beiden Seiten knusprig backen.

❹ Vor dem Servieren auf Küchenpapier abtropfen.

Tip: Unter den Teig feingehackte Kräuter rühren, durchgepreßten Knoblauch, hauchfein geschnittene Lauchringe, winzige Zucchini- oder Möhrenwürfel, nach Belieben sogar kleine Speck-, Schinken- oder Käsewürfel.

Reibekuchen

Für 4 bis 6 Personen:
1 kg Kartoffeln, 2 Zwiebeln, 1 Knoblauchzehe,
1 Bund gemischte Kräuter, 3 Eier, 3 EL Mehl, Salz, Pfeffer,
1 Spur Cayennepfeffer,
Öl zum Backen

Sie enthalten im Unterschied zu den Puffern mehr Ei und werden zusätzlich mit etwas Mehl gebunden.

❶ Die Kartoffeln schälen und fein raspeln. Die Zwiebeln zermusen, den Knoblauch durch die Presse drücken. Die Kräuter fein hacken.

❷ Alles miteinander mischen, die Eier und das Mehl einarbeiten. Den Kartoffelteig mit Salz, Pfeffer und Cayennepfeffer würzen.

❸ In einer beschichteten Pfanne Reibekuchen backen und möglichst frisch verspeisen.

Der grüne Keim vom Knoblauch schmeckt nicht bitter und kann mitverwendet werden

Auch rote Bete können Sie einmischen

Kräuterküchlein mit Kräuterquark

Kräuterküchlein mit Forellenkaviar

Rote-Bete-Kartoffelpuffer

WAS ZU KARTOFFELPUFFER ODER REIBEKUCHEN GUT SCHMECKT

Kräuterquark

Dafür Sahnequark mit reichlich gehackten Kräutern und Zitronensaft glattrühren, mit Salz, Pfeffer und Delikateßpaprika würzen.

Forellenkaviar

Das Töpfchen mit dem Kaviar auf zerstoßenem Eis anrichten. Dazu eine **Joghurtsauce** reichen:

Dafür Joghurt einen Tag lang in einem mit einem Tuch oder Küchenpapier ausgelegten Sieb abtropfen lassen. Dann mit Zitronensaft, einem kleinen Schuß aromatischem Olivenöl, Salz und Pfeffer glattrühren.

Blut- und Leberwurst

Die Blutwurst in dicke Scheiben schneiden und rasch in einer beschichteten Pfanne braten, nach Belieben noch Zwiebelringe und Apfelscheiben zufügen und mitbraten. Die Leberwurst frisch auf den heißen Puffern anrichten, so daß sie durch deren Wärme ein wenig schmilzt. Am besten ist Hausmacher Leberwurst dafür geeignet.

Roastbeef

In hauchdünne Scheiben geschnitten, dazu eine Remoulade aus Mayonnaise, feingehackten Gürkchen, Schalotten und Kräutern.

Reibekuchen mit Roastbeef

Apfelmus

Geradezu ein Klassiker zu Kartoffelpuffer. Am besten schmeckt es frisch gekocht, noch lauwarm: Dafür die Äpfel ungeschält vierteln, das Kerngehäuse belassen, nur den Blütenansatz und den Stiel herausschneiden. Die Apfelstücke mit Zitronensaft beträufeln, Zucker nach Geschmack zufügen und zugedeckt ohne jede Hinzugabe von Flüssigkeit weich kochen – sonst wird das Püree zu dünnflüssig, die Äpfel enthalten genügend Feuchtigkeit. Die weichgekochten Äpfel durch eine Gemüsemühle passieren. Fertig ist das Mus!

Reibekuchen mit Apfelmus

Preiselbeeren

Ebenfalls immer wieder gut zu Puffern. Am besten schmecken die Beeren als Kompott, als Konfitüre sind sie oft zu süß. Jeweils einen Klecks auf die Puffer setzen und einen Klecks gut gekühlte Crème fraîche daneben.

Kartoffelpuffer mit Preiselbeeren

Für 2 Personen:
5 mittelgroße, gekochte Kartoffeln, 2 EL Röstischmalz oder Butterschmalz, Salz

Rösti mit Speck und Lachs, bestreut mit frischem Meerrettich

Käserösti mit Salat

Rösti

Die Schweizer lieben ihre Rösti, und sie sind ja auch wirklich eine wunderbare Sache. Sie werden im Unterschied zu Puffern stets aus gekochten Kartoffeln hergestellt. Sie sollten unbedingt am Vortag gekocht worden sein, damit ihre Stärke gut abgebunden hat und sie schön trocken sind. Man empfiehlt sogar, die Kartoffeln, wenn sie geraffelt sind, einen weiteren Tag stehenzulassen, dann sind die Kartoffelflocken garantiert gut ausgetrocknet.

❶ Die Kartoffeln grob raffeln – die Schweizer haben dafür eine spezielle Röstiraffel, bei uns auch als Bircher-Benner-Raffel bekannt.

❷ Einen Löffel Schmalz in einer eisernen Pfanne erhitzen, die Kartoffelraspel zufügen, dabei sofort mit einem Spatel schön rund zu einem Fladen formen. Die Kartoffeln salzen, pfeffern und vielleicht mit zerrebeltem Majoran bestreuen.

❸ Jetzt langsam auf mittlerem Feuer, ohne den Fladen zu bewegen, auf der einen Seite goldbraun werden lassen. Erst dann wenden – das gelingt Profis mit einem gehörigen Schwung, unsereins nimmt dafür lieber einen flachen Deckel zu Hilfe, auf den man die Rösti stürzt und dann schließlich behutsam zurück in die Pfanne gleiten läßt – nicht ohne das restliche Schmalz zuvor darin zu erhitzen!

Variationen

Käserösti mit Zwiebeln

Zuerst eine feingehackte Zwiebel in der Pfanne andünsten, dann die Kartoffelraspel zufügen. Gut mischen, mit Salz, Pfeffer und Majoran würzen. 50 Gramm geriebenen Bergkäse untermischen und ganz normal wie eine Rösti backen. Sobald die zweite Seite gebacken wird, weitere 50 Gramm auf der Oberseite verteilen und schmelzen lassen.

Sauerkrautrösti

Gehackte Zwiebel und gewürfelten Speck anrösten, Sauerkraut und geraffelte Kartoffeln zufügen. Alles gut mischen, mit Salz, Pfeffer und Paprikapulver würzen. Wie eine Rösti braten und zusammen mit gebratener Blutwurst servieren.

Bayerischer Riesenreibekuchen

Für 4 Personen:
1,5 kg Kartoffeln, 2 Eier, Salz, Pfeffer, Muskat, Petersilie, 3 EL dicker Rahm, Öl, 150 g hauchdünne Scheiben durchwachsener Speck

Auch Riesendatschi oder Kartoffelbackes genannt.

❶ Die Kartoffeln fein reiben, mit Eiern, Salz, Pfeffer, Muskat und feingehackter Petersilie mischen. Zum Schluß die Sahne unterrühren.

❷ In einer Bratreine das Öl erhitzen, den Kartoffelteig hineingießen und glattstreichen.

❸ Bei 200 Grad im vorgeheizten Backofen etwa 40 bis 50 Minuten backen.

❹ Gute fünf Minuten vor Ende der Garzeit die Speckstreifen auf der Oberfläche verteilen.

Tip: Dazu schmeckt eine große Schüssel Feldsalat!

Reibekuchen, Puffer, Rösti ...

... hält man im auf 50 Grad vorgeheizten Backofen warm, bis sie serviert werden. Sollten sie bereits total abgekühlt sein, wärmt man sie – mit einem Teller zugedeckt – in der Mikrowelle wieder auf. Man kann sie auch auf einem Backblech im 180 Grad heißen Backofen wieder heiß und sogar knusprig kriegen.

ZUSATZREZEPTE

Kartoffelküchlein mit Zucchini

Für 2 bis 4 Personen:
250 g Kartoffeln,
150 g Zucchini, 2 EL Butterschmalz, Salz, Pfeffer, Muskat,
je 2 Scheiben gekochter Schinken und Bergkäse

❶ Kartoffeln schälen und in dünne Scheiben hobeln. Die Zucchini in ebenso dünne Scheiben schneiden. In einer teflonbeschichteten Pfanne das Schmalz erhitzen, die Hälfte der Kartoffelscheiben sehr akkurat dachziegelartig von außen nach innen zu einem Rund auslegen. Salzen, pfeffern und mit Muskat würzen.

❷ Die Zucchinischeiben ebenso akkurat darauf ausbreiten. Mit Käse und Schinken belegen. Und schließlich mit Kartoffelscheiben abdecken.

❸ Wiederum mit Salz, Pfeffer und Muskat würzen. Den Kartoffelkuchen zunächst bei mittlerer Hitze auf der einen Seite goldbraun braten, dann mit Hilfe eines Topfdeckels wenden und auch auf der zweiten Seite golden braten.

Rote-Bete-Kartoffelkuchen

Für 4 bis 6 Personen:
400 g rote Bete,
500 g Kartoffeln,
2 EL Butter,
1/2 TL Pfefferkörner,
5 Pimentbeeren, Salz,
1/4 l süße Sahne

Eine fabelhafte Beilage zu gebratenem Fleisch oder, zusammen mit einem Salat, ein komplettes (fleischloses) Essen.

❶ Rote Bete und Kartoffeln schälen und in gleichmäßig dünne Scheiben hobeln. Eine beschichtete Pfanne dick mit Butter ausstreichen. Gewürzkörner in einem Mörser zerstoßen.

❷ Rote Bete und Kartoffeln mischen, dabei mit Salz und der Gewürzmischung würzen und in der Pfanne verteilen. Wer mag, macht sich die Mühe und sortiert rote und weiße Scheiben exakt und akkurat, schichtet sie vor allem auf der Oberfläche abwechselnd, damit sie ein hübsches Muster ergeben.

❸ Die Sahne angießen; sie sollte die Oberfläche gerade eben erreichen. Butterflöckchen auf der Oberfläche verteilen. Den Gratin im 200 Grad vorgeheizten Ofen eine gute Stunde backen, bis die Kartoffelscheiben weich sind und sich mit einem Messer widerstandslos durchstechen lassen. In der Form direkt aus dem Ofen zu Tisch bringen.

Tip: Das gleiche läßt sich natürlich auch mit anderen Gemüsen machen; oder: Von Auberginen bis Zucchini oder Zwiebeln kann man alles nehmen, denn zu Kartoffeln paßt schließlich alles!

Reibekuchen mit ...

... Möhren

500 g Möhren reiben und dem Grundteig zufügen. Mit gemahlenem Kreuzkümmel oder Origano abschmecken.

... Zucchini

500 g ganz junge Zucchini mit Schale fein raspeln (nicht reiben!), in den Grundteig hineinmischen, außerdem eine Handvoll feingeschnittener Basilikumblätter und 1 bis 3 zerdrückte Knoblauchzehen.

... Zwiebeln

3 nur mittelgroße Zwiebeln ganz fein hacken oder – das ist noch besser – mit ein wenig Öl reiben oder im Mixer, Zerhacker bzw. Food-Processor zerkleinern. Das Öl ist nötig, damit die Zwiebeln nicht bitter werden. Mit 2 EL gehacktem Kerbel und 3 EL gehackter Petersilie untermischen.

... Artischocken

Eine große Artischocke rundum schälen, so daß nur der zarte Boden übrigbleibt. Das Heu abschaben. Den Boden mit dem Saft einer halben Zitrone reiben oder im Food-Processor (siehe Kasten) zerkleinern, 100 g rohen, luftgetrockneten Schinken (San Daniele, Parma del Veneto oder Bayonne) in möglichst winzige Stückchen schneiden. – Beides unter die Kartoffelgrundmasse mischen und mit viel frisch gemahlenem Pfeffer würzen.

... Tomaten

1 kleine Dose Tomaten (Pelati, 425 g) öffnen und den Saft abgießen. Die Tomaten in kleine Würfel schneiden und mit etwas Salz bestreuen. In ein Sieb geben und nochmals abtropfen lassen. Mit 1 EL Tomatenmark sowie 1 TL gehacktem Estragon (oder 12 feingeschnittenen Basilikumblättern, einer zerdrückten Knoblauchzehe) unter die Kartoffelmasse rühren.

... roter Bete

300 g rote Bete roh reiben und mit dem Saft von einer Zitrone in die Puffermasse einrühren.

Anmerkung: Zu all diesen Puffern paßt hervorragend ein grüner Salat, der ganz nach Geschmack mit Zwiebeln, Kräutern und Zucker angemacht wird, in jedem Falle eine Vinaigrette (Sauce aus Essig und Öl) als Basis haben sollte, nicht aber Joghurt, Milch oder Sahne. Auch Mayonnaise wäre zu mächtig. Am besten lassen Sie den Salat nur abtropfen, schwenken ihn nicht trocken. Die Sauce sollte dann aus 1:1 Essig (5 % Säure) und Öl bestehen. Es schmeckt hervorragend, wenn diese kalte Salatsauce über die heißen Puffer geträufelt wird.

Kümmel-Kartoffeln

2 – 4 EL Olivenöl,
3 EL Kümmel,
1 kg mittelgroße Kartoffeln (und zwar eine mehlig-festkochende Sorte), Salz

Backblech ausgiebig mit Olivenöl einstreichen – Eisenbleche brauchen mehr Öl als beschichtete oder emaillierte. Mit Kümmel bestreuen und die ungeschälten, der Länge nach halbierten Kartoffeln mit der Schnittfläche nach unten darauflegen. Mit Salz bestreuen und backen, bis die Kartoffeln gar sind. Rechnen Sie ungefähr 30 Minuten bei 200 Grad.

Parmesan-Kartoffeln

100 g Butterschmalz (hierfür keine Butter nehmen, da diese zu stark bräunt), etwa 750 g geschälte Kartoffeln (vorwiegend festkochende Sorten), Salz, 150 g frisch geriebener Parmesan (darauf achten: den echten Parmigiano Reggiano kaufen)

Der Gratin Dauphinois ist aus den Menüs gehobener Restaurants gar nicht mehr wegzudenken. Vergessen wurden darüber seine bewährten Zubereitungen.

❶ Das Butterschmalz in einem kleinen Töpfchen zerlassen, Backblech mit etwas Schmalz einstreichen, Kartoffeln quer in kleine Scheiben schneiden – dabei die Form der Kartoffeln erhalten.

❷ Nun einfach die ganzen Kartoffeln schräg drücken, so daß die Scheiben dachziegelartig übereinanderliegen.

❸ Mit der Kuchenpalette oder einem großen Messer auf das Blech setzen. Mit etwas Schmalz übergießen, salzen und mit Parmesan bestreuen.

❹ In den 200 Grad heißen Ofen schieben und etwa 30 Minuten gar backen.

❺ Dabei immer wieder mit Butterschmalz beträufeln, damit der Käse sämig bleibt und die Kartoffeln schön goldgelb werden.

Tip: Man kann unter die Kartoffeln Rosmarin streuen. Eventuell auch etwas mehr Butterschmalz nehmen.

Tip: Wenn Sie viele Gäste haben, können Sie auf dem Blech des Backofens wahre Wunder vollbringen.

Etwa das gut gefettete Blech mit Kartoffelscheiben dicht belegen, mit Salz und Pfeffer kräftig würzen, mit Sahne begießen, mit frisch gehobeltem Käse bestreuen.

Als Backzeit ungefähr eine Stunde rechnen.

Goldtaler-Gratins in Portionsförmchen

8 mittelgroße, längliche Kartoffeln, 120 g Butter, Salz, Pfeffer, 1/2 – 3/4 l Öl oder Bratfett

❶ Alle Kartoffeln mit einer Ausstechform von etwa Zweimarkstückgröße der Länge nach zylindrisch ausstechen. Enden der Zylinder abschneiden (gerade), die Stangen in Taler schneiden. 4 Gratinförmchen mit zimmerwarmer Butter ausstreichen, die Kartoffelscheiben schuppenartig in 4 Schichten auslegen. Salzen, pfeffern und die restliche Butter darauf verteilen.

❷ Die Förmchen in einen möglichst genau passenden Bräter stellen. Öl erhitzen und neben den Förmchen in den Topf gießen – es soll in etwa bis an die Höhe der Kartoffeltaler reichen. Noch weiter erhitzen, bis das Öl Schlieren zu ziehen beginnt.

❸ Dann den Topf in den auf 250 Grad vorgeheizten Ofen schieben und die Kartoffeln in einer Stunde gar, golden und butterzart werden lassen.

❹ Ideale Beilage zu rosa oder rot gebratenem Fleisch.

Ob Sie Bratkartoffeln mit Butter oder Margarine, Oliven- oder geschmacksneutralem Öl, mit Schweineschmalz oder mit Pflanzenfett zubereiten: Das Ergebnis wird jedesmal grundverschieden sein.

Tip: Sparen Sie nicht an erstklassiger, ganz frischer Butter, die auch gesalzen sein darf. Der Topf muß unbedingt ofenfeste Griffe haben (möglichst kein Holz, kein Plastik), denn die Temperaturen des Ofens könnten sie zerstören. Hier genügt ein einfaches Öl oder Bratfett, das natürlich für diesen Zweck mehrfach verwendet werden kann.

Bratkartoffeln

Ein Wort – und so grundverschiedene Genüsse ...

Auch wer sich bisher nur an die altbekannten Kartoffeln des Geheimen Rats Brats (Kurt Tucholsky) oder der Josephine Brats (Ulrich Klever) herangewagt hat, wird bald merken, daß es weit mehr Rezepte gibt, die sich mit Bratkartoffeln befassen. Kein Verhältnis, das nicht über sie besteht, in Liebe entbrennt oder in Streit verfällt. Hier eine kleine Auswahl, sozusagen die Lieblinge des Autors:

Mutters Pfennig-Kartoffeln

❶ 1 kg festkochende Kartoffeln, am Vortag mit der Schale gekocht, werden gepellt und in etwa 2 mm dicke Scheiben geschnitten.

❷ In einer großen Pfanne (oder in zwei) reichlich Butterschmalz erhitzen und die Kartoffelscheibchen einzeln nebeneinanderlegen. Bei guter Hitze auf jeder Seite 5 Minuten braten, bis sie goldbraun sind. Dann noch ca. 20 Minuten bei mittlerer Hitze nachbraten, damit sie ganz trocken und knusprig werden.

❸ Erst ganz zum Schluß die Taler salzen – die Körner sollen beim Servieren noch zu sehen sein und zergehen beim Essen mit erstaunlicher Wirkung auf der Zunge.

Speck-Kartoffeln

❶ 750 g mehligkochende Kartoffeln vom Vortag pellen und in ungefähr 2 mm dicke Scheiben schneiden.

❷ 150 g geräucherten Bauchspeck, der sehr durchwachsen sein sollte, in kleine Würfel schneiden (ersatzweise Schinkenreste kaufen). In einer großen Pfanne auslassen und die Kartoffelscheiben zufügen.

❸ Unter häufigem Wenden etwa 15 Minuten lang braten, wobei die Kartoffelscheiben ruhig zerfallen dürfen, so daß schließlich eine Art Brei mit kleinen Stücken und sehr viel Krüstchen entsteht.

❹Salzen, pfeffern, eventuell mit Cayennepfeffer schärfen und mit Petersilie oder Schnittlauch bestreuen.

❺ Nach Belieben auch zusammen mit dem Speck eine gehackte Zwiebel anbraten.

Zwiebel-Kartöffelchen

❶ Kleine Kartöffelchen aus dem Glas (850 ml) sorgfältig abtrocknen. Die gleiche Menge an kleinen Zwiebelchen schälen – es eignen sich die Frühlingszwiebeln und, wenn man sie im Garten hat, die kleinen Catawissa- oder Winterzwiebeln, die auf den Sprossen der letztjährigen Zwiebeln wachsen.

❷ Beides zusammen in Olivenöl in einer großen Pfanne unter häufigerem Wenden golden braten – das dauert etwa 20 Minuten bei mittlerer Hitze. Salzen und aus der Mühle kräftig pfeffern.

Omas Ölkartöffelchen

❶ 750 g kleine neue Kartöffelchen, möglichst nicht größer als eine Daumenspitze (man kann sie nach der Ernte selbst auf den Feldern sammeln oder läßt sich beim Händler nur kleinste Exemplare aussuchen), mit zarter Schale gründlich waschen, aber nicht schrubben, weil sonst die Schale abgeht.

❷ In einen gußeisernen Topf 4 EL bestes Olivenöl (überaus wichtig für den Geschmack!) geben, erhitzen. Wenn das Öl zu rauchen beginnt, die abgetropften, aber noch feuchten Kartöffelchen hineinwerfen – das spritzt mächtig, deswegen ein Spritzsieb oder -filter bereithalten und sofort auflegen. Reichlich salzen und bei starker Hitze rundum anbraten. Dabei darf die Haut an manchen Stellen Blasen werfen und fast verbrennen. Gleichzeitig bekommen die Kartoffeln an einigen Stellen einen weißen Salzrand.

❸ Nach 6 Minuten die Hitze auf kleine Stellung herunterschalten und eine Suppenkelle kaltes Wasser an die Kartoffeln geben – jetzt dampft es wild. Den Deckel auflegen und noch 12 Minuten zunächst heftig, dann ganz sanft köcheln lassen. Den Deckel während dieser Zeit nicht abheben, damit der zum Garen nötige Dampf nicht entweicht.
Allerdings soll durchaus das meiste Wasser verdampfen, damit zum Schluß nur noch ein bräunlicher Fond übrig bleibt – der Deckel sollte daher nur lose aufliegen oder einen winzigen Spalt offen lassen.

❹ Hitze, Salz und Kartoffelschalen schaffen in Verbindung mit dem Olivenöl einen unvergleichlichen, erdig-aromatischen Geschmack, der vorzüglich zu Kalbs- oder Schweinefilet paßt.

Schmalz-Kartoffeln

❶ 750 g festkochende Kartoffeln vom Vortag schälen, vierteln und in einem großen Bräter in viel Schweineschmalz und mit grob gemahlenem (schwarzem) Pfeffer sowie dem nötigen Salz unter mehrmaligem Wenden bei mittlerer Hitze braten. Dabei sollen die Kartoffeln innen schön saftig bleiben, dürfen an einigen Stellen braun werden, an anderen aber hell bleiben.

❷ Nach Belieben mit gehackter Petersilie oder Thymian oder Rosmarin bestreuen. Besonders gut zu Wurst- und Fleischsalat.

Tempura – Backen in der Friteuse

Zum Ausbacken braucht man eine Friteuse. Zum Beispiel ein elektrisches Modell; heute mit allen Schikanen versehen, meist mit Deckel, der Spritzer und starke Gerüche verhindert. Eine solche Anschaffung ist allerdings nur angezeigt, wenn man öfter fritiert. Sonst lohnt sich die Ausgabe nicht, außerdem steht das Ding nur unnütz in der Gegend herum.

Fritiert man seltener, behilft man sich am besten mit dem guten alten Fettopf, das klassische Modell ist heute nicht ganz leicht aufzutreiben, wird aber noch hergestellt und ist in gutsortierten Haushaltsgeschäften noch zu finden. Vielleicht findet man den einen oder anderen noch auf dem Floh- oder Jahrmarkt. Praktisch sind dabei die hohen seitlichen Griffe, auf denen man das Sieb, in dem man das Gargut ins heiße Fett versenkt, absetzen kann. Im übrigen kann man natürlich auch einen passenden normalen Topf nehmen, der möglichst dem Gargut angepaßt sein sollte. Das heißt, flach und breit, wenn man ausladende Stücke fritieren will, die viel Platz brauchen, oder schmal und hoch, wenn man Kleinigkeiten fritiert. Sehr geeignet ist in jedem Fall der Wok, in dessen nach unten sich verjüngendem Raumimhalt man deutlich weniger Öl braucht. Ein stabiles Sieb zum Einlegen oder eine große Schaumkelle zum Herausheben der Zutaten ist dann ebenfalls vonnöten. Einbaufriteusen sehen sehr professionell aus, beanspruchen aber enorm Platz und, vor allem, eine unnötig große Menge Fett. Zum Thema Fritiertes sind die Meinungen häufig geteilt; man ißt es gern, aber mit schlechtem Gewissen, weil es als schwer und unbekömmlich gilt. Das ist es nicht, wenn man es richtig macht:

DIE REZEPTE

Japanisches Tempura

Für 4 Personen:

Teig:

1 Eigelb, 1/4 l eiskaltes Wasser, 125 g Mehl

Außerdem:

reines Pflanzenöl zum Ausbacken, 1 Aubergine, 1 Paprikaschote, 1 Möhre, 4 Champignonhüte, einige Stengel glattblättrige Petersilie, 1 Zwiebel, 6 rohe Garnelenschwänze, Mehl zum Wenden

Die Japaner sind Weltmeister im Ausbacken. Eine Küchentechnik, die sie von den portugiesischen und spanischen Missionaren, auch von eingewanderten Chinesen gelernt und schließlich zu großer Perfektion vervollkommnet haben. Sie haben einen speziellen Teig entwickelt, der besonders leicht und duftig wirkt.
Wichtig dafür ist, daß er erst unmittelbar vor dem Verarbeiten angerührt wird. Und zwar mit eiskaltem Wasser nach folgendem Rezept:

Der Teig:

Er wird nicht, wie bei uns üblich, schon lange vorher zusammengerührt, damit sich der Kleber im Mehl ausbilden kann. Im Gegenteil erst ganz kurz vor dem Servieren: Eigelb mit Wasser verquirlen, das Mehl durch ein Sieb zufügen und rasch nur lose mit einer Gabel verrühren. Es sollen ruhig noch Mehlinseln sichtbar bleiben – wichtig ist, daß schnell gearbeitet wird und sich die Teigzutaten eigentlich erst dann vollkommen vermischen, wenn man die auszubackenden Zutaten hineintaucht. Das schwerere Eigelb am Schüsselboden. das leichte Mehl an der Oberfläche, das Wasser in der Mitte – durch diese drei „Etagen" taucht man die auszubackenden Zutaten, also das Gemüse, den Fisch, die Garnele, und sie erhalten zuerst einen Überzug aus Mehl, das dann durch das Wasser aufgelöst wird und schließlich seine Vollendung im Eigelb erhält.

Wichtig ist auch das Sieben des Mehls: So wird es aufgelockert, und es gelangt Sauerstoff hinein – was den Teig duftig und luftig macht.

Das Fett:

Es muß hoch erhitzbar sein, auf wenigstens 180 Grad (auch wenn man diese nicht voll erreichen will); man spricht vom sogenannten Rauchpunkt, der vorzugsweise sogar über 200 Grad liegen sollte. Wir in Europa nahmen früher vorzugsweise Butterschmalz, Schweineschmalz oder Rindernierenfett. Diese Fette haben alle einen ausgeprägten Eigengeschmack, den man nicht immer mag. Üblicher wurde mit der Zeit Öl oder Plattenfett aus gehärteten Pflanzenfetten. Letztere sind immer geschmacksneutral.

Beim Öl sollten Sie darauf achten, ein sauberes, raffiniertes Pflanzenöl zu nehmen. Es muß auch kein sortenreines, soll kein kaltgepreßtes Öl sein, das meistens einen zu ausgeprägten Geschmack und einen viel zu niedrigen Rauchpunkt hat.
Neutrales Raps-, Erdnuß-, Sonnenblumen-, Soja- oder Trauben-

kernöl, ebenso raffiniertes (reines) Olivenöl sowie Mischungen aus mehreren Sorten bieten sich an. Manche japanischen Köche schwören für das Tempura allerdings doch auf eine aromatische Mischung mit Sesamöl – nämlich neutrales Öl mit dem intensivwürzigen Duftöl aus gerösteten Sesamsamen. Hier muß man sehr vorsichtig sein, denn es verfügt über einen sehr ausgeprägten Eigengeschmack. Ein paar Eßlöffel auf die gesamte Ölmenge von ca. 1/2 bis 1 1/2 Liter (je nach Topfgröße) genügen.

Die Backtemperatur:

Natürlich darf das siedende Öl nicht zu heiß sein, weil sonst alles verbrennt, bevor die Zutaten auch innen gar sind. Es darf genausowenig zu kühl sein, weil sonst der Teig schmierig wird, sich mit Fett vollsaugt und nicht mehr knusprig werden kann. Wer eine elektrische Friteuse hat, hat es einfach: Man stellt die entsprechende Temperatur ein, und der Thermostat sorgt dafür, daß sie auch eingehalten wird. Wer im normalen Topf arbeitet, muß die Temperatur „freihändig“ oder mit einem Fett-Thermometer überprüfen. Oft wird zu diesem Zweck empfohlen, einen hölzernen Kochlöffelstiel ins heiße Fett zu halten. Wenn jetzt dicke Bläschen daran emporsteigen, ist die richtige Hitze erreicht. Oder die Weißbrotwürfel-Methode: Wenn der Würfel, einmal hineingeworfen, sofort zu brutzeln beginnt und sich sanft golden färbt, kann man mit dem Ausbacken beginnen. Beides ist jedoch nur erfahrenen Ausbäckern zu empfehlen, die sozusagen im Griff haben, wie schnell die Bläschen hochsteigen oder der Brotwürfel sich golden färbt, wenn die richtige Temperatur erreicht ist. Deshalb hier für alle, die seltener fritieren, eine Faustregel zum exakten Messen. Man läßt ein paar Tropfen Teig ins heiße Öl fallen.

- Bleiben sie am Topfboden liegen und rühren sich nicht, so hat das Öl höchstens 150 Grad.
- Steigen die Tropfen sofort wieder hoch, sobald sie den Topfboden berührt haben, so hat das Öl ca. 160 Grad – die ideale Temperatur für besonders wasserhaltige Gemüse.
- Fallen die Tropfen höchstens bis zur Topfmitte, erreichen den Topfboden also gar nicht und steigen sofort wieder an die Oberfläche, so hat das Öl ca. 170 Grad.
- Bleiben die Tropfen fast an der Oberfläche und sinken gar nicht erst hinab, mißt die Öltemperatur etwa 175 bis 180 Grad.
- Höhere Temperaturen, bei denen der Teig regelrecht auseinanderspritzt, sollte man beim Ausbacken unbedingt meiden!

Die entsprechende Temperatur sollte möglichst den gesamten Backvorgang über beibehalten werden. Fritiertes kann nicht gelingen, wenn die Hitze zu sehr schwankt. Daher sollte man alles vermeiden, was die Hitze zu stark absenken würde:

- Nie zuviel Fritiergut einfüllen. Alle Zutaten müssen an der Oberfläche schwimmend Platz haben.
- Nur zimmerwarme Zutaten einfüllen. Kühlschrankkaltes oder gar Gefrorenes würden die Öltemperatur schockartig absenken.
- Ausreichend Öl im Fritiertopf haben. Als Faustregel gilt: Das Fett sollte mindestens zweimal so tief den Topf ausfüllen, wie das dickste Fritiergut mißt.
- Möglichst einen Topf verwenden, der sich nach unten stark verjüngt;
- das spart Öl; die früher üblichen Fritiertöpfe waren genauso konstruiert. Ideal geeignet ist übrigens der chine-

sische Wok, jene fast halbrunde Universalpfanne, deren Bodenfläche schön klein ist.

Natürlich kann man das Fritierfett mehr als einmal verwenden. Man sollte es nach Gebrauch stets durch einen Papier-(Kaffee-)filter gießen und schließlich dunkel und kühl, allerdings nicht im Kühlschrank, bis zum nächsten Mal aufbewahren. Nach drei bis vier Mal jedoch ist es dunkel und ausgelaugt, neigt zur Schaumbildung, hat allen frischen Duft verloren und überdies so viele Röstreizstoffe aufgenommen, daß man es nicht mehr verwenden sollte.

Die Zutaten:

Besonders gut schmecken im zarten Tempurateig ausgebacken folgende Gemüse:

- Auberginen, in knapp 1 cm-dünnen Scheiben
- Paprika, in 2 cm breiten Streifen – möglichst auch in verschiedenen Farben, die durch den dünnen Teig hindurchschimmern
- Kartoffeln, in 3 mm dünnen Scheiben
- Möhren, längs in 3 mm feine Scheiben gehobelt
- Champignonhüte (ohne Stiele)
- glattblättrige Petersilie
- Zwiebel (in 1 – 2 cm dicken Halbringen, die mit einem Zahnstocher zusammengehalten werden)
- Fenchel (wie Zwiebeln in Halbringe geschnitten, die man ebenfalls feststeckt, damit sie nicht auseinanderfallen)
- Chilischoten
- Blumenkohl- und Brokkoliröschen
- Zucchini in Scheiben
- feine, junge Böhnchen
- Zuckererbsen (Mangetouts)
- Mangold-, Spinat- und Sellerieblätter, wenn Sie die im Japangeschäft bekommen, können Sie auch Shisoblätter nehmen, die ähnlich wie Brennesselblätter aussehen und einen ganz eigenwilligen, intensiven Geschmack haben.

Außerdem eignen sich:

- Garnelenschwänze (roh, ruhig tiefgekühlt, wenn nötig längs halbiert und entdärmt)
- Fischfilets (z.B. Forelle, Seezunge, Scholle, Kabeljau – je-

weils in 3 cm breite Streifen geschnitten)

- kleine ganze Fischchen (z.B. ausgenommene Sardellen oder Sardinen, Rotbarben)

Man rechnet pro Person als Vorspeise etwa fünf bis sechs verschiedene Stücke. Für ein ganzes, sättigendes Essen natürlich etwa doppelt bis dreimal soviel. Es wird partienweise gearbeitet, damit niemals zuviel im Fritiertopf schwimmt. Und zwar jeweils möglichst nur eine Sorte mit der gleichen Garzeit auf einmal in den Topf füllen (vor allem bei der elektrischen Friteuse, die ja mit geschlossenem Deckel arbeitet, so daß man zwischendurch nicht bereits gare Stücke herausfischen kann).

Die Zutaten werden zunächst in Mehl gewendet, in den rasch angerührten Teig getaucht und sofort ins heiße Öl gegeben. Man beginnt mit dem Gemüse bei ca. 160 Grad, erst dann folgen die Fische und Meeresfrüchte, die eine höhere Temperatur von ca. 170 bis 180 Grad benötigen. Kräuterblätter (zum Beispiel Petersilie) werden im übrigen nicht vollkommen in den Teig getaucht, sondern bekommen nur auf ihrer Rückseite einen Teigüberzug. Dadurch bleiben sie frisch und leuchtend in der Farbe. Sobald die Stücke hellgolden geworden sind, je nach Größe dauert das zwei bis drei Minuten, werden sie mit einer Schaumkelle herausgehoben und auf einer dicken Lage Küchenpapier abgetropft. Zarte Blätter sind natürlich bereits nach einer halben Minute gar.
Die Stücke mit einer Schaumkelle oder japanischen Kochstäbchen herausfischen, zuerst auf einem Gitter, dann zusätzlich auf einer dicken Lage Küchenpapier gut abtropfen. Auf einer großen, mit Papier ausgelegten Platte so schnell wie möglich servieren.

Der Dip:

Die Japaner rühren einen Dip aus Sojasauce, süßem Reiswein und feingeriebenem Rettich an. Das ist leicht, frisch, würzig und bekömmlich. Natürlich läßt sich auch ein europäisch ausgerichteter Saucendip denken – etwa auf Mayonnaisenbasis mit viel Zitronensaft und Basilikum oder eine im Mixer aufgeschlagene Tomatensauce (dazu 1 gehackte Zwiebel mit 3 Knoblauchzehen in 2 EL Olivenöl andünsten, 500 g Tomaten dazu, etwas Basilikum, Salz und Pfeffer: 1/2 Stündchen kochen lassen, durch ein Sieb passieren und mit frischem Olivenöl mit dem Mixstab oder im Mixer aufschlagen).

Japanischer Rettich-Dip

1 weißer Rettich (ca. 250 g),
1 Stück Ingwerwurzel (ca. 2 cm stark),
6 EL Sojasauce,
6 EL süßer Reiswein oder Sherry,
(eventuell 1 TL Puderzucker),
1/8 l Hühnerbrühe

❶ Den Rettich auf der feinen Reibe zu Mus zerkleinern, ebenso den Ingwer sehr fein hacken oder reiben. Mit den übrigen Zutaten verrühren.

❷ Falls der Reiswein oder Sherry nicht süß genug sind, Zucker einrühren. Jedem Gast ein Schälchen davon zum Eintauchen hinstellen.

❸ Besonders schön sieht es aus, wenn Sie den Rettich nach dem Reiben etwas ausweinen lassen, dann ausdrücken und portionsweise zu Kegeln formen, diese in die Schälchen setzen und erst bei Tisch die Saucengrundlage angießen.
Jetzt mischt sich jeder seine Sauce selbst.

Tempura aus Salbei und Zucchini

In Japan ist Tempura ungeheuer beliebt. Gemüse, Fisch oder Krustentiere, in einen besonders leichten Ausbackteig getaucht und in leise siedendem Öl ausgebacken, wobei sie blaß bleiben, aber herrlich knusprig werden. Besonders gute Restaurants, die sich auf Tempura (Betonung auf der letzten Silbe) spezialisiert haben, werden als Geheimtip gehandelt, und man ist bereit, viel Geld dafür auszugeben, um einen begehrten Platz am Tempura-Tresen zu ergattern. Dort sitzt man an einer Art Eßbar um den Koch herum, der nichts anderes zu tun hat, als die höchstens zehn Gäste an seinem Tresen mit frischgebackenen Leckerbissen zu versorgen. Direkt aus dem heißen Topf ohne lange Wege sofort zum Gast. Den Teig dafür rührt er immer wieder frisch an.

Wichtig nämlich für die duftige Knusprigkeit ist dessen Temperatur: Eiskalt muß der Teig sein! Erstaunlich auch, daß selbst in einem solchen Tempura-Restaurant, wo viele Fettöpfe sieden, keinerlei Geruch davon zu merken ist. Das liegt nur zum Teil am guten Abzug. Mehr noch an der Tatsache, daß das Fett peinlich saubergehalten und zweimal täglich ausgewechselt wird.

Vorbereiten:

Die Zutaten für den Teig rasch verquirlen. Dabei ist es gar nicht wichtig, daß wirklich alles glatt gerührt ist, es können ruhig Mehlinseln sichtbar sein.
Hauptsache, der Teig bleibt eiskalt. Am besten zur Sicherheit ein, zwei Eiswürfel zufügen.

Zubereiten:

Zucchini schräg in halbzentimeterdünne Scheiben schneiden, salzen und pfeffern. Salbeiblätter waschen. Jeweils in Mehl wenden, gut ausschütteln und durch den Ausbackteig ziehen. Im heißen Fett backen, gründlich abtupfen.

Servieren:

Die Sauce für jeden einzeln zusammenrühren und als Dip in einem Schälchen bereitstellen.

Für 4 Personen:
2 oder 3 Zucchini, Salz, Pfeffer, eine gute Handvoll Salbeiblätter, Mehl zum Wenden, Öl zum Fritieren (9/10 geschmacksneutrales Sonnenblumen- oder Erdnußöl, 1/10 Sesamöl)

Teig: 1 Eigelb,
200 ml eiskaltes Wasser,
100 g Mehl

Sauce (pro Person):
2 EL Soja-Sauce, 2 EL Mirin (japanischer Kochwein) oder süßer Sherry (Amontillado),
1 TL geriebener Ingwer,
2 EL geriebener weißer Rettich

Antipasti – Damit geht ein Essen immer gut los!

Das Vorspeisenbuffet beim Lieblingsitaliener – da kann doch niemand widerstehen, oder? Mancher würde sogar am liebsten aufs Hauptgericht verzichten und nur von Vorspeisen leben. Vorspeisen sollen den Appetit anregen, aber nicht sättigen, sie sollen Lust aufs Essen machen, aber schon mal den ärgsten Hunger besänftigen. Sie sind also stets hochwillkommen – warum also werden sie nicht täglich aufgetischt? Weil sie viel Arbeit machen, sagen die einen. Weil man sonst zuviel ißt, die anderen. Dabei müssen Vorspeisen weder viel Arbeit machen, noch den Magen oder den Kalorienhaushalt zu stark belasten.

Damit Sie beim nächsten Gästeessen keine Ausrede haben, wollen wir Ihnen heute mal zeigen, wie einfach und schnell sie zuzubereiten sind, wie bekömmlich und leicht sie sind und wieviel Spaß sie machen können. Die Franzosen sind, wie immer in kulinarischen Belangen, schon rein sprachlich sehr viel präziser als wir Deutschen. Sie kennen unter dem weiten Begriff der Vorspeisen zunächst einmal die *hors d'œuvres*, also die kleinen Gerichte, die „außerhalb des Werkes", der eigentlichen Mahlzeit also, gereicht werden. Dabei handelte es sich ursprünglich um einfache, kalte Sachen, für deren Zubereitung kein ausgebildeter Koch nötig war, also Radieschen mit Butter und Salz, Oliven, Anchovis, Wurstscheiben, Schinken usw. Das entspricht also weitgehend dem, was man in Italien zunächst einmal auf den Tisch stellt, damit man etwas zu knabbern hat, bis der erste Gang, also der *Primo*, aufgetragen wird. In Italien handelt es sich dabei meist um ein Nudelgericht, die *Pasta*, deshalb nennt man alles, was davor gereicht wird, *Antipasti.* In Frankreich würden nach dem *hors d'œuvre* die *entrées* folgen, die einzelnen Gerichte, die aufeinanderfolgend ein großes Menü aufbauen. Bei uns wird meist – auf die Dauer ziemlich phantasielos – vor dem Hauptgericht eine Suppe serviert.

Das mag vielleicht damit zusammenhängen, daß in unseren kühlen Breiten eine wärmende Suppe häufig durchaus angebracht ist, um die Lebensgeister zu erwecken und auf ein Menü einzustimmen. Aber wieviel hübscher ist es, mit einer kleinen, leichten Köstlichkeit Gaumen und Magen auf das bevorstehende Essen einzustimmen. Es ist eine Binsenwahrheit, daß es eine Vorspeise nur geben kann, wenn anschließend ein Hauptgericht folgt. Aber viele Menschen lieben diese eleganten, kleinen Speisen so sehr, daß sie gerne auf den mächtigen Braten anschließend verzichten.

Wichtig ist jedoch stets, daß Vorspeise und Hauptgericht aufeinander abgestimmt sind. Man wird also nicht eine Fischvorspeise servieren, wenn es Fisch zum Hauptgang gibt, man wird mit Gemüsen, mit Gewürzen, mit allen Zutaten für Abwechslung sorgen. Werden mehrere Vorspeisen serviert, muß man mit den Portionen des Hauptgerichts entsprechend darauf reagieren – es sollte nur noch ein leichter, kleiner Hauptgang folgen.

Und: Als Gastgeber/in sollte man stets Vorspeisen einplanen, die sich gut vorbereiten lassen, die ein Warten im Kühlschrank nicht übelnehmen – dann machen sie übrigens auch auf einem Partybuffet immer eine gute Figur!

Thunfisch & Ölsardinen: Stars in der Dose

Mit der Erfindung der Konserve zu Beginn des letzten Jahrhunderts vereinfachte sich nicht nur die Grundversorgung mit Lebensmitteln – es entstanden auch ganz neue Produkte! Zum Beispiel Ölsardinen und Thunfisch aus der Dose, die ganz anders schmecken als die frischen Fische. Waren diese nämlich bis dahin nur den Küstenbewohnern billige Nahrung, gelangten sie als teure Konserve jetzt auf die feine Tafel. In den letzten Jahren wandte sich das Blatt – Frisches ist in! Oder wer wagt es, Dosenfisch als Delikatesse zu bezeichnen? Wir!

Allerdings muß man sich umsehen beim Einkauf – Spitzenqualität ist in unserem deutschen, vom Preis diktierten Angebot leider nur selten und schwer zu finden.

Star der Konservenfische ist der bis zu drei Meter lange, ***gewöhnliche*** oder ***nördliche rote Thunfisch***. Er kommt in allen Weltmeeren nördlich des Äquators vor, sein Fleisch ist von hervorragender Qualität und sollte in Öl konserviert werden, um sein volles Aroma und eine angenehme Geschmeidigkeit zu entwikkeln. Das dunkelrote Fleisch wird dabei hellbraun. Die besten Produkte kommen hauptsächlich aus Frankreich, Spanien und Italien. Achten Sie jedoch immer genau darauf, wie der Inhalt der Dose beschrieben ist:

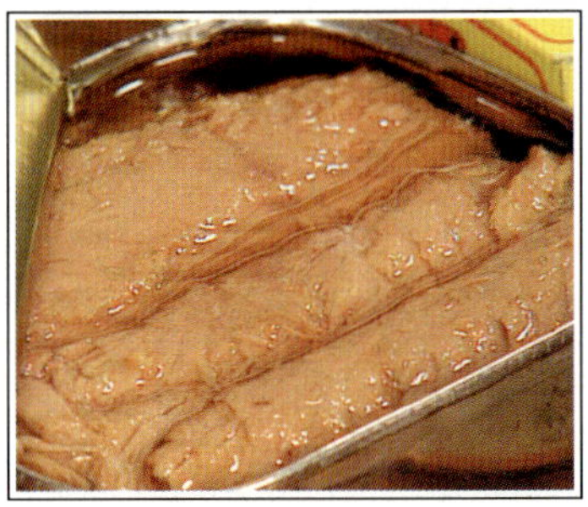

Stücke heißt Schnipsel. ***Filet*** bedeutet ein Stück, ergänzt je nach Dosen- oder Glasform mit einem, maximal zwei weiteren Stükken. ***Rückenfilet***: Aus der besonders fettarmen, kompakten Rükkenpartie geschnitten (die Japaner essen diesen tiefroten Teil roh als *Maguro*).

Ventresca *oder* ***Tarantello:*** Vom fetten Bauchstück bzw. unter der Seitenflosse geschnitten, fett und saftig – das beste Stück vom Thun und drei- bis viermal so teuer wie eine normale Konserve (die Japaner lieben diese rosafarbenen Partien roh: *Toro* als Sushi oder Sashimi).

Spitzenqualität ist stets **in Olivenöl** eingelegt – es bietet beste Haltbarkeit und die ideale geschmackliche Ergänzung. Das Öl aus der Dose sollten Sie aber nicht verwenden – es schmeckt ein klein wenig tranig und ist durch das Erhitzen nicht so wertvoll wie roh zugefügtes Olivenöl extra mit seinem charakteristisch frischen Geschmack. Für alle, die den Geschmack von Olivenöl nicht mögen, gibt es auch Konserven **in Öl** oder **in Pflanzenöl** – da dieses Öl jedoch weniger kostet als Olivenöl, ist es im billigeren Segment der Angebotspalette zu finden (was gleichzeitig auch geringere Qualität bedeutet).

Übrigens: Alle Konserven in Öl sollte man erst gegen Ende des angegebenen Mindesthaltbarkeitsdatums verspeisen – das Öl

hatte dann genügend Zeit, den Fisch zu durchdringen, ihn zart und mürbe zu machen!
Konserven **mit Gemüse** sind im allgemeinen ohne großen geschmacklichen Wert (mit Gemüse und Gewürzen lassen sich die Mängel des Fischprodukts selbst überdecken).

Schließlich findet man immer häufiger Thunfisch ***au naturel*** oder ***im eigenen Saft***, oft noch mit dem Zusatz ***ohne Öl***: Klingt verlockend, weil natürlich und „schlank“; tatsächlich verbirgt sich dahinter ein zu stark erhitztes und krümeliges Zeug, unter der verschleiernden Bezeichnung ***Solid pack*** sogar nur zusammengepreßte Schnipsel, die erst beim Sterilisieren zu einem festen Block mit unangenehm bröseligem Eiweiß-Gekruschel zusammenbacken.

Nur für Kalorienzähler, die der Schlankheit jeglichen Wohlgeschmack opfern. Letzteres Produkt fällt an bei der Verarbeitung von ***Weißem Thunfisch (Tuna del norte)***, der in allen Weltmeeren

beheimatet ist, dessen Fleisch sich beim Garen zartrosa färbt. Als Filet hervorragend!

Weiterhin verarbeitet man den ***Gelbflossen-Thunfisch (Yellowtail),*** den ***Südlichen Roten Thunfisch,*** den ***Echten Bonito*** sowie den sehr häufigen, dunkelfleischigen ***Skipjack*** (***Unechter Bonito***), der nun allerdings doch deutlich weniger fein schmeckt – längst natürlich nicht mehr nur in Europa, sondern gleich an allen wichtigen Fangplätzen der Welt: in Japan und den USA, in Westafrika (Elfenbeinküste!), in Thailand, Südafrika oder auf Mauritius.

Diese Produkte können, müssen aber nicht gut sein. Die Qualität läßt sich am besten am Preis ablesen – der reicht von etwa 0,80 DM für das billigste (Skipjack) bis über 17,00 DM für das teuerste Produkt (Ventresca, Tarantello, jeweils für 150 g Einwaage; außerordentliche Qualität aus Sizilien, auch offen aus der großen Dose, gibt es z.B. in München bei GARIBALDI, Frohschammerstraße 14 oder Schelligstraße 60 oder Nymphenburger Straße 188).

Thunfisch aus der Dose – das kann der Mittelpunkt einer kalten Mahlzeit sein, einfach aus der Dose gestürzt, mit Oliven, Kapern, Knoblauch und Zwiebel zu Brot serviert oder mit Bartkartoffeln. Thunfisch ist unverzichtbarer Bestandteil der berühmten Salade Niçoise, kommt in kleinen Stücken an Nudeln oder auf die Pizza.

Es gibt aber auch eine ganze Anzahl von Gerichten, in denen der Thunfisch fein püriert wird – das war früher eine mächtige Arbeit für Spezialisten, man mußte den Thunfisch zerkleinern, im Mörser zerstoßen und schließlich, damit die Sauce wirklich seidig glatt wurde, dreimal durch ein immer feineres Sieb streichen.

Heute macht das ein einigermaßen leistungsfähiger Haushaltsmixer in Sekundenschnelle – und überdies besser! Kein Grund also, das Paradegericht der kalten italienischen Küche weiterhin den Restaurants zu überlassen.

DIE REZEPTE

Kalbfleisch in Thunfischsauce (Vitello tonnato)

Für 6 Personen:
ca. 1 kg Kalbfleisch (Oberschale oder Nuß), 1 Bund Suppengrün, 1 Lorbeerblatt, 6 Pimentkörner, 1 TL Pfefferkörner, Salz

Thunfischsauce:
2 Eigelb, 1 TL scharfer Senf, ca. 1/4 l mildes, ligurisches Olivenöl, 100 g Thunfisch in Olivenöl (Dose), 1/2 Bund glatte Petersilie, 2 EL Kapern, 1/2 Zitrone, Salz, Pfeffer

❶ Das Fleisch sollte unbedingt einen halben Tag (oder länger) kalt gestellt sein, bevor man es auf der Aufschnittmaschine aufschneidet, nur dann geraten die Scheiben schön dünn.

❷ Übrigens kann man das Fleisch in Folie oder in einer Plastikdose gut, das heißt luftdicht verpackt, im Kühlschrank ein paar Tage frisch halten und mit einer anderen (oder auch der gleichen) Sauce ein weiteres Mal servieren.

❸ Das Fleisch mit dem geputzten Suppengrün und den Gewürzen in einen Topf füllen. Mit Wasser bedecken und langsam zum Kochen bringen. Zugedeckt etwa eine Stunde ganz leise garziehen und im Sud abkühlen lassen.

❹ Für die Sauce Eigelb und Senf mit dem Handrührer dick und cremig schlagen, dabei wie für eine Mayonnaise langsam das Öl hinzufließen lassen. Thunfisch und Kapern im Mixer oder elektrischen Zerhacker fein pürieren und mit Zitronensaft würzen. Mit der Mayonnaise mischen und mit Salz und Pfeffer abschmecken.

❺ Zum Servieren das Fleisch in dünne Scheiben schneiden und auf Vorspeisentellern oder einer Platte anrichten. Mit etwas Sauce dekorativ beklecksen, den Rest der Sauce getrennt dazu reichen.

Thunfisch auf Fenchelsalat

Für 4 Personen:
ca. 250 g Thunfisch aus der Dose, 400 g Fenchelknollen, 1 TL scharfer Senf, 2 EL Weißweinessig, 3 EL Olivenöl, 2 Knoblauchzehen

❶ Besonders schöne Thunfischstücke sollte man im Ganzen servieren, nicht zur Sauce zerkleinern. Auf einem würzigen Salat sehen sie schön aus und schmecken gut.

❷ Den Thunfisch abtropfen lassen. Die Fenchelknollen putzen, längs halbieren, beschädigte, unschöne und dicke Blätter entfernen. Das zarte Grün aufheben. Die Fenchelhälften quer in dünne Scheiben (Ringe) hobeln.

❸ Senf, Essig, Öl, Salz und Pfeffer mit den Knoblauchzehen im Mörser oder Mixer zerkleinern, nach Belieben mit einem Schuß Weißwein verdünnen. Die Fenchelstreifen damit anmachen.

❹ Den Salat auf einer Platte verteilen, die Thunfischstücke darauf dekorativ anrichten und mit feingehacktem Fenchelgrün bestreuen.

Den Thunfisch abtropfen, die Fenchelknolle putzen

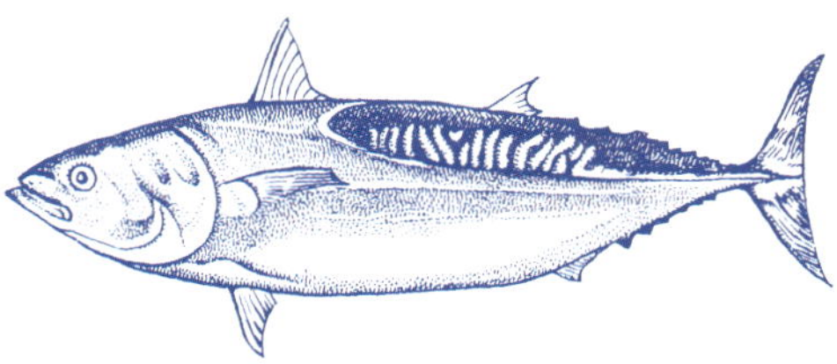

Sardinen auf Kartoffeltalern

❶ Dafür gekochte Kartoffeln in halbzentimeterdicke Scheiben schneiden und in Olivenöl langsam auf beiden Seiten schön golden braten, dabei salzen und pfeffern.

❷ Auf jeden Taler ein Stück Ölsardine betten und mit glatter Petersilie garnieren.

Für 6 Personen:
1 Kalbszunge, 1 Bund Suppengrün,
je 1/2 TL Pfefferkörner, Piment und Wacholderbeeren,
1 Lorbeerblatt, Salz

Grüne Sauce:
2 Tassen gemischte Kräuter: glattblättrige Petersilie, Basilikum, Dost (Origano),
2 – 3 Knoblauchzehen,
3 Anchovifilets,
2 EL Kapern, 1 Scheibe altbackenes Weißbrot (entrindet), 1/8 l mildes Olivenöl (aus Ligurien, nicht das bittere aus der Toskana), 2 EL Essig,
Salz, Pfeffer

Kalbszunge mit grüner Sauce (Lingua di vitello con salsa verde)

❶ Die Zunge mit dem Wurzelwerk, Gewürzen und mit Wasser bedeckt aufsetzen und zwei Stunden lang langsam weich kochen. Im Sud erkalten lassen, dann die ledrige Haut abziehen und die unschönen Teile wegschneiden. Die Zunge im durch ein Sieb gefilterten Sud kalt stellen.

❷ Für die Sauce die Kräuter mit den geschälten Knoblauchzehen, Sardellen, Kapern und Weißbrot sowie Öl und Essig im Mixer zu einer leuchtendgrünen Sauce mixen. Mit Salz und Pfeffer abschmecken.

❸ Die Zunge auf der Aufschnittmaschine in dünne Scheiben schneiden und auf Tellern anrichten. Mit der Sauce teilweise überziehen.

Ölsardinen mit Knoblauch

❶ Die Fischchen aus der Dose nehmen und auf einer Vorspeisenplatte anrichten. Mit gehacktem Knoblauch und reichlich gehackter Petersilie bestreuen.

❷ Nach Belieben mit einigen Tropfen Worcestershiresauce und Zitronensaft würzen.

❸ Dazu geröstetes Graubrot.

Marinierte Paprika

Für 6 bis 8 Personen:
2 rote und gelbe Paprika, Olivenöl zum Marinieren, Salz, Pfeffer, 2 – 3 Knoblauchzehen

❶ Man kann sie wunderbar im voraus zubereiten. Sie bleiben, immer mit Öl bedeckt, im Kühlschrank eine Woche frisch. Sie schmecken als Vorspeise, als Beilage zu Fleisch oder zum Abendbrot und lassen sich vielseitig weiterverwenden.

❷ Die Paprikaschoten auf einem Stück Alufolie in den auf 200 Grad vorgeheizten Backofen legen und etwa 20 Minuten bräunen. Dabei ab und zu drehen, damit die Haut rundum Blasen werfen kann.

❸ Die Paprikaschoten häuten, dabei den Saft, der sich im Inneren gesammelt hat, auffangen. Die Kerne entfernen. Die Paprikaschoten in breite Streifen schneiden und in einer flachen Schüssel anordnen.

❹ Salzen, pfeffern, mit Knoblauchscheibchen bestreuen (diese sollten nicht durch die Knoblauchpresse gedrückt werden), den aufgefangenen Saft darübergießen und mit Öl bedecken.

Paprika mit Thunfischfüllung

Die Thunfischsauce wie im Rezept für Vitello tonnato beschrieben zubereiten, dabei jedoch die doppelte Menge Thunfisch verwenden und ein Eigelb untermischen. Den Fisch ruhig etwas gröber mixen. Zum Servieren jeweils einen Löffel Thunfischfüllung in einen Streifen geschälter Paprika packen und aufrollen.

Die geschälten Paprika mit Thunfisch füllen

Für 4 Personen:
250 g Bohnenkerne,
1/2 TL Salz,
2 – 5 Knoblauchzehen,
2 – 3 Kräuterstiele (Thymian, Petersilie oder Salbei)

Paprika auf Salat von weißen Bohnen

❶ Paprika in gleichmäßige Rauten schneiden und auf einem Salat von weißen Bohnen verteilen. Sie werden nach folgendem Grundrezept zubereitet:

Weiße Bohnen

❷ Die Bohnen über Nacht in reichlich Wasser einweichen, es sollte sie eine Handbreit hoch bedecken.

❸ Am nächsten Tag haben sich die Bohnen damit vollgesogen und reichen fast bis zur Oberfläche hoch. Die Bohnen abgießen und mit frischem Wasser nur zwei Zentimeter hoch bedecken. Salz, geschälte Knoblauchzehen und Kräuter zufügen.

❹ Jetzt den Topf auf mittleres Feuer setzen, das Wasser langsam zum Kochen bringen – das ist deshalb so wichtig, weil sich jetzt eine unglaubliche Menge von Schaum bildet, die leicht überzukochen droht. Deshalb unbedingt danebenstehen, um genau das zu verhindern. Wenn das Wasser ein paar Minuten lang köchelt, fällt dieser Schaum von selbst wieder zusammen, man braucht ihn also nicht abzuschöpfen. Wenn er schließlich völlig verschwunden ist, die Hitze herunterschalten. Die Bohnen nunmehr auf kleinster Flamme gar ziehen lassen. Das Kochwasser sollte sich nur leise bewegen. Ob die Bohnen weich sind, muß man überprüfen: Sie dürfen keinesfalls noch einen festen Kern haben, sondern sollten sich leicht am Gaumen zerdrücken lassen.

❺ Die Bohnen nach Rezept weiterverarbeiten. Man kann sie übrigens gut zwei bis drei Tage im Kochwasser aufbewahren. Natürlich im Kühlschrank oder kühlen Vorratsraum.

Der Supertip, wie tiefgekühlte Krabben oder Tiefseegarnelen wie frisch schmecken

Sie in einer Schüssel mit kochendem Wasser bedecken, nach einer halben Minute wieder abgießen und kalt abbrausen. Die Garnelen gut abtropfen lassen, kurz in einem Sieb unter fließendem Wasser abspülen, zurück in die Schüssel füllen und zugedeckt für eine Stunde in den Kühlschrank stellen. Jetzt sind die Garnelen aufgetaut, wirken wie frisch, haben jeglichen fischigen Geschmack völlig verloren und sind fabelhafte Basis für wunderbare Vorspeisen. Dieses Verfahren geht aber nur mit tiefgekühlten, gekochten Krabben, nicht mit rohen. Zum Beispiel:

Frischer Krabbensalat

Die Garnelen mit Salz, Pfeffer, gehacktem Knoblauch und reichlich gehackter Petersilie sowie erstklassigem Olivenöl und Zitronensaft anmachen. Dazu geröstetes Weißbrot.

Krabbenmayonnaise

Für 4 bis 6 Personen:
1 Ei, 1 EL Delikateßsenf, ca. 1/8 l Öl (in jedem Fall ein gutes, kaltgepreßtes), Zitronensaft, Salz, Pfeffer, Cayennepfeffer, Worcestershiresauce, eine Prise Zucker, 100 g Joghurt, 3 – 4 Cornichons, 1 Bund Dill

❶ Dafür die Krabben so vorbereiten, wie im Grundrezept beschrieben – pro Person genügen ca. 80 bis 100 Gramm als Vorspeise. Die Mayonnaise wird ganz schnell frisch zubereitet.

❷ Ei und Senf in den Mixer füllen und auf hoher Geschwindigkeit schlagen, dabei langsam das Öl hinzufließen lassen, bis die richtige Konsistenz erreicht ist.

❸ Die Mayonnaise mit Zitronensaft, Salz, Pfeffer, Cayennepfeffer, Worcestershiresauce und einer Zuckerprise würzen.

❹ Zum Schluß den Joghurt untermixen. Die feingewürfelten Cornichons und gehackten Dill einrühren. Die vorbereiteten Garnelen mit dieser Sauce anmachen. Auf ein Salatblatt gebettet servieren.

Gefüllte Eier

Pro Person ein Ei in zehn Minuten hart kochen, abschrecken, pellen und halbieren. Den Eidotter mit scharfem Senf, Chilisauce, feingehackten Cornichons, Worcestershiresauce, reichlich Schnittlauchröllchen, einigen Tropfen Öl und gutem Essig glattrühren. Wieder in die Eierhälften füllen – das gelingt problemlos mit Hilfe eines Spritzbeutels, vor allem, wenn man viele Eier füllen möchte. Die gefüllten Eier auf einem Kressebett anrichten.

Gefüllte Avocadohälfte

Dafür die wie beschrieben aufgetauten Garnelen mit Salz, Pfeffer und grob geschrotetem Piment würzen, nach Belieben auch mit Cayennepfeffer schärfen. Pro Person eine Avocadohälfte rechnen, sie innen salzen, mit Zitronensaft beträufeln – nicht nur für den Geschmack, auch, weil sie sich dann nicht bräunlich verfärbt –, die gewürzten Krabben einfüllen und zusätzlich mit Zitrone würzen. Mit Dillzweiglein garnieren.

Für 4 bis 6 Personen:
800 g Kartoffeln,
ca. 1/8 l Fleischbrühe,
Salz, Pfeffer, einen
Schuß Rotweinessig,
viel Zitronensaft,
2 Schalotten oder
4 Frühlingszwiebeln,
3 EL Olivenöl,
4 EL Forellenkaviar

Lauwarmer Kartoffelsalat mit Forellenkaviar

❶ Die Kartoffeln gar kochen, nur kurz abkühlen lassen, noch warm pellen und in dünne Scheiben schneiden.

❷ Mit der kochend heißen Fleischbrühe übergießen, salzen, pfeffern, den Essig angießen, alles gründlich umwenden. Schalotten oder Frühlingszwiebeln fein schneiden, unter den Salat mischen.

❸ Erst jetzt das Öl zufügen und nochmals gut umwenden. Den Salat auf einer flachen Platte oder auf Vorspeisentellern als Portion anrichten. Pro Person einen Löffel Forellenkaviar in die Mitte setzen.

Bunter Salat mit gegrilltem Ziegenkäse

❶ Einen bunt gemischten Blattsalat zubereiten, mit Radicchio, Chicoree, Feldsalat, Frisee und Endivien.

❷ Mit einer Vinaigrette aus Essig, Olivenöl, feingewürfelter Schalotte, scharfem Senf, Salz und Pfeffer anmachen.

❸ Auf Vorspeisentellern portionsweise dekorativ anrichten.

❹ Kleine Ziegenkäse quer in zweifingerdicke Scheiben schneiden, pro Person zwei Scheiben rechnen.

❺ Sie in einer Auflaufform unter dem Grill rösten, bis der Käse zu laufen beginnt und Blasen bildet.

❻ Auf die Salatteller verteilen und sofort servieren, damit der Käse noch warm ist, wenn er auf den Tisch gelangt.

Schinkenröllchen

Für 4 bis 6 Personen:
300 g Blattspinat, Salz,
6 – 8 Scheiben gekochter Schinken,
200 g Mozzarella,
Pfeffer, Muskat,
ca. 1/8 l Brühe

❶ Den Spinat putzen, waschen und in Salzwasser einmal aufwallen lassen. Sofort abgießen, in Eiswasser abkühlen – wegen der schönen Farbe!

❷ Den Mozzarella in dünne Scheiben schneiden. Mozzarella schützt man vor dem Austrocknen, indem man ihn in Salzwasser einlegt und im Kühlschrank aufbewahrt.

❸ Die Schinkenscheiben ausbreiten, jeweils ein Häufchen Spinat daraufsetzen, mit Mozzarella belegen und mit Pfeffer und Muskat würzen.

❹ Die belegten Schinkenscheiben aufrollen und in eine feuerfeste Form füllen. 10 Minuten bevor angerichtet wird, mit etwas Fleischbrühe beträufeln und in den 200 Grad heißen Ofen schieben.

Tip: In Räucherlachsscheiben werden Gurkenstreifchen gewickelt (Gemüsegurke), das erfrischt und schmeckt schön knackig.

ZUSATZREZEPTE

Fenchelknollen als Vorspeise

Für 4 Personen:
4 schöne, knackige und unversehrte Fenchelknollen ohne braune Flecken, Salz, 1 Zitrone (Saft), Pfeffer aus der Mühle, Olivenöl extra vergine

Die Zubereitung ist denkbar simpel – aber das Ergebnis köstlich! In Italien, woher dieses Rezept stammt, ißt man allerdings den Fenchel nicht alleine, sondern zusammen mit anderem, ebenfalls gekochtem Gemüse.

❶ Die Fenchelknollen putzen – je schöner und frischer die Knolle, desto weniger Arbeit und Abfall gibt es. Quer durch den Wurzelansatz und die Spitzen vierteln. Das Grün beiseite legen.

❷ Reichlich kräftig gesalzenes Wasser zum Kochen bringen und die Fenchelknollen darin fast weich kochen – das dauert ungefähr 20 Minuten; stechen Sie aber schon nach 15 Minuten einmal mit dem Messer hinein, wenn sie besonders zart und frisch sind, können sie schneller gar sein; ältere und bei höheren Temperaturen (wie bei uns übrigens im Sommer) gewachsene brauchen eher etwas länger.

❸ Herausheben, einige Löffel Kochsud zusetzen, mit Zitronensaft beträufeln, pfeffern und abkühlen lassen. Dabei ab und zu mit dem Sud übergießen.

❹ Nach 1/2 Stunde einen guten Schuß Olivenöl zufügen. Lauwarm oder abgekühlt, niemals kühlschrankkalt servieren; mit dem zurückbehaltenen, gehackten Fenchelgrün bestreuen. Jeder beträufelt sich seinen Fenchel mit frischem Olivenöl und streut weiteren Pfeffer und grobes Meersalz darüber.

Getränk:
Ein frischer, natürlich trockener, südlich-würziger Weißwein.
Beilage: Knuspriges Weißbrot.

Normannischer Gurkensalat

Vorspeise für 4, Beilage für 8 Personen:
3 kleine Gemüsegurken zu je ca. 200 g oder 1 Salatgurke, Salz, Pfeffer aus der Mühle, 3 EL Apfelessig, 1 EL Honig (vorzugsweise Apfelblüten), 5 EL Crème fraîche

❶ Gemüsegurken behandeln wie im Rezept „Italienischer Gurkensalat" (S. 65), Salatgurke so schälen, daß immer wieder Schalenstreifen stehenbleiben – das sieht hübsch aus; in dünne Scheiben hobeln.

❷ Ein Dressing aus Pfeffer, Essig, Honig und Crème fraîche rühren.

Variante: Mit Thymianblüten, Pimpinelle, Kerbel, Zitronenmelisse oder Minze würzen. Schmeckt sowohl zu gebratenem Fisch wie auch zu hellem Fleisch.

Italienischer Gurkensalat

Vorspeise für 4,
Beilage für 8 Personen:
3 kleine Gemüsegurken
zu je ca. 200 g, Salz,
Pfeffer aus der Mühle,
100 g entkernte,
schwarze Oliven, 1 Bund
frisches Basilikum,
1 – 4 Knoblauchzehen
nach Geschmack,
2 EL Rotweinessig
(6 % Säure),
4 EL Olivenöl extra

❶ Gurken in etwa 2 cm große Würfel schneiden (geschält und entkernt natürlich) und mit Salz bestreuen. Nach einer halben Stunde das Wasser abgießen.

❷ Gurkenwürfel mit Pfeffer aus der Mühle würzen, mit Oliven, grob gehacktem Basilikum und feingewürfelten Knoblauchzehe(n) vermischen, schließlich mit wenig Essig und reichlich Olivenöl umwenden und sofort servieren.

Variante:

Statt mit Basilikum mit Pfefferminze, römischer Minze oder frischem Origano (ganze Blätter) würzen.

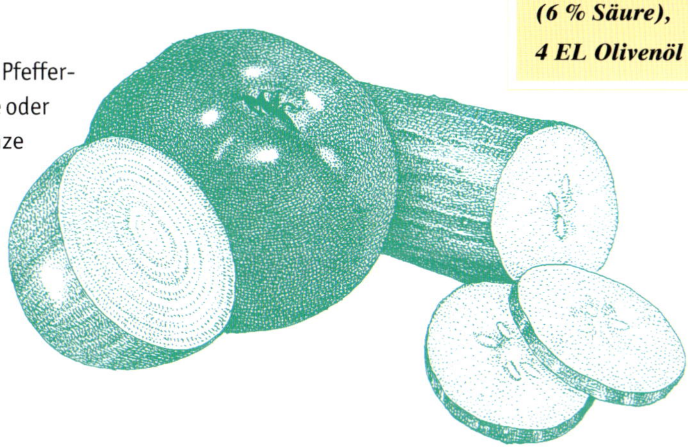

Supersandwich mit Bückling

Für 2 Personen:
2 Vollkornbrotscheiben,
Butter, 1 Bückling,
2 Eigelb, Salz, Pfeffer,
Zitronensaft,
Schnittlauch

❶ Die Brotscheiben sorgfältig buttern, dicht mit entgrätetem Bückling belegen, dabei jeweils ein Nest in der Mitte formen.

❷ Dorthinein ein Eigelb gleiten lassen, mit Salz (sparsam), Pfeffer (großzügig) und mit einigen Tropfen Zitronensaft würzen sowie mit Schnittlauchröllchen bestreuen.

Tip: Beim Essen bricht man das Eigelb auf, so daß sich sofort Eigelb mit den Bücklingstücken mischt, und genießt Bissen für Bissen, den man immer auch mit einigen Schnittlauchröllchen würzt.

Schwarzwurstsalat mit Munsterkäse

Für 2 bis 3 Personen:
400 g Schwarzwurst,
150 g Munsterkäse,
2 Gewürzgurken,
1 Zwiebel, Salz, Pfeffer,
2 EL Weißweinessig,
2 EL geschmacks-neutrales Öl,
2 EL Gurkenmarinade,
eine kleine Handvoll Kerbelblättchen

❶ Die Schwarz- oder Blutwurst sollte schnittfest sein, also ein wenig getrocknet, mit wenig kleinen Fettwürfelchen.

❷ Und der Munsterkäse darf noch nicht vollreif fließen, damit man ihn schneiden kann.

❸ Wurst häuten und zunächst in dünne Scheiben, diese in Streifen oder Eckchen schneiden. Auch den Käse in Streifen schneiden. Gurken und Zwiebel fein würfeln.

❹ Diese Zutaten mit den Gewürzen und dem Essig umwenden. Ein paar Minuten ziehen lassen, dann erst das Öl und die Gurkenmarinade zugeben.

❺ Nun nicht mehr lange stehenlassen und unmittelbar vor dem Servieren die abgezupften Kerbelblättchen untermischen.

Beilage:
Brot, Pell- oder Bratkartoffeln.

Getränk:
Zartbitteres Pils, herber Apfelwein oder ein klar strukturierter, nicht zu säurearmer Wein – Gutedel, Silvaner oder Grüner Veltliner.

Klassischer Wurstsalat

Für 4 Personen:
500 – 750 g Fleischwurst, 2 mittelgroße Zwiebeln, 1 Bund Petersilie, 3 EL Obstessig, Salz, Pfeffer, 1 EL Olivenöl extra
Nach Belieben zusätzlich:
ein Paar Basilikum-, Estragon-, Kerbel-, Liebstöckel- oder Melissenblättchen, 1 Chilischote, 2 Knoblauchzehen, ein Stückchen frischer Ingwer, je ein Schuß Fisch- und Sojasauce

❶ Wurst und Zwiebeln in möglichst dünne Scheiben bzw. Ringe schneiden – am besten auf der Aufschnittmaschine. Petersilie hacken.

❷ Diese Zutaten rasch mit Essig und Gewürzen umwenden, erst zum Schluß das Öl zugeben.

Wichtig: Der Salat darf auf keinen Fall stehen, denn die dünn geschnittenen Zwiebeln oxydieren rasch und schmecken dann scheußlich schweflig-metallisch.

Beilage: Brot, Bratkartoffeln.

Getränk: Bier oder Wein.

Mousse aus Räucherlachs

Für 6 bis 8 Personen:
250 g Abschnitte vom Räucherlachs, 1/4 l stark eingekochter Fischfond (siehe Anmerkung), Salz, Pfeffer, Cayennepfeffer, 1 EL trockener Wermut, Worcestershiresauce, 1/4 l Sahne

Eine gute Idee, die dünnen Stükke vom flach zulaufenden Räucherlachsfilet zu verarbeiten. So wird daraus eine elegante Vorspeise:

❶ Die Lachsstücke sollten gut gekühlt, eventuell sogar angefroren sein, damit sie sich beim Mixen nicht zu sehr erwärmen, das würde die Mousse griesig machen. Die Stücke im Mixer pürieren, dabei nach und nach den kalten Fischfond zufügen.

❷ Die Masse mit Salz, Pfeffer, Wermut und Worcestershiresauce kräftig würzen, durch ein feines Sieb streichen und in den Kühlschrank stellen. Die Sahne steif schlagen und erst dann unter die Lachsmasse heben, wenn sie bereits fest zu werden beginnt, also beim Rütteln an der Schüssel glibbrig wirkt.

❸ Die Mousse im Kühlschrank endgültig fest werden lassen. Zum Servieren in Scheiben schneiden oder mit einem Eßlöffel Nocken abstechen (vorher in heißes Wasser tauchen!) und auf Tellern anrichten. Dazu einen dekorativen Salat, zum Beispiel aus Radicchio und Feldsalatrosetten, servieren.

Anmerkung:
Der Fischfond ist die alleinige Stütze in dieser Terrine; man kann nur auf Gelatine verzichten, wie dieses Rezept empfiehlt, wenn er wirklich ausreichend eingekocht wurde. Den fertig käuflichen Fond muß man unbedingt noch um die Hälfte reduzieren! Sie können die Probe machen: Der angekühlte Fond muß schnittfest sein, dann ist er richtig.

Risotto – Reis auf italienische Art

Kennen Sie Risotto? Diesen schmelzend cremigen Reis, den man fast mit dem Löffel essen kann, der so würzig und intensiv schmeckt, geradezu Balsam für den Magen ist. Allerdings verbinden manche Leute mit diesem Begriff pappig verkochten Reisbrei, der auf dem Teller klebt und ganz und gar kein Vergnügen ist – eher Mensa-Essen als kulinarischer Genuß.

Aber auf einmal ist Risotto Mode. Plötzlich ist er auf der Speisekarte eines jeden Bistros, das auf sich hält, zu finden, beim Nobelitaliener sowieso, und im Drei-Sterne-Restaurant mit der fashionablen, mediterran inspirierten Küche erst recht:

Risotto allerorten, auf die unterschiedlichste Weise, mit jeglichen Zutaten von A wie Artischocken bis Z wie Zucchini. Und dabei ist es noch gar nicht lange her, da bekam man einen anständigen Risotto selbst in Italien nur in den kleinen, klar abgegrenzten Reisanbauregionen: im Veneto oder in der Lombardei. Italien ist übrigens der größte Reisproduzent Europas!

Und trotzdem hat ein wirklich guter Risotto, der seinen Namen auch verdient, immer noch Seltenheitswert: Im Suppenteller serviert, cremig und sanft, parmesanduftend, butterstrotzend, die schmelzend zarten Körner mit einem eben noch auf der Zunge spürbaren Kern in der Mitte als Rückgrat, doch miteinander ebenso innig wie aromatisch verbunden.

All'onda sagt man zu diesem, für einen Risotto perfekten Zustand auf italienisch. Man spürt sie dabei direkt, die Welle, beziehungsweise den Purzelbaum, den der Risotto auf der Zunge schlagen soll.

Risotto, wie er sein soll

Hierzulande hat man sich lange Zeit mit dem Risotto sehr schwer getan: Weil eben ein Risotto nichts mit jenem stets körnigen Reisprodukt zu tun hat, das als Hausfrauenglück gepriesen wird. Sie wissen schon, jener Reis, der im Werbefernsehen immer so munter Korn für Korn von der Gabel purzelt und den angeblich Drei-Sterne-Köche so gern verwenden. Aber mit Reiskörnern, die absolut nicht aneinanderhaften, läßt sich nun mal kein Risotto kochen, der eine sämige Bindung haben muß. Ein Risotto ist eben kein Pilaw, die eher orientalische Version eines Reisgerichts – für den wird Langkornreis verwendet, der zwar auch in aromatisierter und aromatisierender Flüssigkeit gegart wird, im Ergebnis jedoch duftig und trocken wirken muß, schon weil man ihn – nur einer von vielen Gründen, aber einer, der überzeugt – mit den Fingern ißt.

Risotto ißt man mit dem Löffel! Er ist keine Beilage, vielmehr ein eigenständiges Gericht. Die Sättigungsbeilage wird in Italien ja bereits vor dem eigentlichen Hauptgang verspeist. Ausnahmen bestätigen die Regel:

Zum *osso buco milanese*, dem herrlich würzigen Ochsenschwanzragout, gehört der *Safranrisotto* unbedingt dazu! Wohl ein Relikt aus der österreichischen Vergangenheit dieser Region.

Kein Risotto ohne den richtigen Reis

Auch unter den Rundkornreissorten gibt es eine Menge unterschiedlicher Qualitäten. Ideal ist natürlich, wenn man einen Risottoreis aus Italien nimmt. In italie-

Nicht verwenden sollte man den Parboiled-Reis, ...

... genauso wie den braunen Reis, da dieser nicht genug Stärke abgibt und gekocht körnig bleibt

nischen Feinkostgeschäften, aber auch in den großen Warenhäusern ist die Auswahl groß. Man

oryza japonica

findet dort im allgemeinen Avorio oder Vialonereis. Manchmal sogar von kleineren Reismühlen, die ihre besondere Qualität oft auch in auffällig hübsche Verpackung stecken. Die beste Risottoreissorte aus Italien heißt Carnaroli, sie findet man immer öfter auch bei uns.

Vialone nano

Auf jeden Fall die Finger lassen sollte man von *Parboiled-Reis*, er ist so vorbehandelt, daß er garantiert körnig bleibt, und das ist genau das, was man beim Risotto gar nicht haben will.

Der ebenfalls rundkörnige spanische Paellareis und der japanische Reis sind ebenfalls gut für Risotti geeignet. Man kann auch das verwenden, was bei uns als Milchreis gebräuchlich ist – es handelt sich dabei ebenfalls um nichts anderes als um *oryza japonica*.

Carnaroli

Arborio ist die bekannteste Sorte, geschmacklich besser sind jedoch *Vialone nano*, (im Veneto liebt man besonders den mittelkörnigen *semifino*), oder der eher kleinkörnige *Carnaroli* aus der Lombardei oder dem Piemont. In jedem Fall handelt es sich um Rund- bis Mittelkornreis. Sorten, die jeweils über einen höheren Gluten- (Kleber-) anteil verfügen

Milchreis

als Langkornsorten. Ganz ähnlich übrigens wie der Reis, den die Japaner lieben. Bei den prestigebewußten japanischen Feinschmeckern soll der teure *rosa marchetti*, der leider nur in kleinsten Mengen im Piemont angebaut wird, besonders begehrt sein. Wie gesagt läßt sich auch ein normaler *Milchreis* verwenden. Allerdings dann unbedingt auf gute Qualität achten, lieber zur Markenware greifen, als ein billiges No-name-Produkt wählen.

Der wahre Risottofan wählt für seinen Lieblingsrisotto den Reis ganz gezielt aus. Aber nicht nur auf die Sorte kommt es an, auch auf das Anbaugebiet und, ganz wichtig, die Reismühle. Viele dieser Mühlen in Italien arbeiten noch auf die handwerkliche, althergebrachte Weise: Die Reiskörner werden in exakt abgemessener Portion in einer marmornen Mörserschale durch einen (meist noch mit Wasserkraft betriebenen) Eisenstößel so lange und zugleich so behutsam gestampft, daß sie sich allein durch das Herumwirbeln aneinander abschleifen und polieren.

Dabei wird die Spelzen- und Schalenschicht entfernt, das wertvolle sogenannte Silberhäutchen, jene Hülle des Reiskorns, in dem die meisten Vitamine und Mineralstoffe stecken, bleibt jedoch weitgehend erhalten. Es versteht sich, daß ein solcher Spitzenreis seinen Preis hat.

Übrigens findet man in gut sortierten Feinkostgeschäften, vor allem bei „Italienern", auch hierzulande eine interessante Auswahl verschiedener Sorten. Probieren Sie sie nach und nach alle einmal aus, um herauszufinden, welche Sie am liebsten mögen.

Risotto – das Grundprinzip

Risottorezepte gibt es unzählige, ganz nach Appetit, Jahreszeit und Vorrat läßt sich alles mögliche dafür verarbeiten. Im Prinzip geht es jedoch jedesmal auf die gleiche Weise los: Zwiebeln werden fein gewürfelt und angedünstet – je nach Rezept in Butter, in Olivenöl oder, beim klassischen Risotto milanese, in ausgelassenem Rindermark. Meist wird mit Wein abgelöscht, damit der Reis gleich von Anfang an davon durchtränkt wird und Geschmack annimmt.

Dann braucht man Brühe, entweder Gemüsebrühe, Hühner- oder Fleischbrühe, bei Risotto mit Fisch oder Meeresfrüchten darf es natürlich auch ein Fischsud sein. Wichtig ist, daß stets nur soviel angegossen wird, daß die Flüssigkeit sofort brodelnd kocht, weil sonst die Reiskörner abgeschreckt werden und ihr Stärkemantel gefestigt wird, statt sich aufzulösen.

Er soll sich auflösen und mit der Flüssigkeit verbinden, dadurch bekommt der Risotto seine charakteristische, cremige Konsistenz. Weil die Brühe dabei sehr konzentriert eingekocht wird, darf sie nicht so stark gewürzt sein, wir nehmen deshalb gern eine leichte **Gemüsebrühe**, die ja wirklich keine Arbeit macht, statt Brühe aus dem Brühwürfel.

Eine solche Brühe ist im Handumdrehen aufgesetzt: 1 Bund Suppengrün putzen, ruhig unzerteilt mit zwei Litern Wasser aufsetzen, Lorbeerblatt, Petersilie- und Thymianstengel zufügen, ein paar Pfefferkörner, wenig Salz – und schließlich ungefähr eine halbe Stunde leise köcheln. Also zuerst die Brühe aufsetzen, sie ist fertig, wenn die Vorbereitungen für den Risotto erledigt sind.

Das Gewürz der Könige: Safran

Es handelt sich dabei um die Blütenstempel einer bestimmten Krokusart, es ist das teuerste Gewürz der Welt, weil so mühsam zu ernten.

Der meiste Safran kommt aus Spanien, wo er auf Feldern regelrecht angebaut wird. Safran ist jedoch, was kaum einer weiß, eine Spezialität in der Schweiz. Dort wird er in Mund, einem kleinen Bergdorf oberhalb von Brig, in 1200 Metern Höhe gezogen. Es ist eine hübsche Geschichte, wie der eigentlich in südlicheren Regionen heimische Safran in diese Berggegend geraten ist: Ein Söldner aus Mund soll sie in seine Perücke geflochten und so perfekt versteckt im 14. Jahrhundert aus Spanien mit nach Hause gebracht haben.

Damals war Safran ein begehrtes Mittel, um Wolle einzufärben. Die knoblauchähnlichen Zwiebeln der Krokuspflanze benötigen einen leichten, tiefgründigen, sandigen, gut entwässernden Boden, der sich rasch erwärmt und eher mager ist. Der Boden rund um Mund erwies sich als ideal. Als man in den siebziger Jahren der Neuzeit sich wieder verstärkt dem Safrananbau zuwandte, zeigte die Erfahrung, daß der Safrankrokus nur auf Äckern gedeiht, auf denen Winterroggen angesäht ist.

Als man auf derselben Stelle Kartoffeln anbaute, gingen die Krokusse ein. Man lernte, daß es nach dem Setzen drei bis fünf Jahre dauert, ehe die ersten Blüten sich zeigen, daß dann aber die Pflanzen bei guter Pflege jedes Jahr wieder blühen und zu ernten sind. Allerdings: Die Roggenfelder können nur von Hand bearbeitet werden, Maschinen würden die Wurzelknollen immer wieder herausreißen und verletzen. Im September wird die Wintersaat des Roggen ausgebracht, die bis Mitte Oktober, Anfang November austreibt.

In diesem grünen Feld erscheinen dann die blaßlila Krokusblüten, die jeden Tag in aller Frühe gepflückt werden müssen, solange sie noch geschlossen sind und die Blütenblätter die empfindlichen Blütennarben schützend umhüllen. Dann werden die Stempel ausgezupft und getrocknet. Ein unendlich mühseliges Geschäft, 120 000 Stück ergeben ein Kilo – kein Wunder, daß Safran teuer ist! Man kann Safran in dieser Form, also als Fäden, aber auch pulverisiert kaufen, in kleinen Döschen oder Papiertütchen. Weil es seinen Duft erst entwickelt und so auch verliert, wenn es mit Wasser oder Fett gelöst wurde, ist es gleich, wie man Safran kauft – er hält sich übrigens luftdicht verschlossen jahrelang!

Immer hat man versucht, Safran zu fälschen, weil er so kostbar ist. Man braucht sich aber eigentlich

nicht täuschen zu lassen, Safran ist stets an seiner typischen, karminroten Farbe zu erkennen, das gelbe Kurkuma (Gelbwurz), das man vor allem auf asiatischen Märkten unwissenden Touristen als Safran untergejubelt, ist daher sofort als Fälschung zu erkennen.

Für 4 bis 6 Personen:
50 g Ochsenmark,
2 EL Olivenöl, 1 Zwiebel,
1 Knoblauchzehe,
200 g Rundkornreis,
1/4 l Weißwein,
ca. 1,5 l Gemüse- oder Hühnerbrühe, 1 Döschen Safran, 50 g Butter,
50 g frisch geriebener Parmesan

Den Reis in den Topf geben, mitdünsten und rühren

DIE REZEPTE

Safranrisotto (Grundrezept)

❶ Das Mark aus dem Knochen lösen, den Knochen in den Topf mit Gemüsebrühe geben und auskochen. Das Mark wässern, bis es schön weiß ist, dann fein hacken.

❷ In einem Topf das Öl sanft erhitzen, das Mark darin auslassen. Inzwischen Zwiebel und Knoblauch schälen, winzig würfeln und im Topf glasig dünsten. Den Reis hinzurieseln lassen, mitdünsten und rühren, bis alle Körner von Fett überzogen glänzen. Schließlich den Wein angießen, immer nur soviel, daß die Flüssigkeit sofort ins Kochen gerät. Sobald der Wein absorbiert ist, schöpfkellenweise die heiße Brühe angießen.

❸ Den Risotto stets leise köcheln lassen, dabei immer wieder am Topf rütteln und den Risotto umrühren. Es dürfen sich keine Reiskörner am Topfboden oder Topfrand festsetzen.

❹ Kurz bevor die Körner den richtigen Biß haben (sie sollen weich sein, aber innen noch einen klein wenig festen Kern haben), den pulverisierten Safran unterrühren.

❺ Wenn die Körner gar sind, Butter in Flöckchen und den Käse unterrühren, dabei kräftig rühren, damit sich alles zu einer cremigen Konsistenz verbindet. Sofort servieren. Zum Beispiel zu einem:

Osso Buco – Geschmorte Kalbshaxe in Tomatensauce

Für 4 bis 6 Personen:
1,5 kg Kalbshaxe, vom Metzger quer in zwei fingerdicke Scheiben geschnitten,
4 EL Olivenöl, 2 große Zwiebeln, 3 – 4 Knoblauchzehen, 2 Rosmarinzweige, 2 Thymianzweige, Salz, Pfeffer,
1 Dose geschälter Tomaten, 1/4 l Weißwein

❶ Die Fleischscheiben im heißem Öl auf beiden Seiten kräftig anbraten, dabei wenn nötig portionsweise arbeiten. Die Zwiebeln und Knoblauchzehen schälen, würfeln und danebenstreuen, kurz mitbraten, dann die Kräuterzweige zufügen.

Kalbshaxe vom Metzger

❷ Das Fleisch salzen und pfeffern. Tomaten samt Saft zufügen, den Weißwein angießen. Zugedeckt etwa eineinhalb bis zwei Stunden auf sehr sanftem Feuer oder im 160 Grad heißen Backofen schmoren.

Die Fleischscheiben in heißem Öl kräftig anbraten

❸ Die Fleischscheiben schließlich herausheben, die Kräuterzweige entfernen, mit dem Pürierstab die Sauce aufmixen und noch einmal abschmecken. Die Fleischscheiben in dieser Sauce erwärmen und heiß servieren.

Für 4 Personen:
2 Schalotten oder 1 weiße Zwiebel, 75 g Butter, 50 g luftgetrockneter italienischer Schinken, 1 Bund glattblättrige Petersilie, 200 g ausgepalte Markerbsen, 200 g Risottoreis, ca. 1 – 1,5 l Gemüse- (zum Beispiel mit den Erbsenschalen gekocht!) oder Fleischbrühe, Salz, Pfeffer, 50 g Parmesan

Risi Pisi

Ein arg mitgenommenes Gericht, wenn man all die vielen Versionen betrachtet, die unter diesem Namen angeboten werden. Es ist der Lieblings-Risotto der Venezianer. Und er ist dies gewiß nicht, weil man einfach gekochten Reis mit Dosenerbsen vermischt. Eigentlich benötigt man hierfür Markerbsen, die fester sind, über mehr Stärke verfügen und eine längere Garzeit brauchen als die zarten Gemüseerbsen. Und welche Erbsen man kriegt, erfährt nur, wer beim Gärtner einkauft. Bei uns sind frische Erbsen leider selbst während der Saison Mangelware. Leider, denn es gibt kein feineres Gemüse als frische Erbsen! Aber es fehlt eben die geduldige Oma oder Großtante im Haushalt, die sich die Mühe macht, sie zu palen. Tiefkühlerbsen fügt man erst am Schluß der Garzeit zu. Und von Dosenerbsen sollte man sowieso die Finger lassen – sie haben mit frischen Erbsen soviel Ähnlichkeit wie ein T-Bone-Steak mit einem Hamburger.

❶ Schalotten oder Zwiebeln fein würfeln und in zwei Löffeln Butter andünsten. Den winzig gewürfelten Schinken zufügen und mitdünsten, aber nicht bräunen.

❷ Die Hälfte der feingehackten Petersilie, die Erbsen und den Reis zufügen. So lange dünsten, bis die Reiskörner von Fett glänzen.

❸ Nach und nach die heiße Brühe angießen. Mit Salz und Pfeffer würzen.

❹ Zum Schluß die restliche Butter, den Parmesan und die übrige Petersilie feingehackt untermischen.

Wichtig: Damit die Erbsen ihre schöne grüne Farbe behalten, wird auf den Wein zum Ablöschen verzichtet.

Risi Pisi: Variante mit Garten- oder tiefgekühlten Erbsen

Auf keinen Fall sind Erbsen aus der Dose geeignet!

Für 4 Personen:
100 g luftgetrockneter Bauchspeck in hauchdünnen Scheiben, 100 g Butter, 1 Zwiebel, 1 Bund glattblättrige Petersilie, 200 g italienischer Rundkornreis, ca. 1,5 l Gemüse- oder Fleischbrühe, 200 g feine Tiefkühlerbsen, Salz, Pfeffer, Cayennepfeffer, ca. 50 g frisch geriebener Käse

❶ Den Speck in feine Würfel schneiden. Mit zwei Eßlöffeln Butter in einem Topf sanft auslassen. Die feingehackte Zwiebel zufügen und andünsten. Die Hälfte der ebenfalls feingehackten Petersilie und den Reis unterrühren. So lange dünsten und dabei immer wieder rühren, bis der Reis glasig wirkt.

❷ Den Wein angießen, ganz langsam, damit er sofort ins Kochen gerät. Erst jetzt nach und nach, schöpfkellenweise, die heiße Brühe angießen, dabei den Reis stets immer nur eben knapp bedecken, auf mildem Feuer rühren und erst, wenn die Flüssigkeit absorbiert ist, nachgießen.

❸ Zwei Löffel Butter in einem zweiten Topf erhitzen, die Erbsen darin andünsten. Salzen, pfeffern und mit einem Hauch Cayennepfeffer schärfen.

❹ Den Risotto salzen, pfeffern. Sobald die Reiskörner gar sind, die Erbsen untermischen.

❺ Schließlich den frisch geriebenen Käse und die restliche Butter einarbeiten. Einige Minuten neben dem Feuer quellen lassen. Vor dem Servieren noch einmal abschmecken und, wenn nötig, mit einem weiteren Schuß Brühe zur gewünschten Konsistenz auffüllen. Zum Schluß die restliche Petersilie unterrühren.

Für 4 bis 6 Personen:
500 g weißer oder grüner Spargel, 1 weiße Zwiebel, 1 EL Butter, 200 g Risottoreis, 1/8 l Weißwein, Salz, Pfeffer, 60 g frisch geriebener Parmesan, 60 g Butter

Spargelrisotto

❶ Den Spargel großzügig schälen. Die Schalen mit einem Liter Wasser bedeckt mindestens eine halbe Stunde auskochen. Die Spargelstangen in zentimeterkurze Stücke schneiden. Die Spitzen beiseite legen.

❷ Die Zwiebel fein würfeln, in der heißen Butter andünsten. Den Reis hinzuschütten und solange mitdünsten, bis alle Körner von Butter überzogen glänzen.

❸ Mit Wein ablöschen. Sobald kaum mehr Flüssigkeit im Topf steht, die Spargelstücke unterrühren. Etwas Spargelsud angießen (zuvor durch ein Sieb filtern!).

❹ Den Reis leise köcheln, dabei immer wieder soviel Sud zufügen, daß die Oberfläche gerade eben knapp bedeckt ist. Immer wieder umrühren, damit nichts am Topfboden ansetzt. Mit Salz und Pfeffer würzen.

❺ Ungefähr fünf Minuten, bevor der Reis gar sein wird, die Spargelspitzen unterrühren.

❻ Die Reiskörner sollten weich sein, aber im Innern noch einen kleinen, festen Kern aufweisen. Dann Parmesan und Butter unterrühren, falls nötig auch noch einen Schuß Brühe.

❼ Der Risotto sollte so flüssig sein, daß er auf den Teller fließt.

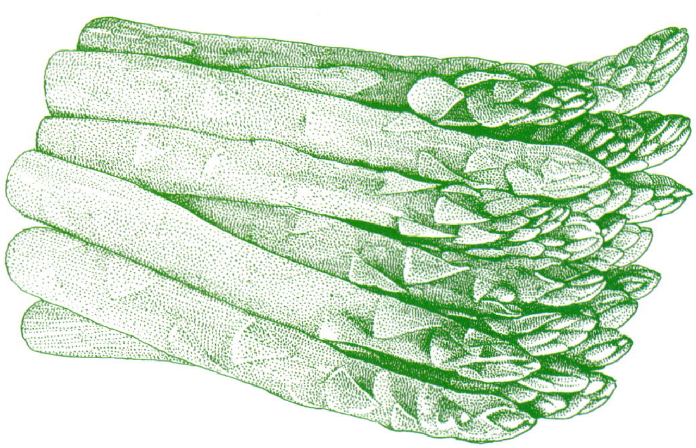

Steinpilzrisotto

Für 4 Personen:
50 g getrocknete Steinpilze, 1 Zwiebel, 1 Knoblauchzehe, 2 EL Olivenöl, 70 g Butter, 200 g Reis (Carnaroli), 1 Glas Rotwein, ca. 1,2 l Gemüsebrühe, Salz, Pfeffer, 50 g frisch geriebener Parmesan, Petersilie, 1 Chilischote

❶ Pilze bereits einige Stunden vor dem Essen mit kochendem Wasser überbrühen und einweichen.

❷ Zwiebel und Knoblauch sehr fein würfeln und im heißen Öl andünsten. Die gehackten (oder bereits vor dem Einweichen zerbröselten) Pilze zufügen. Schließlich den Reis mitdünsten. Wenn alle Körnchen von Fett überzogen glänzen, den Wein angießen.

❸ Nach und nach die durch ein Sieb gefilterte Einweichflüssigkeit und schöpfkellenweise nach und nach die kochende Brühe angießen, dabei immer wieder rühren, damit sich die Reiskörner nicht am Topfboden festsetzen. Gleich zu Beginn salzen, pfeffern.

❹ Schließlich die restliche Butter und den Parmesan unterrühren, und soviel Flüssigkeit, daß der Risotto sanft und cremig ist.

Arancini – Reiskroketten

Für 4 bis 6 Personen:
1 Portion Risotto, 2 Eigelb, 100 g Mozzarella, 50 g Speck oder gekochter Schinken in Scheiben, Semmelbrösel zum Panieren, Olivenöl zum Ausbacken

❶ Den Risotto mit den Eigelb verrühren. Mozzarella in kleine Würfel schneiden, ebenso Speck oder Schinken fein würfeln und unter die Reismasse mischen.

❷ Tischtennisballgroße Bällchen daraus formen, sie in Semmelbrösel wälzen, so daß sie rundum davon umhüllt sind. In heißem Öl schwimmend golden ausbacken.

❸ Auf Küchenkrepp abtropfen lassen. Jeweils eine Gewürznelke als Blütenansatz oder ein Stück grünes Petersilienblatt zur Dekoration anbringen.

ZUSATZREZEPTE

Risotto mit grünem Spargel (2. Variante)

Für 4 Personen:
1 kg grüner Spargel, 100 g Butter, 1 Zwiebel, 1 Bund glattblättrige Petersilie, 250 g Risottoreis, ca. 1,5 l Wasser (erhält den Spargelgeschmack) oder Brühe, Salz, Pfeffer, 50 g frisch geriebener Parmesan

❶ Hier wird ausdrücklich kein Weißwein verwendet, damit das Spargelaroma nicht überlagert wird, außerdem bleibt das schöne Spargelgrün besser erhalten.

❷ Den Spargel schälen – jawohl, auch grünen Spargel muß man schälen, will man nicht nur die zarten Spitzen verspeisen oder die Stangen, wie in Italien üblich, auslutschen. Die Spitzen abschneiden und beiseite legen. Die Stiele in dünne Scheibchen schneiden.

❸ Zwei Eßlöffel Butter in einem Topf erhitzen, zuerst die feingehackte Zwiebel darin andünsten, dann die feingehackte Petersilie und die Spargelstücke zufügen. Nach einigen Minuten den Reis hinzuschütten und untermischen. Salzen und pfeffern. Heißes Wasser angießen, bis der Reis eben bedeckt ist, es am Kochen halten und immer wieder nachgießen, was der Reis aufgenommen hat.

❹ Inzwischen die Spargelspitzen in Salzwasser knackig gar kochen (je nach Frische vier bis acht Minuten).

❺ Kurz bevor der Reis die richtige Konsistenz hat, die Spargelspitzen unterrühren. Erst nach fünf weiteren Minuten Butter und Parmesan einarbeiten.

Risotto mit Artischocken

Für 4 Personen:
4 – 6 Artischocken,
2 EL Olivenöl, 1 Zwiebel,
1 Knoblauchzehe,
200 g Risottoreis,
1/4 l Weißwein, Salz,
Pfeffer, ca. 1,2 l Hühner- oder Gemüsebrühe,
50 g Butter, 50 g frisch geriebener Parmesan,
Zitronensaft

Dafür nimmt man die kleinen Artischocken mit den lila Spitzen, die im Frühjahr aus Italien auch bei uns auf den Markt kommen. Sie werden sehr großzügig bis auf ihr Herz geschält und bis zum Gebrauch in Zitronenwasser aufbewahrt, damit sie schön hell bleiben.

❶ Die Artischockenherzen in Würfel oder Scheiben schneiden und im heißen Öl andünsten. Die feingehackte Zwiebel und Knoblauch zufügen und schließlich den Reis. Solange dünsten, dabei immer wieder rühren, bis er rundum glänzt.

❷ Mit Wein ablöschen, salzen und pfeffern. Leise köchelnd und unter geduldigem Rühren immer wieder einen Schuß heiße Brühe angießen, bis die Reiskörner gar sind. Butter und Käse einarbeiten. Den Risotto mit Zitronensaft abschmecken.

Risotto mit Hopfenspitzen

Für 4 Personen:
1 weiße Zwiebel oder 2 Schalotten, 2 EL Butter, 200 g Risottoreis,
1/4 l Weißwein, Salz,
Pfeffer, ca. 1,2 l Hühner- oder Gemüsebrühe, eine Handvoll Hopfenspitzen (oder ein dicker Strauß junge Brennesseltriebe),
50 g Butter, 50 g frisch geriebener Parmesan

Mancherorts findet man sie wild, die jungen Triebe der Hopfenpflanze, deren erste zwanzig Zentimeter noch zart sind und so angenehm bitter und würzig. In Hopfengegenden kann man den Bauern fragen, ob er es erlaubt, ein paar Hopfenspitzen zu ernten. Falls nicht: Nach demselben Grundrezept läßt sich auch wunderbar ein Risotto mit jungen Brennesselspitzen zubereiten.

❶ Zwiebel oder Schalotten fein würfeln und in der Butter andünsten. Den Reis zufügen und mitdünsten, bis er von Butter überzogen glänzt. Mit Wein ablöschen und köcheln, bis er fast verdampft ist.

❷ Salzen und pfeffern. Nach und nach heiße Brühe angießen – und zwar immer soviel, daß der Reis gerade eben davon bedeckt ist. Die Brühe muß heiß sein, damit der Reis wirklich ständig köchelt, und man sollte immer wieder rühren, damit nichts am Topfboden ansetzt.

❸ Zum Schluß die Hopfen- oder Brennesseltriebe mit einem Messer fein hacken und zusammen mit der Butter und dem Parmesan in den Risotto einarbeiten. Dieser sollte so flüssig wirken, daß er regelrecht in den Teller fließt – notfalls ruhig mit einem guten Schuß Brühe verdünnen.

Morchelrisotto

Wer im Frühjahr Glück hat und sie findet, nimmt natürlich frische Morcheln dafür. Getrocknete sind tröstlicherweise das ganze Jahr über verfügbar und schmecken zwar anders, aber ebenfalls köstlich.

❶ Sahne und Wasser aufkochen, über die Morcheln gießen und sie darin eine Viertelstunde einweichen. (Das Sahnefett gibt den Pilzen etwas ihrer natürlichen Geschmeidigkeit zurück).

❷ Die Flüssigkeit durch einen Kaffeefilter gießen. Die Pilze unter fließendem Wasser auswaschen, damit keine Sandkörnchen ins Essen geraten, und grob hacken.

❸ Die feingehackten Schalotten in der Butter andünsten, die Pilze zufügen und auch den Reis. Mit Wein ablöschen, salzen und pfeffern.

❹ Nach und nach zuerst die Einweichflüssigkeit, dann soviel Brühe angießen und leise köcheln, bis der Reis gar ist. Schließlich Butter, Parmesan und feingehackte Petersilie unterrühren.

Für 4 Personen:
100 g Sahne,
1/4 l Wasser,
25 g getrocknete Morcheln, 2 Schalotten,
2 EL Butter,
200 g Risottoreis,
1/4 l Weißwein, Salz, Pfeffer, ca. 3/4 l Hühnerbrühe, 60 g Butter,
60 g frisch geriebener Parmesan, Petersilie

Risotto mit Garnelen

❶ Die Garnelen waschen, aus ihrer Schale lösen, die Schalen mit einem großen Messer hacken und in der Hälfte der Butter kräftig anrösten. Mit Wein auffüllen und etwa um die Hälfte einkochen. Durch ein Sieb filtern und kalt stellen, damit die Krebsbutter, die sich oben absetzt, erstarrt.

❷ Schalotten und Knoblauch fein hacken und in der Krebsbutter andünsten. Den Reis zufügen, ebenso die Hälfte der feingehackten Petersilie. Den Garnelensud angießen und schließlich nach und nach die heiße Brühe angießen. Mit Salz und Pfeffer würzen und zum Schluß die restliche Butter mit dem Parmesan einarbeiten.

❸ Die Garnelen – große Exemplare längs halbieren oder sogar quer in Stücke schneiden – im heißen Olivenöl rasch auf starkem Feuer braten, dabei mit Salz, Pfeffer und reichlich gehackter Petersilie würzen. Den Risotto in Teller verteilen, die Garnelen hübsch darauf anrichten.

Für 4 Personen:
400 g Garnelen (unbedingt roh, am besten mit Schale), 100 g Butter,
1/4 l Weißwein,
2 Schalotten, 2 Knoblauchzehen, 250 g Reis,
1 Bund Petersilie,
1 – 1,5 l Gemüse- oder Hühnerbrühe, Salz,
Pfeffer, 50 g Parmesan,
2 EL Olivenöl

Risotto mit frischen Pilzen

Natürlich schmeckt er mit Steinpilzen am allerbesten; außerhalb der Pilzzeit lassen sich jedoch auch gut Champignons dafür nehmen, vor allem die aromatischen, bräunlichen Egerlinge.

Für 4 Personen:
1 Zwiebel (oder 2 Schalotten), 2 Knoblauchzehen, 100 g Butter, 300 g frische Pilze (oder 30 g getrocknete), 1 Bund Petersilie, 250 g Reis, 1/4 l Weißwein, 1 – 1,3 l Hühner- der Gemüsebrühe, Salz, Pfeffer, 50 g Parmesan

❶ Zwiebel oder Schalotten und Knoblauch fein würfeln und in zwei Löffeln Butter andünsten.

❷ Die Pilze putzen, in Scheibchen hobeln und ebenfalls mitdünsten (getrocknete Pilze zuerst einweichen). Die Hälfte der feingehackten Petersilie unterrühren.

❸ Erst dann den Reis zufügen und glasig werden lassen. Wein angießen und rasch einkochen.

❹ Dann nach und nach die heiße Brühe zufügen, dabei den Risotto dauernd in Bewegung halten. Salzen und pfeffern.

❺ Schließlich die restliche Butter und den Parmesan einarbeiten und ganz zum Schluß die beiseite gestellte Petersilie unterrühren.

Tip: **Alla Rossini** heißt dieses Gericht, wenn das Fleisch zweier großer Tomaten hinzugefügt wird, und zwar soll es zunächst feingehackt zusammen mit den Pilzen einige Minuten schmurgeln, bevor der Reis eingestreut wird.
Zum Schluß werden mit Butter und Parmesan noch zwei Eigelb eingearbeitet, was die Sache allerdings ganz schön mächtig macht.

Spargelrisotto (3. Variante)

Für 4 Personen:
500 g grüner Spargel,
Salz, ca. 1 l Wasser,
1 große Zwiebel,
1 Bund Petersilie,
2 EL Olivenöl,
200 g Reis,
50 g Butter,
50 g geriebener Käse

❶ Den Spargel schälen, in Stücke schneiden. Die Spitzen beiseite legen, den Rest im Salzwasser etwa 20 Minuten absolut weich kochen. Im Mixer pürieren.

❷ Feingehackte Zwiebel und Petersilie im heißen Öl andünsten, den Reis zufügen und gründlich untermischen, bis er glänzt.

❸ Nach und nach das Spargelpüree angießen, dabei soll der Reis ständig leise köcheln. Kurz bevor er den richtigen Biß hat, nach etwa 20 Minuten, die Spargelspitzen zufügen.

❹ Weitere 5 Minuten unter Rühren köcheln. Erst dann Butter und geriebenen Käse unterrühren und noch neben dem Feuer 5 Minuten ruhen lassen.

Basilikum-Risotto

Für 4 Personen:
1 weiße Zwiebel,
75 g Butter,
200 g Rundkornreis (am besten Vialone Nano oder Carnaroli),
1/4 l trockener Weißwein,
ca. 3/4 bis 1 l Gemüse- oder Hühnerbrühe,
1 dickes Bund Basilikum (ca. 50 g),
3 – 6 Knoblauchzehen (nach Geschmack),
50 g echter Parmesan (Parmigiano Reggiano am Stück),
Pfeffer, Salz

❶ Den Risotto wie im Grundrezept angegeben ansetzen und köcheln. Inzwischen die Basilikumblätter, den geschälten Knoblauch, das Stück Parmesan und die restliche Butter in den Mixer füllen, pfeffern und salzen und schließlich auf höchster Geschwindigkeit zu einer Paste mixen.

❷ Die Reiskörner probieren: Sie müssen weich sein, innen jedoch noch einen festen Kern aufweisen. Nach etwa 20 bis 25 Minuten sanften Köchelns müßte dieser Zustand erreicht sein. Es sollte noch soviel Flüssigkeit im Topf sein, daß der Reis wie ein geschmeidiger Brei auseinanderfließt – falls er zu trocken wirkt, Brühe nachgießen und unterrühren.

❸ Zum Schluß die Basilikumbutter untermischen, den Risotto noch einmal erhitzen und schließlich neben dem Feuer weitere drei bis fünf Minuten ziehen lassen.

Tip: Natürlich läßt sich nach diesem Rezept auch mit anderen Kräutern arbeiten, wenn das kostbare Basilikum nicht in solcher Fülle zur Hand ist.
Zum Beispiel mit Petersilie, mit Kerbel oder mit einer Kräutermischung.

Schwarzer Risotto

Für 4 Personen:
1 Schalotte,
1 Knoblauchzehe,
100 g Butter,
350 g geputzter Tintenfisch mit seiner Tinte,
250 g Risottoreis,
1/2 l Weißwein, Salz, Pfeffer, ca. 1 l Gemüsebrühe, 40 g Parmesan, Zitronenschale

Vielleicht ein wenig gewöhnungsbedürftig, die schwarze Tinte des Tintenfischs gibt diesem Risotto nicht nur die Farbe, sondern auch Duft und Geschmack. Es handelt sich dabei nämlich um die Tinte des Sepia, jenes Tintenfischs, dessen Beutel meist längst geputzt in den Läden angeboten wird. Fragen Sie trotzdem beim Fischhändler nach, er kann einen Tintenfisch mit Tinte für Sie besorgen. Und er wird es gerne tun, vor allem, wenn er Italiener ist! Hat man einen solchen Tintenfisch bekommen, ist der Rest ganz einfach:

❶ Die Fangarme packen und vorsichtig herausziehen, das kleinfingernagelgroße Säckchen mit der Tinte sitzt unter der Maulöffnung. Vorsichtig ablösen und öffnen, den Inhalt in ein Schälchen pressen. Die Tentakel (Fangarme) oberhalb des Kopfes abschneiden, die Eingeweide mitsamt dem harten Kalkblatt, das im Beutel sitzt, entfernen.

❷ Schalotte und Knoblauch sehr fein würfeln, in zwei Eßlöffeln Butter in einem Topf andünsten.

❸ Den Tintenfisch in zentimeterkleine Würfel schneiden und einige Minuten mitdünsten.

❹ Den Reis hinzuschütten und heiß werden lassen. Erst dann die Tinte unterrühren, die sofort alles schwarz färbt.

❺ Nach und nach den Wein angießen, salzen und pfeffern. Wenn der Wein verkocht ist, die kochendheiße Brühe schöpfkellenweise zufügen, dabei den Risotto in Bewegung halten.

❻ Zum Schluß die restliche Butter und den frisch geriebenen Parmesan einarbeiten.

❼ Den Risotto mit frisch geriebener Zitronenschale würzen.

Eier – Geheimtip für Genießer

Das Ei ist ein Universalgenie. Auf kleinstem Raum und obendrein in perfektem Design verpackt steckt in jedem von ihnen nahezu alles, was der Mensch braucht: Eiweiß, Vitamin A, Vitamin B und D, Mineralstoffe, Spurenelemente, die für den Knochenaufbau und Stoffwechsel wichtig sind, z.B. Kalium, Kalzium, Phosphor, Eisen, Zink, Magnesium, Jod. Außerdem Nährstoffe wie Lecithin und Cholin (wichtig für die Hirnzellen und daher gut fürs Gedächtnis). Und schließlich das Cholesterin. Dieses ist nämlich lebenswichtig für den Körper. Auch wenn man das nicht glauben mag, weil man immer nur Schlimmes darüber hört. Dabei braucht der Körper Cholesterin für den Aufbau der Nervenbahnen, zur Produktion von Gallensäure, von Hormonen und Vitaminen. Normalerweise produziert der Körper einen Gutteil des Cholesterins selbst. Aber nicht genug, er ist deshalb für Cholesterin, das mit der Nahrung zugeführt wird, dankbar. Ein gesunder Stoffwechsel hält ganz automatisch die Balance zwischen körpereigenem und zugeführtem Cholesterin. Aufpassen und zurückhalten müssen sich natürlich alle, die unter einer Stoffwechselkrankheit leiden.

Von der Hühnerhaltung

Wichtig ist, daß man Eier kauft, die von gesunden Hühnern stammen. Dann braucht man auch keine Angst zu haben, sich mit Salmonellen zu verseuchen oder sonstige Bakterien oder Keime zu erwischen. Der Verbraucher ist schuld, wenn die Eier nicht in Ordnung sind: Er ist nicht bereit, genug zu zahlen. Heute kosten Eier noch genausoviel wie vor 30 Jahren: ca. 25 bis 30 Pfennig. Wir verdienen aber inzwischen mehr als fünfmal soviel wie damals. Den Preis für den niedrigen Preis zahlen die armen Hühner: Wer einmal gesehen hat, wie diese armen Kreaturen in scheußlichen Drahtkäfigen, auf winzigem Raum (nicht mehr als ein Din A 4 Blatt pro Tier!) vegetieren, der ißt keine Eier mehr. Dabei ist genau das die idiotischste Reaktion. Besser wäre, durch Kundenboykott, durch Kundeninitiativen darauf hinzuwirken, daß hier endlich etwas geändert wird. In der Schweiz haben die Verbraucher das schon vor 25 Jahren geschafft:

Die Eier wurden teurer, dafür besser, und die Hühner gesünder und glücklicher. Vor ein paar Jahren, als sich bei uns Salmonellenvergiftungen häuften, gab es auch eine Reaktion: Nicht die Zuchtmethoden wurden geändert, es wurde einfach verboten, Eier in Großküchen roh zu verwenden. Absurde Welt!

Eier müssen frisch sein

Wenigstens haben die Verbraucherverbände inzwischen erwirken können, daß das Legedatum auf der Eierpackung steht oder wenigstens das Verpackungsdatum. Es zeigt die Woche an, in der die Eier gelegt wurden. Früher war die sogenannte Eierwoche der Kalenderwoche um zwei bis drei Wochen voraus, das ist heute gottlob! vorbei.

Eine rote Banderole um die Eierpackung mit der Aufschrift Extra ist Nachweis dafür, daß die Eier nicht älter als eine Woche sind – leider „vergißt" der Händler manchmal, diese Banderole abzulösen, wenn die Woche vorbei ist … Deshalb empfiehlt sich beim

Eierkauf stets der Blick auf das aufgedruckte Legedatum, an dem nicht manipuliert werden darf. Übrigens darf der Händler nur bis zum 18. Tag nach dem Legen die Eier verkaufen. Eier gehören in den Kühlschrank! Sie verfügen nämlich über ein eigenes Immunsystem, das bis zu drei Wochen aktiv ist. So lange kann man sicher sein, daß die Eier gesund und frisch genug sind – vorausgesetzt, sie waren kühl und sauber gelagert.

Ein frisches Ei erkennt man am festen Eiweiß. Es umschließt den Dotter als kompakte, geradezu widerstandsfähige Hülle. Schüttelt man das Ei, spürt man, daß sich im Inneren eine feste Masse befindet.

Mit zunehmendem Alter entsteht im Ei eine Luftblase, der Inhalt fühlt sich dann schwabbelig an, hat keinen Halt mehr in der Eischale. Die Luftblase läßt das Ei schließlich schwimmen, weil es immer leichter wird.

Vom Eierkochen

Es streiten sich die Gelehrten, ob man Eier kalt oder heiß aufsetzen soll. Wir wollen uns da gar nicht einmischen. Die einen finden Eierwecker überflüssig (jetzt kocht das Ei schon eine halbe Stunde, und es ist immer noch nicht weich). Andere bevorzugen harte Eier mit einem winzigen, feuchten Kern in der Mitte, der jedoch nur mit Hilfe exakter Kochzeit zu erwischen ist ...

Das Rührei

Die großen Köche lieben es, denn nichts ist wandlungsfähiger, vielseitiger, ein so idealer Gradmesser für die Qualitäten und die Phantasie dessen, der es zubereitet. In Italien heißen Rühreier „strapazierte Eier" – und das weist auch schon darauf hin, was am Anfang steht: Die Eier werden tüchtig verquirlt, bevor man sie würzt. Klassischerweise mit Salz, Pfeffer, nach Belieben hilft ein Löffel Sahne zur Abrundung. Sodann kann man mit einem Schuß Worcestershiresauce, Sojasauce, Tabasco flüssig würzen.
Etwas abgeriebene Zitronenschale gibt Frische, Muskat oder Macis (Muskatblüte), Piment, Kreuzkümmel, Paprikapulver oder Cayennepfeffer verhelfen zu mehr Charakter. In die Pfanne gehört Butter, auch dies zur Abrundung des Geschmacks.
Wer mag, unterstützt mit fein gewürfeltem Speck oder Schinken, auch Schalotten oder Knoblauch können gut passen. Und dann natürlich Kräuter – Schnittlauch im Frühling, Petersilie, Dill (z.B. wenn auch Krabben im Spiel sind), Basilikum (zusammen mit Tomatenwürfeln) – die Möglichkeiten sind unbegrenzt.

Für 2 Personen:
4 Eier, Salz, Pfeffer, etwas Muskat, Macis, 1 Schuß Worcester-shiresauce, 2 EL Sahne, 2 EL Butter, Schnitt-lauch

DIE REZEPTE

Grundrezept Rührei

❶ Die Eier mit den Gewürzen und der Sahne verquirlen.

❷ In einer beschichteten Pfanne die Butter so stark erhitzen, daß sie noch sehr hell ist, aber bereits nach Nüssen zu duften beginnt. Die Eier hineingießen, die jetzt schnell zu stocken beginnen sollen. Mit einem breiten Holzspatel vom Pfannenrand her die gestockte Masse vom Boden lösen und wegschieben.

❸ Jetzt auch den in Röllchen geschnittenen Schnittlauch untermischen. Die Hitze nunmehr reduzieren, jetzt darf die Eiermasse nicht zu rasch fest werden. Sie soll unbedingt noch saftig bleiben.

❹ Auf eine vorgewärmte Platte oder direkt auf ein gebuttertes Vollkornbrot häufen und sofort servieren.

Variationen: Rührei ...

... mit Krabben und Gurken

❶ Pro Person 1 Tasse gewürfelte, entkernte Salatgurke und 50 g Nordseekrabben unter das fast fertige Rührei mischen.

... mit Frühlingskräutern

❶ Pro Person 1 Tasse gemischte Kräuter (zum Beispiel Borretsch, Liebstöckel, Petersilie, Schnittlauch, Kerbel, Sauerampfer und Löwenzahn) unter das fast fertige Rührei mischen.

... mit Hühnerleber

Pro Person zwei schöne Hühnerlebern (zuvor sorgfältig von Häuten und Sehnen säubern) in Scheibchen schneiden und in heißem Olivenöl anbraten, dabei salzen, pfeffern und mit etwas Thymian würzen. Eine feingewürfelte Schalotte und durch die Presse gedrückte Knoblauchzehe zufügen und kurz mitdünsten. Mit einigen Tropfen Sherry oder Vin Santo beträufeln. Mit dem fertigen Rührei mischen. Mit Kräutern bestreuen.

... mit Auberginen und Tomaten

Pro Person eine Tasse kleiner Auberginenwürfel in heißem Olivenöl anbraten, dabei salzen und pfeffern, zum Schluß eine Knoblauchzehe hinzudrücken. Eine enthäutete, entkernte und gewürfelte Tomate zufügen, kurz anschwitzen und zum Schluß ein paar Mozzarellawürfel darin schmelzen lassen. Unter das fertige Rührei mischen und sofort servieren.

Eier im Coddler

Die Engländer lieben diese Eierzubereitung besonders. Auch die Franzosen haben viel dafür übrig – en cocotte serviert man Eier gern als kleine Vorspeise oder als Imbiß. Tatsächlich ist es hübsch, schmeckt immer wieder anders und macht vor allem nicht viel Mühe. Außerdem lassen sich so wunderbar Reste verstecken: Vielleicht ist vom Gemüse ein wenig übriggeblieben, zum Wegwerfen zuviel, zu wenig, um etwas anderes daraus zu zaubern? Oder es ist ein würziger Saucen- oder Suppenrest, kleingewürfelter Schinken, Käse oder Braten im Kühlschrank.

Übrigens: Wer kein spezielles, verschließbares Förmchen dafür hat, nimmt einfach die kleinen Souffléförmchen oder Kaffeetassen; man kann sie ja mit Alufolie zudecken.

Tip: Besonders formschöne, nämlich die klassischen Coddler aus Jenaer Glas kann man bestellen: Manufactum, Postfach 16 20, 45746 Marl, Tel.: 0 23 65/9 16 10.

Für 4 Personen:
Butter für die Förmchen,
4 TL Crème fraîche,
Salz, Pfeffer, einige
Tropfen Tabasco,
Schnittlauch, 4 Eier

Grundrezept: Eier im Coddler

❶ Die Förmchen mit Butter ausstreichen, jeweils einen Löffel Crème fraîche hineingeben, salzen, pfeffern und mit Tabasco würzen.

❷ Schnittlauch in feine Röllchen schneiden und auf der Sahne verteilen.

❸ Jeweils ein Ei hineingleiten lassen. Die Coddler verschließen. In einen Topf stellen und soviel Wasser angießen, daß die Förmchen bis dicht unter den Rand darin stehen.

❹ Die Eier etwa zehn Minuten stocken lassen, sie dürfen nicht richtig hart werden, das Eigelb sollte noch halb flüssig sein.

Tip: Man löffelt gecoddelte Eier direkt aus dem Förmchen, nachdem man es einmal umgerührt hat, damit es sich mit den würzenden und begleitenden Zutaten mischt. Man kann alles mögliche unter die Eier ins Förmchen geben.
Zum Beispiel:

- Krabben, vermischt mit Kräutern
- Tomaten- und Mozzarellawürfel mit Basilikumstreifen gewürzt
- gedünstete Erbsen, gewürzt mit gehackter Minze und Cayennepfeffer
- gedünstete Champignons mit Petersilie
- Schinkenwürfelchen
- Reste vom Ragout

Eiersalate

Wir behaupten keck: Wir könnten täglich Eiersalat servieren, und niemals würden sich zwei gleichen.

Nichts läßt sich vielfältiger und origineller abwandeln als Eiersalat. Hier nur ein paar Beispiele:

Der Eierschneider

Für 4 Personen:
6 Eier, ca. 4 – 6 Bund Schnittlauch, 2 EL aromatischer Essig, Salz, Pfeffer, 1 gehäufter TL Delikateßsenf, 3 – 4 EL erstklassiges Öl (am besten ein kaltgepreßtes Olivenöl)

Schnittlauchsalat

Jetzt im Frühjahr überhaupt phantastisch, denn der Schnittlauch schmeckt das ganze Jahr über nicht mehr so gut wie jetzt. Außerdem ist Schnittlauch gesund, reinigt das Blut, weckt die Lebensgeister und fördert das Wohlbefinden.

❶ Die Eier hart kochen, abschrekken und pellen. Mit Hilfe des Eierschneiders würfeln.

❷ Zuerst in Scheiben schneiden, dann um 90 Grad drehen und die Scheiben erneut durchschneiden.

❸ Schnittlauch in feine Röllchen schneiden. Mit den Eiern in einer Schüssel mischen. Mit den restlichen Zutaten anmachen.

❹ Dazu schmeckt am besten gebuttertes Vollkornbrot.

Für 4 Personen:
6 Eier, je 1 EL Chilisauce, süßer Senf und Sojasauce, 1 TL Sesamöl, 1 TL Thai-Currypaste oder Sambal oelek, Salz, Pfeffer, Zucker, je 2 Stengel Thaibasilikum und Koriandergrün, je 1 TL feingewürfelter Ingwer und Knoblauch, 1 Frühlingszwiebel, Salatblätter zum Anrichten

Asienwürziger Eiersalat

❶ Die Eier hart kochen, pellen und würfeln. Chilisauce, Senf, Sojasauce, Sesamöl und Currypaste glattrühren. Mit Salz, Pfeffer und Zucker würzen.

❷ Die Kräuter von den Stielen zupfen und fein hacken. Mit Ingwer und Knoblauch unter die Eier rühren. Frühlingszwiebel in feine Ringe schneiden und ebenfalls unter den Salat mischen.

❸ Auf einer mit Salatblättern ausgelegten Platte anrichten. Dazu geröstetes Graubrot reichen.

Spargel mit Eiersaucen

Ob man weißen oder grünen Spargel nimmt, ist Geschmackssache – der grüne schmeckt würziger und gemüsiger. Salomonische Lösung: Beide Sorten verwenden!
Unbedingt aber getrennt kochen, der grüne Spargel braucht noch weniger Garzeit als der weiße. Den Spargel auf einer vorgewärmten Platte anrichten – ruhig beide Sorten auf einer, das sieht hübsch aus. Ideal ist, wenn man den Spargel in einer großen Serviette eingepackt warm und trocken hält. Dazu kleine Pellkartöffelchen servieren und eine oder auch alle drei der folgenden Saucen:

Ein gutes Gerät zum Reiben und In-Scheiben-Schneiden von Knoblauch

Grüner Spargel wird in einem Fischkochtopf mit einem Einsatz gekocht, das hat den Vorteil, daß man ihn besser herausheben kann

Weißen Spargel kann man bündeln und stehend kochen – da garen die Stangen schneller, während die empfindlichen Köpfe im Dampf langsamer garen

Sauce Hollandaise:
Für 4 Personen:
1 EL Weißweinessig, Pfeffer, 4 EL Wasser, 2 Eigelb, 125 g erstklassige, frische Butter, Salz, Zitronensaft, eine Spur Cayennepfeffer

Unter Rühren das Eigelb hinzufügen

Sauce Hollandaise

❶ Den Essig in einen kleinen, möglichst dickwandigen, gußeisernen Topf geben. Aus der Mühle pfeffern (drei bis vier Umdrehungen!), das Wasser zufügen und die gesamte Flüssigkeit um die Hälfte einkochen.

❷ Die Eigelb zufügen und mit dem Schneebesen oder dem Handrührer dick und cremig schlagen. Dabei entweder im Wasserbad arbeiten oder auf mildem Feuer (was eben am besten und ohne anzubrennen in Gußeisen geht).

❸ Die Eigelb müssen heiß werden, damit sie ihre Bindungsfähigkeit entwickeln, dürfen aber nicht kochen, weil sie sonst gerinnen und die Sauce auseinanderfällt.

❹ Schließlich den Topf vom Herd ziehen. Die Butter in Stückchen zufügen und einarbeiten.

❺ Mit Salz, wenig Pfeffer (ist ja schon drin!), etwas Zitronensaft und einem Hauch Cayennepfeffer abschmecken.

Variation: Sauce Maltaise

❶ Statt Essig und Wasser die gleiche Menge Orangensaft und einige blanchierte Orangenzesten (dünn abgeschnittene, in feinste Streifchen geschnittene Schale) nehmen.

❷ Die fertige Sauce mit Orangensaft und Zitrone abschmecken. Paßt besonders gut zu grünem Spargel.

Spargelsabayon

Für 4 Personen:
2 Eigelb, 1 EL Zitronensaft, ca. 1/4 l Spargelkochwasser, 1 EL Butter, Salz, Pfeffer, 1 Prise Zucker, 1 Messerspitze Cayennepfeffer

❶ Eigelb, Zitronensaft und Spargelkochwasser in einer Kasserolle mit dem Schneebesen glattquirlen. Den Topf auf mittlere Hitze setzen, oder in ein Wasserbad, wenn man sich nicht ganz sicher fühlt.

❷ Die Flüssigkeit langsam erhitzen, dabei sorgfältig aufpassen, daß sie nicht ins Kochen gerät. Bevor dieser Punkt erreicht ist, mit dem Schneebesen schlagen, bis die Eier gebunden haben und die Sauce cremig ist. Die Butter einrühren.

❸ Die Sauce mit Salz, Pfeffer, Zukker und Cayennepfeffer abschmecken. Sie sollte erfrischend säuerlich und angenehm leicht, aber dennoch cremig sein.

Leichte Kräutersauce

Für 4 Personen:
1 ganzes Ei, 1/2 TL Senf, 1/10 l Öl, Saft einer halben Zitrone, eine Handvoll abgezupfter Kerbelblätter, 4 EL süße Sahne, ein paar Tropfen Worcestershiresauce, eine Spur Cayennepfeffer, Salz, Pfeffer aus der Mühle, etwas frisch geriebene Muskatnuß, ein guter Schuß kochendheiße Spargelbrühe

❶ Alle Zutaten, bis auf die Spargelbrühe, in einen hohen, schmalen Mixbecher füllen und mit dem Mixstab cremig aufschlagen.

❷ Erst wenn die Sauce mayonnaisenartig und dick cremig ist, so viel heißen Spargelsud zufügen, bis die Sauce eine angenehme Konsistenz hat.

Italienische Eiersauce

Für 4 Personen:
6 Eier, Salz, Pfeffer, 3 EL Olivenöl, 1 – 2 EL Weißweinessig, Parmesan

❶ Die Eier in etwa acht Minuten auf den „Punkt" kochen, abschrecken, pellen, in einer Schüssel mit einer Gabel in kleine Stückchen zerteilen, dabei Salz, Pfeffer, Öl und zum Schluß Essig zufügen.

❷ Diese Sauce zu Spargel servieren. Zum Genießen neben den heißen Spargelstangen anrichten und mit frisch geriebenem Parmesan bestreuen.

Für 4 Personen:
50 g Butter, 50 g Mehl,
3/8 l Milch, Salz, Pfeffer,
Muskat, 5 Eier,
200 g geriebener Käse,
Butter für die Form

Käse-Soufflé

Das wird Ihr Spezialrezept, wenn Sie Gäste haben, aber nicht viel Zeit, sich ewig in die Küche zu stellen. Das Soufflé – Sie können es auch einfach Auflauf nennen! – mit der Geling-Garantie! Übrigens ideal, wenn der Wein beim Essen die Hauptrolle spielen soll: Sie können die größten Kreszenzen servieren, das Soufflé paßt dazu glänzend.

❶ Die Butter in einem kleinen Topf erhitzen, das Mehl darin andünsten, ohne zu bräunen. Die Milch zufügen und zehn Minuten leise köcheln, damit der Mehlgeschmack verschwindet. Mit Salz, Pfeffer und Muskat würzen. Die Eigelb in die Masse rühren, erhitzen, aber auf keinen Fall ins Kochen geraten lassen, damit sie nicht gerinnen. Wenn sie die Milch gebunden haben, den Käse unterrühren und schmelzen.

❷ Die Masse nur ein wenig abkühlen lassen, bevor das steifgeschlagene Eiweiß untergehoben wird. In eine große Auflaufform oder in vier kleinere Portionsförmchen füllen; in jedem Fall dick mit Butter ausgestrichen!

❸ Das Soufflé im auf 200 Grad vorgeheizten Backofen 30 Minuten backen.
Für die letzten fünf Minuten den Ofen abschalten.

Variation:
Käse-Soufflé in der Tomate

❶ Die Masse in 12 reife, aber feste Tomaten füllen.

❷ Den Tomaten dafür an der Stielseite einen Deckel abschneiden, sie mit einem Löffel aushöhlen. Innen salzen und mit der Öffnung nach unten abtropfen lassen.

❸ Die gefüllten Tomaten schließlich nebeneinander in eine Bratenform setzen und ebenfalls bei 200 Grad eine halbe Stunde backen.

Tip: Das Soufflé darf nicht auf die Gäste warten müssen, sondern wird sofort serviert. Dazu schmeckt am besten eine große Schüssel Salat.

TIP FÜR EIN VERFÜHRERISCHES EIER-DESSERT

Schnee-Eier in Vanillesauce

Für 6 Personen:
3/4 l Milch, 1 Vanilleschote, 150 g Zucker, 6 Eier, 2 EL Zitronensaft

Ein Dessert, nach dem man sich alle Finger leckt. Es wirkt unglaublich spektakulär, aber es ist im Prinzip kinderleicht zuzubereiten. Obendrein besonders praktisch für Gäste: Man kann es am Morgen vorbereiten.

❶ Die Milch aufkochen, die Vanilleschote in der heißen Milch zehn Minuten ziehen lassen, dann aufschlitzen, das Mark herauskratzen und in die Milch rühren.

❷ 50 g Zucker in der Milch auflösen. Die Eier sorgfältig trennen. Die Eiweiß mit dem Handrührer zu festem Schnee schlagen, dabei langsam den restlichen Zucker hinzurieseln lassen und tropfenweise den Zitronensaft zufügen.

❸ Mit einem Eßlöffel Nocken vom Eischnee abstechen, sie in die leise siedende Milch gleiten lassen. Die Nocken insgesamt fünf bis sechs Minuten in der Milch garziehen lassen, nach der halben Zeit die Nokken umdrehen, damit die oben schwimmende Seite nach unten gelangt.

❹ Die Schneenocken mit einer Schaumkelle herausheben und auf eine Platte beiseite stellen.

❺ Die Eigelb verquirlen und in die heiße Milch rühren, erneut langsam erhitzen, dabei einmal aufwallen und dicklich werden lassen, die Flüssigkeit darf jedoch auf keinen Fall ins Kochen geraten, weil sonst die Eigelb gerinnen.

❻ Die Vanillesauce in einer weiten Schüssel anrichten, die Schnee-Eier daraufsetzen und darin schwimmen lassen.

ZUSATZREZEPTE

Omeletts

Machen Sie sich bitte darauf gefaßt: Jedes erste Omelett mißlingt! Es ergeht jedem so, wenn Sie das tröstet. Omeletts erfordern nämlich Geschicklichkeit, die man nur durch Üben erreichen kann. Einige Tips jedoch sollen Ihnen diese Lehrzeit ein wenig verkürzen:

Verwenden Sie frische Eier! Leider ist nicht auf allen Packungen der genaue Legetag angegeben, sondern nur die Woche. Und auch die stimmt nicht mit der Kalenderwoche überein: Sie ist dem Kalender etwa um zwei Wochen voraus, weil die Eierproduzenten bereits am Donnerstag der Vorwoche die Packungen mit dem Datum der nachfolgenden Woche bestempeln dürfen. Es gibt jedoch auch Eierpackungen, die den Aufdruck tragen: Packtag = Legetag. Greifen Sie lieber bei diesen Packungen zu, wenn Sie sich sonst nicht über das Datum im klaren sind.

Bewahren Sie die Eier dann im Kühlschrank auf. Dort bleiben sie etwa eine Woche lang frisch. Pro Person sind zwei Eier genau die richtige Menge für ein normales Omelett. Verquirlen Sie die Eier. Schlagen Sie sie dabei aber nicht wirklich schaumig. Eigelb und Eiweiß sollen zwar miteinander vermischt sein, aber sich keinesfalls zu einer homogenen Masse verbinden. Sonst wird das Omelett nicht luftig, sondern hart.

Die Eiermasse soll in der Pfanne gerade gut Platz finden, darf aber nicht zu sehr auseinanderlaufen. Wählen Sie deshalb keine zu große Pfanne. Eine mit Teflonbeschichtung ist übrigens für diesen Zweck ideal. Omeletts brauchen Hitze!

Geben Sie die Eiermasse nur in die wirklich sehr heiße Butter – sie soll ruhig schon haselnußbraun geworden sein. Aber arbeiten Sie jetzt rasch. Denn die Eier beginnen sofort – vor allem am Pfannenrand – zu stocken. Rühren Sie deshalb unermüdlich alles eben Festgewordene in die Pfannenmitte. Rütteln Sie währenddessen die Pfanne, damit auch wirklich nichts ansetzt.

Die Eiermasse darf auf keinen Fall richtig trocken werden, sie muß stets leicht feucht wirken. Sobald dieser Punkt erreicht ist, die Pfanne kippen und das Omelett zusammenrollen lassen. Servieren Sie sofort! Ein Omelett verträgt – ähnlich wie ein Soufflé – keinerlei Wartezeit!

Manche Omeletts werden wie Pfannkuchen gewendet. Dann nämlich, wenn sie vorwiegend aus anderen Zutaten bestehen, die von der Eiermasse nur umhüllt werden. Am leichtesten geht es, wenn man das Omelett, nachdem es auf der einen Seite gar ist, auf einen Teller gleiten läßt, die Pfanne darüberstülpt und beides dann mit Schwung umdreht.

Natürlich können Sie das Omelett auch durch einen kräftigen Ruck mit der Pfanne in die Luft befördern: Wenn Sie Glück haben, dreht es sich dann um die eigene Achse und landet auf der anderen Seite wieder in der Pfanne.

Bauern-Omelett

Für 4 Personen:
1 geräucherte Blutwurst, 3 gekochte Kartoffeln, 2 EL Butter, Salz, Pfeffer, etwas Majoran, 6 Eier

❶ Die Blutwurst mit der (eßbaren) Pelle in 1 cm dicke Scheiben schneiden. Die Kartoffeln pellen und blättrig schneiden.

❷ Butter in einer großen Pfanne erhitzen. Wurst- und Kartoffelscheiben darin unter Wenden braten. Salzen und pfeffern. Mit Majoran würzen. Die Eier verquirlen. In die Pfanne geben. Fest werden lassen, dabei jedoch die Pfanne rütteln.

❸ Das Omelett auf beiden Seiten golden, dabei aber nicht zu trokken werden lassen.

Eine weitere Möglichkeit, Omeletts zu füllen:

❶ Dafür bereitet man, wie bereits beschrieben, pro Person 1 Omelett zu. Doch gibt man, bevor man die Omeletts zusammenrollt, die rechtzeitig vorbereitete Füllung in die Mitte.

❷ Mit einem Teil der Füllung wird das Omelett garniert.

Hier nun ein Beispiel, das aber nur als Anregung dienen soll und vielfach variierbar ist.

Tomaten-Omelett

Für 1 Person:
1 Fleischtomate, 1 EL Butter, 2 Eier, Salz, Pfeffer, einige frische Basilikumblätter

❶ Die Fleischtomate häuten, entkernen, in 1/2 cm große Stücke schneiden. In der heißen Butter unter Rühren kurz dünsten.

❷ Die verquirlten Eier darübergießen, salzen und pfeffern. Wie angegeben stocken lassen.

❸ Zum Schluß das feingeschnittene Basilikum darüberstreuen.

Käse-Omelett

Für 1 Person:
2 Eier, 2 EL frisch geriebener Emmentaler oder Gouda, Salz, Pfeffer, 1 EL Butter

❶ Eier miteinander verkleppern. Käse untermischen. Salzen, pfeffern.

❷ Wie angegeben in der heißen Butter stocken lassen.

Pilz-Omelett

❶ Pilze putzen, nur wenn unbedingt nötig, rasch waschen, in dünne Scheiben schneiden.

❷ In der heißen Butter anbraten. Salzen und pfeffern. Die verquirlten Eier darübergießen. Wie angegeben stocken lassen.

❸ Zum Schluß die gehackte Petersilie darüberstreuen.

Für 1 Person:
75 g Pilze (Champignons, Pfifferlinge, Steinpilze, je nach Geschmack),
1 EL Butter, Salz, Pfeffer, 2 Eier,
1 TL gehackte Petersilie

Omelett mit Hühnerleber

❶ Die Leber säubern. In 2 große Würfel schneiden. In heißer Butter höchstens eine Minute braten. Herausnehmen, warm stellen. Salzen und pfeffern.

❷ Den Bratensaft, 2 cl Portwein und Hühnerbrühe loskochen. Mit Thymian würzen. So lange köcheln, bis sich die Flüssigkeit um die Hälfte reduziert hat. Vom Herd nehmen.

❸ Mit dem Schneebesen die Butter hineinschlagen. Hühnerleberwürfel mit dem ausgetretenen Saft wieder in die Sauce geben.

❹ Zwei Omeletts wie angegeben zubereiten. Vor dem Zusammenrollen je zwei Eßlöffel Füllung in die Mitte geben. Den Rest der Füllung um die Omeletts herum anrichten.

Für 2 Personen:
Für die Füllung:
200 g Hühnerleber,
1 EL Butter, Salz, Pfeffer, 2 cl Portwein,
6 EL Hühnerbrühe,
etwas Thymian,
1 EL Butter
Für Omeletts:
1 Ei, Salz, Pfeffer,
2 EL Butter

Pochierte Eier

Man nennt sie bei uns auch „Verlorene Eier". Merkwürdigerweise gelten sie immer als besonders schwierig. Dabei sind pochierte Eier ganz einfach zuzubereiten – vorausgesetzt, man kennt den Trick, der alles so leicht macht. Selbstverständlich dürfen Sie stets nur frische Eier verwenden.

Das Wort „pochieren" kommt, wie so viele Küchenausdrücke, aus dem Französischen. „Poche" heißt „Tasche", und ursprünglich bezog sich dieser Ausdruck nur auf die sogenannten verlorenen Eier, bei denen das Eigelb im Eiweiß wie in einer Tasche eingebettet liegt. Später hat man den Begriff auf alle Arten von „sanftem Garziehen" (in einer Flüssigkeit, die nur knapp unter dem Siedepunkt gehalten wird) erweitert.

Damit ist auch schon das Hauptgeheimnis pochierter Eier enthüllt: Meist läßt man die Eier in sprudelnd kochendem Wasser garen. Und bei der darin entstehenden heftigen Bewegung flockt das Eiweiß aus, so daß sich keine schützende Tasche bilden kann.

Geheimnis Nummer zwei: die Eier nicht aus der Schale in das leise siedende Wasser gleiten lassen, sondern zunächst in eine Schöpfkelle, besser noch in eine ganz normale Kaffeetasse – sie bleibt problemlos stehen, während die Schöpfkelle leicht zum Umkippen neigt – aufschlagen. Diese Tasse oder Schöpfkelle taucht man nun in das Pochierwasser und befördert dabei das Ei ohne Schwierigkeit hinein.

Geheimnis Nummer drei: Das Ei nur nicht zu lange pochieren. Seiner normalen, schützenden Schale beraubt, gart es viel schneller als ein normal gekochtes Ei. Nach etwa drei Minuten ist es genau richtig: außen fest und innen cremig-feucht. Wenn Sie es härter mögen, lassen Sie das Ei noch eine weitere Minute ziehen. Aber bitte niemals länger, denn dann wird das Eigelb hart und das Eiweiß zäh.

Geheimnis Nummer vier: Wenn Sie das fertige Ei mit der Schöpfkelle aus dem Wasser heben, hat sich nur ein Teil des Eiweiß als schützender Mantel um das Eigelb gelegt. Deshalb muß man den Rest entfernen und das Ei hübsch zuschneiden. Das heißt, alle Ränder am besten mit einer Küchenschere rund abtrennen. Dann hat es die gewünschte makellose Form, und Ihre Gäste werden Sie als perfekte Eierköchin bewundern. Verlorene Eier ohne jede weitere Zutat werden Sie kaum servieren – sie brauchen unbedingt noch ein wohlschmeckendes Drumherum. Man setzt sie deshalb zum Beispiel auf ein Brett von frischem Spinat, auf in Knoblauchbutter geröstete Croûtons, man übergießt sie mit einer würzigen Sauce oder serviert sie mit einem frischen Salat. Deshalb zeigen wir Ihnen zuerst das Grundrezept, damit beim Zubereiten der Eier nichts mehr schiefgehen kann, und geben Ihnen in weiteren Rezepten Ideen, wie man daraus eine kleine Vorspeise, eine Zwischenmahlzeit oder auch ein Abendessen für den kleinen Hunger zaubern kann.

3/4 l Wasser,
1/2 TL Salz,
2 – 3 EL Essig (am besten eine milde Sorte, zum Beispiel ein Apfel- oder Obstessig), 4 Eier, frisch gemahlener Pfeffer, frisch geriebene Muskatnuß nach Belieben

❶ Das Wasser in einer flachen Kasserolle aufkochen, salzen und einen Schuß Essig zufügen. Die Hitze herunterschalten. Das Wasser soll gerade eben den Siedepunkt erreicht haben.

❷ Die Eier einzeln nacheinander in eine Tasse schlagen. Diese vorsichtig in das gerade kochende Wasser halten und das Ei so hineinbefördern. Das Wasser kühlt sich dadurch etwas ab, nun soll es auf keinen Fall mehr kochen, weil sonst zu heftige Bewegungen darin entstehen. Nach 3, spätestens nach 4 Minuten die Eier mit einem Schaumlöffel vorsichtig herausheben und abtropfen lassen.

❸ In einem zweiten Topf, der mit kaltem Wasser gefüllt ist, abschrecken – oder kurz unter das fließende Wasser halten. In diesem Fall jedoch vorsichtig sein, denn durch den zu scharfen Wasserstrahl kann die Eiweißschicht aufgerissen werden, und das wachsweiche Eigelb läuft aus.

❹ Nunmehr die pochierten Eier mit einer Küchenschere rundum hübsch zuschneiden, dabei alles Eiweiß, das sich nicht fest um das Eigelb geschlossen hat, entfernen.

❺ Die fertigen Eier auf einem vorgewärmten Teller warm halten. Mit Pfeffer bestreuen und einem Hauch Muskat bestäuben.

❻ Dann nach Rezept weiter verarbeiten.

Pochierte Eier auf Knoblauch-Croûtons

Für 4 Personen:
4 nach dem Grundrezept pochierte Eier,
4 Scheiben Toastbrot,
2 EL Butter, 2 Knoblauchzehen, 4 Salatblätter, 2 EL feingehackter Schnittlauch

❶ Die vier Toastbrotscheiben sorgfältig entrinden. In einer Pfanne die Butter erhitzen. Die Knoblauchzehen schälen und in der Presse zerdrücken.

❷ In der Butter andünsten, aber keine Farbe annehmen lassen. Die Brotscheiben darin auf beiden Seiten golden braten.

❸ Auf vier vorgewärmte Teller verteilen, dabei jedoch die Butter abtropfen lassen, besser noch mit Küchenkrepp abtupfen.

❹ Auf jede Brotscheibe ein Salatblatt legen und darauf je ein pochiertes Ei setzen.

❺ Zum Schluß den Schnittlauch darüberstreuen.

Pochierte Eier auf Spinatbett

Für 4 Personen:
500 g frischer Blattspinat, Salz, Pfeffer aus der Mühle, eine Spur frisch geriebene Muskatnuß, 2 EL Butter, 4 nach Grundrezept pochierte Eier, ein Hauch Cayennepfeffer, 2 gehäufte EL frisch geriebener Parmesan-Käse

❶ Den Spinat verlesen und gründlich, am besten mehrmals unter fließendem, kalten Wasser waschen. Nicht allzu gründlich abtropfen lassen. In einen geräumigen Topf geben. Putzen, mit Pfeffer bestreuen und Muskat darüberreiben.

❷ Die Butter in Flöckchen obenauf setzen. Den Topf mit einem Deckel verschließen. Den Spinat darin 5 Minuten dünsten. Dabei den Topf mehrmals schütteln, damit Butter und Gewürze überall hingelangen können. Den Spinat mit einer Schaumkelle herausheben und auf vier vorgewärmte Teller verteilen und dabei so anrichten, daß eine Art Nest entsteht.

❸ Den Sud auf starkem Feuer kräftig bis auf einige Eßlöffel Flüssigkeit einkochen lassen. Die Eier in das Spinatnest setzen. Mit Cayennepfeffer bestäuben. Den geriebenen Käse darüberstreuen. Den eingekochten Sud über den Spinat träufeln.
Dazu frisches Knoblauchbrot reichen.

Pochierte Eier im Pilznest

Für 4 Personen:
4 sehr große Champignonköpfe oder die Hüte von anderen Pilzen, zum Beispiel Steinpilzen, Maronen- oder Perlpilzen, 2 EL Butter, Salz, Pfeffer aus der Mühle, 2 Schalotten, 2 EL feingehackte Petersilie, 4 EL trockener Sherry, 1 TL Sojasauce, 2 EL süße Sahne, 4 nach dem Grundrezept pochierte Eier

❶ Die Pilze putzen. Die Stiele herausschneiden. Die Innenseiten der Hüte mit der Hälfte der Butter bepinseln. Auf mit wenig Butter bestrichene Alufolie setzen, salzen und pfeffern. Im vorgeheizten Ofen bei 250 Grad oder unter dem Grill 10 Minuten garen.

❷ Währenddessen die Schalotten schälen und ebenso wie die Pilzstiele sehr fein hacken. Die gehackten Schalotten in der restlichen Butter weich dünsten, aber keine Farbe annehmen lassen. Die Pilzstiele und die Petersilie zufügen.

❸ Mit dem Sherry ablöschen, dann aufkochen und mit Sojasauce würzen. Die Sahne hinzufügen. Kurz einkochen, bis die Sauce leicht dicklich wird. Die Pilzhüte auf vier vorgewärmte Teller verteilen. Die pochierten Eier daraufsetzen. Mit der Sauce übergießen.

Pochierte Eier in Dillsauce

Für 4 Personen:
2 EL Butter, 1 TL Mehl, 1/4 l Milch, 1/4 l süße Sahne, 1 TL Streuwürze, Salz, Pfeffer aus der Mühle, 1 Bund frischer Dill, ein Schuß Worcestershiresauce, Zitronensaft, 4 nach dem Grundrezept pochierte Eier

❶ Die Butter in einer Kasserolle aufschäumen lassen. Das Mehl darin unter Rühren andünsten. Milch und Sahne auf einmal hinzufügen und unter Rühren aufkochen lassen. Etwa 10 Minuten sanft köcheln.

❷ Mit Streuwürze, Salz und Pfeffer abschmecken. Dill waschen, sehr fein hacken und in die Sauce rühren, die nun noch mit Worcestershiresauce und Zitronensaft abgeschmeckt wird. Die pochierten Eier in die Sauce gleiten lassen. In einer Schüssel anrichten. Dazu Pellkartoffeln reichen.

Soufflés

Sie gelten als der Inbegriff komplizierter Kochkunst. Man sagt von ihnen, sie seien außerordentlich heikel, und um ein luftiges, hoch aufgegangenes Soufflé zustande zu bringen, müsse man mit dem Teufel im Bunde sein. Andernfalls bleibe es als trauriger Fladen im Ofen sitzen. Falls es wider allen Erwartens doch hochgegangen sein sollte, dann falle es garantiert auf dem Weg zum Tisch unverzüglich in sich zusammen. Aber ein perfektes Soufflé ist keine Hexerei.

Allerdings: Ein perfektes Soufflé muß mehrfach, das heißt meist häufig, geübt sein, und es hat dann eine durchaus beträchtliche Anzahl weniger ansehnlicher Vorläufer gehabt. Denn das Wichtigste an der ganzen komplizierten Angelegenheit ist Ihr Ofen, beziehungsweise die Kenntnis, die Sie von ihm haben. Wenn Sie Soufflés in ihm backen wollen, dann muß er Ihnen durch und durch vertraut sein. Sie müssen wissen, ob die eingestellte Temperatur auch mit der tatsächlich in ihm dann herrschenden übereinstimmt (was bei Haushaltsherden nur selten der Fall ist), und wenn nicht (was wir getrost annehmen dürfen), welche Temperatur Sie einstellen müssen, um die gewünschte zu erhalten. (Am besten kaufen Sie sich ein Ofenthermometer.)

Zu Beginn eines jeden Soufflés steht die dicke, sahnige Bechamelsauce. Sie gibt dem Soufflé den nötigen Stand. Dahinein werden einige Eigelb verrührt. Sie geben ihm die gewünschte Fülle.

In diese Masse rührt man die Geschmackszutat, die dem Soufflé auch seinen Namen gibt; in ein Käse-Soufflé kommt Käse, in ein Schinken-Soufflé natürlich Schinken und so weiter. Und zu guter Letzt wird sehr steif geschlagenes Eiweiß unter die Soufflémasse gehoben, was das Ganze locker und schaumig macht. (In Österreich nennt man übrigens ein Soufflé aus diesem guten Grund „Schaumkoch".) Wenn man einmal dieses Grundprinzip beherrscht, kann man auch auf eigene Faust herumexperimentieren und ganz neue Zusammenstellungen erfinden; beispielsweise ein Tomaten-Soufflé mit Käse:

Einfach die Bechamelsauce statt mit Milch und Sahne mit Tomatensaft zubereiten. Lassen Sie Ihre Phantasie spielen! Aber zuvor sollten Sie sich einmal klar machen, warum eigentlich ein Soufflé in die Höhe steigt, wenn man es bäckt, und warum es ebenso leicht wieder zusammenfällt, wenn es über den ungeheizten, langen Flur zur Tafel getragen wird.

Der Teig besteht aus Fett (Butter, Milch und Sahne in der Sauce) und luftigem Eiweiß. Sobald das Fett der Hitze ausgesetzt wird, beginnt es zu schmelzen, dabei tritt Wasser aus, das zu Dampf verkocht – dieser Dampf versucht zu entweichen und treibt den Teig hoch. Die tausend Luftbläschen des Eiweiß wirken ganz ähnlich: sie dehnen sich in der Hitze aus und lassen den Teig hochsteigen. Damit nun diese Pracht nicht allzu vergänglich ist, muß man folgendes beachten:

Das Soufflé muß in einen wohltemperierten, gut vorgeheizten Backofen gestellt werden. Ist der Ofen nicht heiß genug, dann kann sich die Luft in den Bläschen nicht richtig ausdehnen, und das Soufflé bleibt „sitzen", steigt also nicht hoch. Ist aber der Ofen zu heiß, bekommt das Soufflé eine Kruste, bevor das Eiweiß seine treibende Arbeit hat leisten können. Ergebnis: Das Soufflé ist außen hart und innen teigig.

Deshalb halten Sie sich am besten an folgende Temperaturen und Zeiten: kleine Portionsförmchen (8 cm Durchmesser) brauchen bei 190 Grad etwa 18 Minuten. In einer Form von 16 cm Durchmesser (als Vorspeise für vier Personen) 15 Minuten bei 190 Grad und weitere 15 Minuten bei 200 Grad. Für große Souffléformen von 22 cm Durchmesser (zum Beispiel für ein Hauptgericht, das für vier Personen ausreicht) rechnen Sie bitte 15 Minuten bei 190 Grad und weitere 30 Minuten bei 200 Grad Ofentemperatur.

Eines noch: Füllen Sie die Formen nie bis zum Rand. Lassen Sie dem Soufflé Platz zum Aufgehen. Oder – falls Sie keine größere Form besitzen – binden Sie eine etwa 6 Zentimeter hohe Manschette aus eingebuttertem Pergamentpapier oder Alufolie herum. Sie bietet dem Soufflé dann Halt.

Und lassen Sie immer die Gäste auf das Soufflé, niemals das Soufflé auf die Gäste warten. Dieses wird es Ihnen garantiert übelnehmen und trotzig in sich zusammensinken.

Käse-Soufflé

Für 4 Personen:
60 g Butter, 60 g Mehl, 1/2 l Milch (oder 1/4 l Milch und 1/4 l süße Sahne), Salz, weißer Pfeffer aus der Mühle, Muskatnuß, 200 g frisch geriebener Käse (Emmentaler, Parmesan, Gruyère), 4 Eigelb, 6 Eiweiß, Butter und Semmelbrösel

❶ Die Butter in einer Kasserolle erhitzen. Das Mehl hineinrühren. Mit Milch aufgießen, zu einer dikken Bechamelsauce einkochen. Mit Salz – sparsam, denn der Käse ist oft sehr salzig –, Pfeffer und Muskat abschmecken.

❷ Den Käse darin auflösen. Abkühlen lassen und die Eigelb unterrühren. Die Eiweiß sehr steif schlagen und partienweise hineingeben.

❸ Eine feuerfeste Form von 22 cm Durchmesser mit Butter auspinseln. Semmelbrösel hineingeben. Die Form so lange hin und her schwenken, bis die Innenseiten völlig damit überzogen sind.

❹ Die überschüssigen Semmelbrösel auskippen. Die Soufflémasse hineinfüllen und backen.

Brokkoli-Soufflé

Für 4 Personen:
60 g Butter, 60 g Mehl, 1/2 l Milch, Salz, Pfeffer aus der Mühle, frisch geriebene Muskatnuß, 1 Prise Cayennepfeffer, 400 g Brokkoli (geputzt, gewogen), 4 Eigelb, 6 Eiweiß, Butter und Semmelbrösel

❶ Aus Butter, Mehl und Milch, eine dicke Bechamelsauce kochen. Mit Salz, Pfeffer, Muskat und Cayenne kräftig würzen.

❷ Die Brokkoliröschen von den Stielen schneiden. Die Stiele zuerst in wenig kochendes, leicht gesalzenes Wasser geben und zugedeckt 8 Minuten garen. Dann erst die Röschen zufügen. Alles zusammen weitere 5 Minuten kochen. Abgießen und gut abtropfen lassen.

❸ Im Mixer fein pürieren. Zurück in den Topf geben und alle austretende Flüssigkeit eindampfen und verkochen lassen. In die Bechamelsauce rühren.

❹ Zum Abkühlen beiseite stellen. Die Eigelb in die Soufflémasse rühren. Die Eiweiß sehr steif schlagen und partienweise unterheben.

❺ In die mit Butter ausgepinselte und mit Semmelbröseln ausgestreute Form (22 cm Durchmesser) füllen und nach Vorschrift backen.

Krabben-Soufflé

Für 4 Personen:
60 g Mehl, 60 g Butter, 1/4 l Milch, 1/4 l süße Sahne, 300 g geschälte (gekochte) Krabben, 1 EL feingehackter Dill, einige Tropfen Zitronensaft, Salz, Pfeffer aus der Mühle, 1 Prise Cayennepfeffer, 1 Spritzer Worcestershiresauce, 4 Eigelb, 6 Eiweiß, Butter und Semmelbrösel für die Form

❶ Aus dem Mehl, der Butter, Milch und Sahne, wie beschrieben, eine dicke Sauce kochen.

❷ Von den Krabben eine Handvoll beiseite legen. Den Rest im Mixer fein pürieren.

❸ Die ganzen Krabben mit dem Dill mischen und mit wenig Zitronensaft beträufeln, sparsam salzen und pfeffern. Die Bechamelsauce mit Salz, Pfeffer, Cayennepfeffer und Worcestershiresauce kräftig abschmecken.

❹ Die pürierten Krabben in die abgekühlte Sauce rühren. Die Eigelb und die ganzen Krabben unterziehen.

❺ Die Eiweiß sehr steif schlagen und partienweise vorsichtig, aber gründlich unterheben.

❻ Diese Masse in die ausgebutterte, mit Semmelbröseln ausgestreute Form von 22 cm Durchmesser füllen.

❼ Wie beschrieben backen.

Schinken-Soufflé

Für 4 Personen:
250 g gekochter Schinken (ohne Fett), 1 EL Butter, 1 Messerspitze Delikateßpaprika, weißer Pfeffer aus der Mühle, 60 g Mehl, 60 g Butter, 1/2 l Milch, 4 Eigelb, 6 Eiweiß, 2 cl Madeira, Butter und Semmelbrösel für die Form

❶ Den Schinken in Stücke schneiden. Im Mixer gründlich vermischen. Die Butter sowie Salz, Pfeffer und Paprika zufügen. Und noch einmal mixen.

❷ Aus Mehl, Butter und Milch eine dicke Bechamelsauce kochen und kräftig abschmecken. Dabei wieder mit Salz sparsam umgehen, denn der Schinken ist salzig genug.

❸ In die abgekühlte Sauce die Schinkenmasse rühren und die Eigelb untermischen.

❹ Die Eiweiß sehr steif schlagen. Partienweise unterziehen.

❺ Eine feuerfeste Form von 22 cm Durchmesser ausbuttern und mit Semmelbröseln ausstreuen. Die Soufflémasse einfüllen und wie beschrieben backen.

Sommerküche mit Käse & Wein

Frisch, bekömmlich und leicht

Im Sommer hat man Lust auf erfrischende, leichte Küche, man braucht kein Fleisch, ißt lieber Gemüse, Salat, Eier- und Milchprodukte. Mediterrane Diät ist angesagt, die, wie man weiß, besonders bekömmlich ist, vor allem in der warmen Jahreszeit. Und dabei darf der Wein nicht fehlen. Wein in Maßen, das sagt jeder vernünftige Arzt, tut dem Körper gut. (Wenn er es nicht sagt, ist er nicht vernünftig.) Wein stärkt das Herz, festigt den Kreislauf, wirkt lebensverlängernd (Natürlich gilt das nur für gesunde Menschen, wer Alkoholprobleme hat, muß natürlich auf den Wein verzichten).

Käse & Wein: Ein ideales Paar

Der Feinschmecker und Römer Apicius bezog seinen Käse gern aus Rätien, also aus den Schweizer Alpen. Und beim berühmten Gastmahl des Trimalchio, so weiß es die Geschichte, erfreute man sich an weichem Käse. Bergkäse? Ricotta?

Eines jedenfalls ist gewiß: Die Römer waren die ersten, die den Käse über das Nahrungsmittel des einfachen Bauern erhoben, ihn pflegten und bewußt im Menü unterbrachten – nämlich am Ende der Mahlzeit. Ägypter und auch Griechen kannten die Käsezubereitung: Die Milch von Schafen, Ziegen oder Kühen läßt man sauer und fest werden, den entstehenden Teig zerkleinert man, läßt die austretende Flüssigkeit abtropfen oder preßt sie aus. Man ißt das entstandene Produkt dann als Frischkäse gleich oder legt es in Salzwasser und läßt es noch an kühlem oder zumindest luftigem Ort reifen.

Wann das schnellere und exaktere Verfahren der modernen Käseherstellung durch Zufügen des Kälbermagen-Fermentes Lab gefunden wurde, ist nicht bekannt – aber es existierte bereits zu Zeiten der Römer.

Der zentralfranzösische Cantal wird noch heute hergestellt wie vor 2000 Jahren. Grundlegend hat sich im Herstellungsprozeß nichts geändert: Nur Finessen sind hinzugekommen, bessere Kenntnis von den Vorgängen, auch unterschiedliche Pflege und damit mehr Vielfalt.

Grundlage für die Käsebereitung ist die Milch. Und diese wiederum ist abhängig von der Weide oder von der Nahrung, die die Tiere aufnehmen. So ein Mai-Gouda, den man im späten Sommer kostet, schmeckt viel würziger und feiner als ein Käse, der aus Herbstmilch hergestellt wird – weil das Gras wertvoller ist. Andererseits hat die moderne Käse-Industrie die Unterschiede zwischen den Jahreszeiten und Futtern, zwischen Morgen- und Abendmilch längst so verwischt, daß eine einheitliche Qualität entstanden ist. Nur kleine Käsereien sind überhaupt noch in der Lage, ganz individuelle Käse reifen zu lassen. Gleichzeitig haben es erst die großen Betriebe möglich gemacht, Käse einer bestimmten Qualität zu garantieren: Wie ein Bauernkäse vor hundert

Jahren ausfiel, konnte man nie mit Sicherheit sagen, kann es teilweise auch heute noch nicht, vor allem dann, wenn mit „natürlichen" Mitteln gearbeitet wird. Etwa auf einer Alm, wo die Erkenntnisse der Hygiene und der bakteriologischen Forschung manchmal vernachlässigt werden. Heute können wir alle Prozesse zur Zufriedenheit steuern, die meisten Käsesorten überall auf der Welt mit Hilfe von pasteurisierter Milch, mit moderner Technik, speziellen Bakterienstämmen und Pilzkulturen herstellen. Freilich, die besten Käse kommen aus eng begrenzten Gebieten, unterliegen festen Produktionsvorschriften, sind häufig – wie der Wein – mit einer kontrollierten Herkunftsbezeichnung versehen, mit der ihre Qualität garantiert wird. Der Roquefort-Käse zum Beispiel, im Jahre 1060 erstmals erwähnt, unterliegt bereits 1411 strengen Schutzbestimmungen; der Parmigiano Reggiano (Parmesan) wird seit siebenhundert Jahren als bestimmtes Produkt ganz klar definiert. Damit sind wir weit entfernt von dem einfachen, nicht näher bestimmten Käse, den der römische Legionär zum Frühstück aß, mit Zwiebeln, begleitet von einem trockenen Stück Brot, das er in den unverzichtbaren Wein tauchte. Die Grundlage für das typisch abendländische Genußpaar Käse und Wein war gelegt. Ein simple Tatsache kam der weiteren Entwicklung zugute: Die Rebe braucht keinen fetten, sondern eher einen kargen, an Mineralien reichen Boden, um prächtig zu gedeihen. Und genau dort finden auch Ziegen und Schafe ideale Bedingungen – so wurden Käse und Wein eine unzertrennliche, harmonische Einheit.

Wichtiger ist heute natürlich der Käse aus Kuhmilch. Man braucht eine Menge dazu: Etwa 7 Liter Milch für ein Kilogramm Camembert, sogar 16 Liter Milch für ein Kilo Parmesan. Käse ist also ein stark veredeltes Produkt, das nicht billig sein kann – was er mit dem Wein gemeinsam hat. Beide brauchen auch ihre Zeit, bis sie zu voller Genußreife gekommen sind. Wobei es – wiederum in beiden Fällen – Produkte gibt, die jung am besten schmecken, und solche, die Jahre brauchen, um sich voll zu entwickeln. Erstaunlich vielleicht für manche: Ein wirklich guter Parmesan oder Greyerzer sollte schon mindestens seine zwei Jahre auf dem Buckel haben. Käse wie Wein erfahren ihre Verfeinerung, ihre Pflege im allgemeinen im Keller. Und die Gemeinsamkeiten gipfeln darin, daß zu frischen Käsen junge Weine passen, zu gereiften hingegen ältere Jahrgänge.

Käse ist, wie Milch auch, ein hochwertiges Nahrungsmittel, das dem Körper alles liefert, was er braucht. In der abgelegenen Bergwelt der Hochalpen haben sich die Menschen jahrhundertelang fast ausschließlich von Käse ernährt. Freilich aßen sie ihn nicht nur einfach pur und roh, sondern sie kochten mit ihm, probierten alle möglichen Zubereitungsarten aus. Man kombinierte ihn zunächst mit haltbaren Dingen – vor allem mit Brot. So entstanden die Brotsuppen mit Käse, Gemüsesuppen mit Brot und Käse und schließlich die reinen Käsesuppen, in die man das Brot tunkte, wie man es heute noch beim Fondue-Essen macht. Gewürze kamen hinzu: Knoblauch, Zwiebeln, Schnaps und natürlich, wie immer, Wein.

Während des Mittelalters brach dann das wahre Käsezeitalter an: Als die Nudeln erfunden wurden, gewann der Käse als ergänzendes, weil haltbares und immer verfügbares Lebensmittel, fundamentale Bedeutung. Ohne Pecorino oder Parmesan kann man sich die italienische Küche nicht vorstellen. Ohne Mozzarella (ursprünglich aus Büffelmilch) keine Pizza, ohne Ricotta keine so herrlichen Füllungen für Ravioli, Agniolini oder Tortellini. Ohne den Emmentaler keine Käs'spätzle, ohne Quark kein Topfenstrudel.

Mit der Kartoffel gelangte aus Amerika ein neuer idealer Partner für den Käse in unsere Küche.

Gerade benachteiligte Gebiete eigneten sich für den Kartoffelanbau – also Regionen, in denen der Käse seit eh und je traditionell vertreten war. In Savoyen bereitete man einen großartigen Gratin, zu den Schweizer Rösti paßt zerlaufener Käse ebenso wie zu den Brat- oder Ofenkartoffeln Süddeutschlands. Und in Frankreich gar entwickelte Parmentier zur besseren Einführung der merkwürdigen Knollen sein berühmtes Kartoffelhachis mit gekochtem Rindfleisch und einer Schicht geriebenen Käses, unter der es golden gebacken wurde. Schließlich passen Pellkartoffeln ganz prächtig zu allen sehr weichen, cremigen Käsearten – am besten zum nur im Winter fabrizierten Vacherin Mont d'Or aus dem Westschweizer (und französischen) Jura. Kochen mit Käse – das ist ganz besonders auch Würzen mit Käse. Als reiner Sattmacher ist Käse inzwischen eher teuer, vor allem zu mächtig und kalorienreich. Wobei man allerdings immer beachten muß, daß sich der angegebenen, Fettgehalt stets auf das Fett in der Trockenmasse (Fett i. Tr.) bezieht, nicht auf den tatsächlichen Fettanteil im Käse. Warum das so ist und wie man umrechnet, erfahren sie später. Ein wenig Käse, eben so viel, wie man zum Würzen braucht, kann man ohnehin vernachlässigen. Für ein elegantes Carpaccio (rohes Rindfleisch), ein weiches Ei,

eine schlanke Gemüsesuppe, eine überbackene Tomate geht man schon einmal gern mit dem Käse über die Raspel. So muß nicht gleich ein neues Rezept entstehen, aber eine recht interessante Variante einer bekannten Mahlzeit allemal. Würzt man mit einem alten Parmesan oder mit dem harten, guten Schweizer Kräuterkäse Schabzieger, so erhält man ein anderes Ergebnis, als wenn man einen fetten Beaufort oder einen jungen Edamer nimmt. Alle vier (und noch viel mehr) Varianten sind möglich.
Wobei wir beim schwierigen Kapitel der Käseauswahl wären, die sich ja immer auch ergibt, wenn man eine Käseplatte im oder nach dem Menü reicht oder ein Käsebuffet zusammenstellt. Grundsätzlich mischt man harte und weiche, junge und alte, Kuh-, Schafs- und Ziegenkäse. Es kommt aber auch auf die Gelegenheit an, und man kann durchaus seiner persönlichen Vorliebe für ganz bestimmte Käsesorten einen Vorzug einräumen. Aus rein diätetischen Gründen, um also das Wohlbefinden durch richtiges Essen zu steigern, sollte man zu Käse immer ein Glas Wein trinken. Und zwei Behauptungen des klugen französischen Feinschmekkers Brillat-Savarin nicht außer acht lassen: „Käse schließt den Magen", und „Ein Menü ohne Käse ist wie eine einäugige Schönheit". Wahr ist's!

Kleine Käsekunde zum Einkaufen

Es gibt kaum ein Lebensmittel, das sich so schwer vom Aussehen her beurteilen läßt, wie Käse: Die häßlichste Rinde kann ein makelloses Herz verbergen und die schönste Schale einen geschmacklosen Kern.

Aber es gibt schon Möglichkeiten, sich vom Äußeren her ein Bild zu machen, wobei man sich darüber im klaren sein muß, daß es grundsätzlich zweierlei Käse gibt: die handwerklich hergestellten und die Industriekäse. Erstere können, müssen aber nicht besser sein als gute Industrieprodukte.

Die allerbesten Käse indessen stammen immer aus handwerklichen Produktionen, von kleinen Käsereien, von Alm- oder Sennhütten, von Bauernhöfen mit ein paar Kühen, Ziegen oder Schafen. Sie sind deshalb so gut, weil sie individuell hergestellt werden, mit größter Kenntnis um alle Prozesse, mit unendlich viel Erfahrung, und weil jeder Käse sich persönlich entwickeln kann oder soll.

In der industriellen Produktion hingegen muß ein Käse wie der andere schmecken – das Ziel ist ja eine gleichbleibende, den Wert der Marke bestimmende Qualität.

Wie reif muß Käse sein?

Der Käse – einmal produziert – benötigt ständige Pflege, um seiner Perfektion entgegenzureifen.

Zunächst bleibt er im allgemeinen in der Obhut seines Herstellers, doch manchmal kommt er gleich in spezielle Käse-Reifereien, wo sich ein Affineur, ein Verfeinerer, um ihn kümmert. Hartkäse müssen alle zwei Tage gewaschen und gewendet werden, manche Weichkäse sogar jeden Tag.

Falsche Schimmelbildung muß verhindert, die richtige gefördert werden, und schließlich müssen Luftfeuchtigkeit und Temperatur so geregelt sein, daß genau der Käse entsteht, den man haben will.
Endlich braucht der Käse Pflege im Laden, wo er nicht austrocknen darf, wo es aufzupassen gilt, daß kein Schimmel vom einen zum anderen Käse wandert, daß der Käse zum richtigen Zeitpunkt verkauft wird. Diesen Moment nun kann ein Händler sehr unterschiedlich ansetzen:

Da gibt es solche, die verkaufen ihren Käse gereift, aber gerade am Beginn ihrer Vollendung stehend. Andere wählen den Zeitpunkt hoher Reife, aber noch mit einem Hauch von Frische.

Und wieder andere verkaufen den Käse erst dann, wenn er sehr stark gereift ist – es kommt darauf an, daß sie einen Händler finden, der die Käse pflegt und alle Sorten in den verschiedensten Reifestadien anbietet.

Wie erkennt man Qualität?

Wolfgang Hofmann vom „Tölzer Kasladen" in München, Affineur und Händler, nennt wichtige Merkmale:

- Am ersten Eindruck kann man einiges erkennen, aber wenn irgend möglich, sollte man den Käse probieren, um ganz sicher zu gehen.

- Nie abgepackten Käse kaufen, denn nur vom ganzen Stück her kann ein Käse richtig reifen, atmen und sich entwikkeln.

- Bei Schimmelkäse wie Camembert muß der Schimmel den Käse gleichmäßig überziehen, appetitlich aussehen und einen zarten, rötlichbraunen Schimmer aufweisen. Ist die Färbung aber schon sehr stark ausgeprägt, ist das ein Zeichen von hoher oder Überreife, der Käse schmeckt nach Ammoniak.

- Die besten, aus der Rohmilch hergestellten **Weichkäse** aus Frankreich zeichnen sich durch geradezu auffällig ungeschliffenes Äußeres, unregelmäßig ausgeformte und gefärbte Ränder aus.

- Käse mit gewaschener Rinde, sogenannter **Rotschmierkäse**, soll nicht wirklich schmierig sein, sondern nur ein wenig feucht wirken. Eine rötlichbraune Farbe verspricht perfekte Reife und einen milden Geschmack, eine gelbliche Tönung zeigt, daß der Käse fehlerhaft ist.

- **Ziegenkäse** muß eine feste, glatte Rinde haben, gleichgültig, ob der Käse nature angeboten oder mit Asche konserviert ist. Die Schnittfläche soll glatt sein, dann ist der Käse ausgereift. Ist sie hingegen krümelig, so deutet das auf eine ungenügende Reife und unharmonische, jugendliche Säure hin. Das Nußaroma ist noch nicht entwikkelt.

- **Blauschimmelkäse** ist ausgereift, wenn er bis zur Rinde hin mit blauen Adern durchzogen ist. Geht die Blaufärbung ins Bräunliche, kann der Käse bitter sein.

- **Hartkäse** ist gut abgelagert, wenn sich in seinem Teig weiße Pünktchen gebildet haben – auskristallisiertes Eiweiß.

- **Emmentaler** soll runde, etwa kirsch- bis walnußgroße Löcher haben. Sind die Löcher größer und oval, so ist der Teig bei der Gärung aufgegangen – im Süden wünscht der Verbraucher größere, im Norden kleinere Löcher. Bei ausgereiftem Emmentaler bilden sich in den Löchern winzige Salzwassertröpfchen – nicht zu verwechseln mit Schwitzwasser, das sich bei falscher Aufbewahrung auf der gesamten Fläche absetzt.

Wie bewahrt man Käse auf?

Nur im Kühlschrank! Und zwar in einer Plastikdose mit Deckel oder in einem irdenen Topf mit echter Salzglasur, mit einem Teller zugedeckt.

Und zwar jeder Käse einzeln verpackt.

- Blauschimmel in Alufolie oder Pergamentpapier – bzw. in der Originalverpackung,

- Weichkäse in Wachs- oder Pergamentpapier,

- Hartkäse und Schnittkäse in Frischhaltefolie.

Kauft man die Käse nicht ganz reif, so läßt man sie unter eben diesen Bedingungen nachreifen. Bei wärmerer Temperatur geht die Reifung zu schnell vor sich, und die Käse schmecken rasch streng. Und das altberühmte feuchte Tuch?

Es erfordert viel Aufmerksamkeit, denn es darf einerseits den Käse nicht aufweichen, aber auch nicht austrocknen – man muß zweimal täglich den Zustand überprüfen.

Wichtig: Käse eine halbe Stunde vor dem Essen aus dem Kühlschrank holen.

So finden Sie immer den richtigen Wein

Ideale Partner, daran zweifelt niemand, sind Wein und Käse im allgemeinen. Doch was ist ein idealer Partner im besonderen?

Da ist's nicht anders als bei den Menschen: Was für den einen Wunschbild bedeutet, stößt den anderen ab, was die eine als kräftig liebt, findet die andere dominierend. Aber die sprichwörtliche Gewißheit, daß jedes Töpfchen auch sein Deckelchen finde, gilt ebensogut für unsere kulinarische Partnerschaft zwischen Wein und Käse.
Den idealen Wein zu finden, ist kein leichtes Unterfangen, zumal in Supermärkten selten jemand zur Beratung da ist. Deswegen sollte man dann schon über ein paar Merkmale Bescheid wissen, um die richtige Wahl treffen zu können, um einen guten Wein zu finden.

Es bestimmen immer zwei Dinge den Begriff gut: Gut soll der Wein, durchaus subjektiv, zum Käse passen, gut soll aber auch seine objektive Qualität, also der Wein für sich allein sein.

- Erstens: Es gibt Erfahrungswerte, welche Weine zu welchen Käsen passen. Generationen von Gastronomen und kulinarischen Schriftstellern,

Fachleuten und Amateuren haben sich darum immer wieder Gedanken gemacht.

- Zweitens: Wer ein Etikett richtig lesen kann, wird kaum jemals hereinfallen – beachten Sie dazu die Ausführungen im folgenden.

- Zunächst müssen Sie sich darüber klar werden, welchen Wein Sie wählen – zu einer Käseplatte oder einem kleinen Buffet wird man nur einen Wein bereitstellen, der dann zu mehreren Käsesorten passen muß. Das wird im allgemeinen ein leichter bis mittelschwerer Rotwein mit nicht allzuviel Gerbstoff sein: ein deutscher Spätburgunder, Trollinger oder Portugieser; französische Landweine, natürlich leichte, einfache Burgunder, Beaujolais, einfache Bordeaux-Weine, fast alle Weine aus dem Süden und Südwesten; aus Italien die Weine Südtirols und des Trentino, einfache Chianti, Dolcetto und Barbera aus Piemont, Bandolino, Valpolicella und die trockene Version zum Lambrusco; fast alle Rotweine des Balkans; aus Spanien die Weine des Valdepeñas und Pemedes, aber auch ein simpler Rioja.

Zum Bergkäse paßt ein Silvaner Spätlese

Zum Munsterkäse paßt ein Gewürztraminer

- Zu einem großen Buffet sollte man zwei oder mehrere Weine zur Auswahl vorsehen, einen der zuvor genannten Rotweine und, je nach Käseangebot (ob Blauschimmel-, Weich- oder Ziegenkäse), edelsüßen oder einen frischen, trockenen Weißwein.

Zum Gorgonzola aus Italien paßt ein Rotwein

- Zu einer anspruchsvollen Käseplatte oder zu einem alten Käse passen die großen Weine aus dem Rioja (reserva), auch Lagen-Weine aus Bordeaux, Côtes-du-Rhône und Burgund, die großen italienischen Weine (Chianti riserva, Bornello di Montalcino, Caberneis aus dem Friaul, Barolo und Barbaresco) sowie die Spitzengewächse aus Übersee (Kalifornien, Australien, Südafrika und Chile).

Zum Brie de Meaux paßt ein trockener Weißwein

- Gibt es einen Blauschimmelkäse, so neigen Sie vielleicht zu einem edelsüßen Wein, einer Auslese oder Beerenauslese. Dieser Wein darf aber nicht zu viel Säure haben – ein deutscher Riesling wäre zu aggressiv. Darum eher zu französischen Weinen (Saudernes, Montazalfac, Anjou), zu deutschen Auslesen aus Neuzüchtungen (Ehrenfelser,

Ortega) oder zu säureärmeren Sorten wie Kaiserstühler Ruländer greifen.

- Zu Weichkäse mit Schimmelrinde und Ziegenkäse sollte es Weißwein geben. Wählen Sie ganz nach persönlicher Vorliebe trockene, halbtrockene oder sogar milde Weine aus. Eher säurereiche Gewächse

Zum Gaperon paßt ein Rosé aus der Provence

(Rieslinge von Mosel, Saar oder aus dem Rheingau) benötigen auf jeden Fall eine gewisse Abrundung durch Restzucker, weil sie sonst den Käse nicht sich entfalten lassen. Weine aus Baden und dem Elsaß, aus

Zum Ziegenkäse paßt ein Weißwein

der Schweiz und aus Österreich, Land- und Qualitätsweine aus Frankreichs Süden, aus

Zum Schafskäse paßt ein Rotwein

Italien oder Spanien hingegen bringen weniger Säure mit und passen deshalb fast immer.

- Alle die angeführten Weine bekommt man heute in einem gut sortierten Supermarkt oder in den Weinregalen der Kaufhäuser. Manchmal gibt es nur eine Möglichkeit, manchmal jedoch hat man die Wahl.

- Greifen Sie dann zu möglichst schlicht aufgemachten Flaschen in klassischer Form (für fast alle qualitativ hochwertigen Rotweine ist das entweder die bauchige Burgunder- oder die gerade Bordeaux-Flasche), scheuen Sie alle Phantasieformen und marktschreierischen Etiketten.

- Fast immer – es gibt viel seltener eine Ausnahme, als man es sich erhofft! – ist der Preis ein Merkmal für die Qualität. Natürlich, je besser der Wein, desto teurer wird er auch sein. Spielraum ist im allgemeinen aber dennoch vorhanden. Preisvergleiche lohnen sich. In jedem Fall ist es besser, einen vergleichsweise „teuren" Qualitätswein zu kaufen als eine relativ „billige" Spätlese, auch wenn der Preis objektiv derselbe ist.

- Bewerten Sie Medaillen kritisch: Die staatlich kontrollierten Medaillen und Siegel

Zum Tête de Moine paßt ein Riesling aus dem Rheingau

(zum Beispiel von den Landwirtschaftskammern, vom Landwirtschaftsministerium, auch das Deutsche Weinsiegel oder die Siegel der Regionalverbände) sind Signale einer gegenüber dem Standard besseren Qualität. Phantasiemedaillen und Prämierungen von angeblichen Weinmessen sind jedoch mit einer gewissen Vorsicht zu bewerten.

- Immer gut: ein Rückenetikett, auf dem sachlich über Erntebedingungen, ideale Trinktemperatur beim Servieren des Weins, eventuell auch von den Analysewerten berichtet wird. Hüten sie sich aber vor schwärmerischen Beschreibungen.

- Will man nicht herumprobieren, greift man auf die Markenweine der großen Firmen zurück – sie garantieren eine immer gleichbleibende, kalkulierbare Qualität.

- Und schließlich ein fast dumm klingender Rat, der aber viel zu oft vernachlässigt wird. Merken Sie sich (und schreiben Sie es sich auf!), wenn Sie einmal eine gute Erfahrung gemacht haben. Nichts ist schlimmer, als sich vage zu erinnern, daß man eigentlich den passenden, wunderbaren Wein kennt, er aber im Gedächtnis versunken ist.

Kulinarische Erfahrung erwächst nur in der Verbindung mit präzisen Wissen.

Das Etikett, die Visitenkarte des Weins

1. Ortschaft und Lage (Weinberg)

Jeder Ort hat seine Eigenart nach Kleinklima, Bodenbeschaffenheit, Lage des Weinbergs (Steilhang oder flacher Hügel, nach Süden oder Westen gelegen, nahe am spiegelnden Fluß oder etwa in einem Seitental).

Das klingt einfach. Doch es wird komplizierter. Denn sogenannte Großlagen können das Areal mehrerer Gemeinden umfassen: Von hier kommt Massenwein. Und Einzellagen können wiederum in mehrere Güteklassen unterteilt werden. Leider kann man das in Deutschland (anders als etwa in Frankreich) nicht vom Etikett ablesen – da hilft also nur Wissen. Oder der „Deutsche Weinatlas" mit sämtlichen deutschen Weinlagen – zu bestellen (11,50 DM + MwSt. + Porto) bei: Deutsches Weininstitut GmbH, Gutenbergplatz 3-5, 55116 Mainz.

2. Die Güteklasse (Qualitätsstufe)

- Tafelwein: normalerweise der einfachste Wein – kann auch ein Verschnitt aus Weinen verschiedener EG-Staaten sein, aus einem bestimmten EG-Land oder aus einem Gebiet (in Deutschland z.B.: Mosel, Rhein, Neckar). Oft zusätzlich mit Phantasienamen, auch in der Aufmachung gerne verfälschend (Wein aus dem Mittelmeerraum, Etikettengestaltung heimelig-deutsch, Vorsicht!).
  Heute auch Spitzenweine, die nicht in allen Punkten dem Weingesetz entsprechen.

- Landwein: Qualitativ gehobener Tafelwein. Gebietstypisch (auch von der Rebsorte: Pfälzischer, Rheinischer Landwein) und trocken oder halbtrocken. Aus Frankreich „Vin de Pays".

- Qualitätswein bestimmter Anbaugebiete (Q.b.A.): Hierzu gehört der überwiegende Anteil der deutschen Weinerzeugung (in Frankreich werden nur etwa 20, in Italien sogar nur 10 Prozent als Qualitätsweine eingestuft!). Die Weine müssen zu hundert Prozent aus dem angegebenen Weinbaugebiet stammen, auch müssen Ort und Lage angegeben sein.

  Q.b.A.-Weine dürfen gezuckert werden – das bedeutet: Vor der Gärung darf Zucker (die Menge ist gesetzlich geregelt) zugefügt werden, der mit dem Fruchtzucker zusammen zu Alkohol vergärt. Man tut das, um schwachbrüstige Weine gehaltvoller, alkoholreicher zu machen. Niemals zum Süßen (Zucker nach der Gärung zuzufügen, ist verboten).

- Qualitätswein mit Prädikat: Eine typisch deutsche Spezialität! Für jede Prädikatsstufe ist der Mindestzuckergehalt für die Trauben bei der Lese festgelegt (je nach Weinbaugebiet verschieden), angegeben in Grad Oechsle. Prädikatsweine dürfen nicht durch Zuckerzugabe alkoholreicher gemacht werden.

3. Die Prädikatsstufe

- Kabinett – leicht und zart, geringer Alkoholgehalt.
- Spätlese – vollreifer Wein, gehaltvoll, nach Abschluß der Normalernte gelesen.
- Auslese – Wein aus besten, vollreifen Trauben, kranke und unreife Beeren werden herausgelesen.
- Beerenauslese – mächtiger Wein aus mit der Hand aus der Traube gepickten Beeren, die immer überreif, oft edelfaul sind.
- Trockenbeerenauslese – ein edelsüßer, hochdelikater Wein aus rosinenartig geschrumpften, ausgelesenen, edelfaulen Beeren.
- Eiswein – aus bei Lese und Pressung gefrorenen Beeren, daher einzigartig im Verhältnis von Süße zu Säure, aromatisch-konzentriert.
- In Frankreich: Prädikate gibt es nur im Elsaß, nämlich Vendelange tardive (Spätlese) und Sélection grains nobles (Beerenauslese). Weine bestimmter Anbaugebiete sind bezeichnet als Appellation d' Origine Contrôlée (abgekürzt: AOC), wobei d'Origine ersetzt wird durch die genaue Herkunftsbezeichnung. Ähnlich strengen Bestimmungen unterliegt die Bezeichnung Vin Délimité de Qualité Superieure (VDQS).
- In Italien: Riserva bezeichnet besonders lange gelagerte Weine aus bestem Lesegut. Qualitätsweine bestimmter Anbaugebiete tragen den Vermerk Denominazione di Origine Controllata (DOC), zusätzlich mitunter e Garantita (dann DOCG).
- In Spanien heißt es entsprechend Denominación de Origen.

4. Die Rebsorte

Ist sie angegeben, muß der Wein zumindest zu 85 Prozent aus dieser Rebsorte bestehen, sie muß zudem den Charakter des Weins bestimmen. Die besten Winzer mischen allerdings keine anderen Sorten dazu!

Werden zwei Rebsorten genannt, muß der Wein vollständig aus ihnen bestehen. Rassig-frische, säurebetonte Weine bringen Riesling und Kerner; ausgeglichen, nicht zu säurebetont und eher geschmacksneutral fallen Silvaner, Gutedel, Weiß- und Grauburgunder (Ruländer) aus; bukettreicher sind Müller-Thurgau und besonders Scheurebe und andere Neuzüchtungen sowie der klassische Gewürztraminer.

Der Trollinger bringt frische, der Blaue Portugieser milde, Lemberger, Schwarzriesling, Spätburgunder kräftige Rotweine.

Die Geschmacksrichtung

Man unterscheidet hier den Grad der Süße. Als trocken gilt ein Wein, wenn er nicht mehr als 4 g je Liter Restzucker bzw. bis 9 g/l besitzt, wenn der Säuregehalt nicht mehr als 2 g/l unter dem jeweiligen Zuckergehalt liegt. „Restzucker" bedeutet jedoch nicht, daß es sich um unvergorenen Fruchtzucker handelt – die Süße kann vielmehr auch aus zugefügtem sterilisiertem Traubensaft (Süßreserve) stammen.

Der Traubensaft muß aus derselben Großlage kommen – allerdings braucht er nicht von derselben Rebsorte zu sein. Die qualitätsbewußten unter den Winzern süßen allerdings einen säurebetonten, rassigen Riesling nicht mit einer pappigen Neuzüchtung. Haben die Weine eine zusätzliche Prüfung bestanden, dürfen sie das gelbe Weinsiegel führen. Halbtrocken sind Weine bis zu 18 Gramm Restzucker (die Säure darf nur 10 g/l darunter liegen) – grünes Weinsiegel.

Mild oder lieblich wird meist nicht auf dem Etikett vermerkt (rotes Weinsiegel). Ansonsten gilt: bis 45 g/l Restzucker heißt lieblich; darüber süß. Trockene und halbtrockene Weine passen am besten zum Essen und werden von Kennern auch sonst bevorzugt.

5. Abfüller

Weine aus eigenen Weinbergen des Winzers oder von Zusammenschlüssen von Winzern (Erzeugergemeinschaften oder Winzergenossenschaften) werden als „Erzeugerabfüllung" gekennzeichnet.

Kellereien und andere Abfüller (auch Winzer oder Weingüter, wenn sie zugekaufte Weine abfüllen) müssen mit Firmennamen als „Abfüller" auf dem Etikett stehen. Steht also dort: „Abfüllung Weingut Sonnenschein", so handelt es sich um einen Wein, der nicht im Weingut gewachsen ist.

6. Amtliche Prüfnummer

Sie beweist, daß der Wein die amtliche Qualitätsprüfung erfolgreich durchlaufen hat. Die letzte Zahl zeigt das Jahr der Abfüllung.

7. Name und Adresse des verantwortlichen Abfüllers

An ihn können Sie sich bei Reklamationen wenden. Oder Sie bestellen den Wein bei ihm nach, wenn er Ihnen geschmeckt hat.

DIE REZEPTE

Hausgemachter Frischkäse

3 Gläser à 500 g Vollmilchjoghurt

❶ Den Joghurt in ein mit Küchenpapier ausgelegtes Sieb füllen. Mindestens zwei, besser drei Tage im Kühlschrank abtropfen lassen.

❷ Die Molke, die dabei abtropft, auffangen – sie schmeckt herrlich erfrischend.

Frischkäsepralinen

Für ca. 30 Stück: Frischkäse wie oben beschrieben, je 2 gehäufte EL Delikateßpaprika, grob geschroteter schwarzer Pfeffer, Kümmel, gemahlene Pistazienkerne, Mohn, Schnittlauchröllchen

❶ Aus dem Frischkäse zwischen angefeuchteten Handflächen walnußgroße Bällchen formen.

❷ Die Bällchen in Paprika, Pfeffer, Kümmel, in zerkrümelten Pistazien oder in Schnittlauchröllchen wälzen, bis sie rundum davon überzogen sind. Das geht am einfachsten, indem man das Gewürz auf einen Teller streut, die Bällchen daraufsetzt und durch Rütteln am Teller darin herumrollen läßt, bis die Bällchen rundum überzogen sind.

❸ In kleine Pralinenpapiermanschetten setzen und hübsch auf einer Platte anrichten.

Gruyère-Röllchen

Für ca. 25 Stück:
5 – 6 sehr dünn aufgeschnittene Scheiben Gruyère (Greyerzer oder ein anderer Bergkäse), 1/2 Portion hausgemachter Frischkäse, 2 El Pistazienkerne

❶ Die Scheiben entrinden. Den Frischkäse mit den Pistazienkernen mischen und gleichmäßig, etwa halbzentimeterdick auf den Käsescheiben verstreichen. Dabei einen Rand lassen.

❷ Die Scheiben aufrollen und im Kühlschrank einige Stunden fest werden lassen.

❸ Mit einem scharfen Messer in zweifingerdicke Scheiben schneiden. Mit der Schnittfläche nach oben in Pralinenmanschetten setzen.

Bündner Fleischröllchen mit Käsefüllung

❶ Die Bündner Fleischscheiben ausbreiten.

❷ Den Frischkäse mit Schnittlauchröllchen vermischen. Jede Scheibe halbfingerdick mit Frischkäse bestreichen und aufrollen. Quer in zweifingerdicke Stücke schneiden.

❸ Mit der Schnittfläche nach oben in Pralinenförmchen setzen.

Den Frischkäse auf die Scheiben streichen

Röllchen in Scheiben schneiden

Für ca. 20 Stück:
10 Scheiben Bündner Fleisch, 1/2 Portion hausgemachter Frischkäse, Schnittlauch

Sommersalat mit Schafskäsedressing

Für 6 Personen:
eine große Schüssel voll buntgemischter Salatblätter, frisch aus dem Garten oder vom Markt: Kopfsalat, Schnittsalat, Rucola (Rauke), zarter Löwenzahn, junger Spinat, außerdem Kräuter: Basilikum, Liebstöckel, glatte Petersilie, Schnittlauch, Estragon

Marinade:
100 g griechischer Schafskäse, 1 kleine Schalotte, 1 Knoblauchzehe, 1 TL Senf, 2 EL Balsamicoessig, 1 EL Rotweinessig, 4 – 5 EL Olivenöl, Salz, Pfeffer

❶ Das Dressing läßt sich übrigens auch schon auf Vorrat in größerer Menge zubereiten, es hält sich, luftdicht in einem Schraubglas oder in einer Flasche verschlossen, im Kühlschrank vier bis fünf Tage lang frisch.

❷ Den Käse mit der geschälten Schalotte und Knoblauch in den Mixer füllen, Senf, beide Essigsorten, Öl, Salz und Pfeffer zufügen.

❸ So lange mixen, bis alles fein püriert ist, mit einem Schuß Wasser auf die richtige Konsistenz verdünnen.

❹ Die Marinade in einem Vorratsglas aufbewahren; bevor man sie verwenden will, kräftig durchschütteln, damit sich alle Bestandteile wieder cremig verbinden.

Käsefrittata mit Kräutern

Für 2 Personen:
4 Eier, 100 g geriebener Hartkäse, Salz, Pfeffer, ein Hauch Cayennepfeffer, 1 Bund Kräuter (glatte Petersilie, Basilikum, Rucola oder Schnittlauch), Butter

❶ Die Eier verquirlen, den Käse unterrühren, mit Salz, Pfeffer und Cayennepfeffer abschmecken.

❷ Die Kräuter fein hacken und unterrühren. In einer beschichteten Pfanne die Butter erhitzen.

❸ Die Eiermasse hineingießen und sanft auf der einen Seite bräunen lassen. Wenn die Oberseite gestockt ist, die Frittata mit Hilfe eines Topfdeckels wenden und auch auf der anderen Seite behutsam bräunen.

Flambierter Munsterkäse

Für 6 Personen:
1 ganzer, junger Munsterkäse (möglichst aus Rohmilch), 4 EL Eau de vie aus dem Elsaß (ideal wäre eines vom Gewürztraminer)

❶ Den Käse auf einen Teller setzen. Den Schnaps gleichmäßig darüberträufeln. Anzünden und langsam abbrennen lassen, dabei immer wieder den Schnaps über den Käse löffeln.

❷ Den Käse in Tortenstücke schneiden und zusammen mit knusprigem Baguette genießen.

Für sechs Personen:
300 g Rote Bete, Salz,
2 Eier, 400 g Mehl,
ca. 3/8 l Milch,
2 EL Butter

Gorgonzolasauce:
200 g Gorgonzola,
ca. 1/8 l Sahne, knapp
1/8 l Milch, Pfeffer

Außerdem:
3 Fleischtomaten, Salz,
Pfeffer, je einige Tropfen
Olivenöl und Balsamico-essig

Rote-Bete-Gnocchi mit Gorgonzolasauce

❶ Die Rote Bete weich kochen, pellen und würfeln. Nur kurz auskühlen lassen, dann im Mixer fein pürieren, dabei salzen, pfeffern und mit gemahlenem Piment würzen, das paßt besonders gut dazu.

❷ Die Eier zufügen, das Mehl und soviel Milch einarbeiten, daß eine Art zäher Spätzleteig entsteht. Diesen mit Hilfe einer Spätzlepresse oder einem Spätzlesieb in kochendes Wasser geben.

❸ An der Oberfläche schwimmende Gnocchi sind gar. Die Gnocchi mit einer Schaumkelle aus dem Wasser heben, in heißem Wasser schwenken – dafür sollte neben dem Kochtopf eine große Schüssel mit heißem Wasser stehen. Die Gnocchi abtropfen lassen.

❹ Für die Gorgonzolasauce den Käse in der warmen Milch auflösen, langsam weiter erwärmen. Die Sahne zufügen und alles langsam schmelzen, bis die Sauce cremig geworden ist.
Die Sauce **nicht** kochen, damit sich das Fett nicht absetzt. Sie braucht übrigens nicht gesalzen zu werden – der Käse ist salzig genug – dafür mutig gepfeffert! Wer mag, schärft mit einem Hauch Cayennepfeffer. Damit die Sauce schön cremig und luftig wird, sollte man sie mit einem Pürierstab aufmixen.

❺ Die Tomaten überbrühen, häuten, entkernen und in möglichst exakte Würfel schneiden. Mit Salz, Pfeffer, Öl und Balsamico würzen. Zum Servieren die Butter in einer Pfanne schmelzen, die Gnocchi darin schwenken, bis sie wieder heiß sind.

❻ In tiefen Tellern anrichten, mit der heißen Sauce übergießen. Die Tomatenwürfel dekorativ dazwischenstreuen, die Teller sofort servieren.

Käse-Croissants

❶ Das Croissant aufschneiden, mit einer genau zugeschnittenen Käsescheibe belegen – nach Gusto – Schinken und/oder Tomaten darunterlegen oder die Hälften innen mit Senf oder Chilisauce bestreichen.

❷ Das Croissant im 200 Grad heißen Backofen 10 Minuten backen, bis es knusprig und der Käse innen geschmolzen ist.
Entweder aus der Hand genießen oder mit einem kleinen Salat als Imbiß reichen.

Pro Person:
1 halbfertig gebackenes Croissant (zum Selberbacken, gibt's in der Frischetheke im Supermarkt), 1 nicht zu dünne Scheibe guter Bergkäse, nach Belieben gekochter Schinken, Tomatenscheiben oder einfach ein Löffel Senf oder Chilisauce

Gefülltes Fladenbrot

Eine Abwandlung zu den Käse-Croissants – besonders praktisch, wenn man für eine größere Runde kleine Mundhäppchen braucht, zum Beispiel zum Aperitif.

❶ Das Fladenbrot quer halbieren. Mit den in Scheiben geschnittenen Tomaten und dem Schinken belegen. Die Tomatenscheiben salzen, pfeffern und mit Basilikumblättern belegen. Die Käsescheiben darüberbreiten, natürlich zuvor entrinden!

❷ Zum Schluß das belegte Fladenbrot mit etwas Olivenöl beträufeln (für den Geschmack). Die obere Hälfte wieder auflegen. Das Fladenbrot bei 200 Grad im Backofen etwa 10 Minuten backen, bis es knusprig ist und der Käse in seinem Innern geschmolzen.

❸ Zum Servieren entweder in Tortenstücke schneiden, oder, falls man aus der Hand essen soll, den gesamten Fladen in mundgerechte Quadrate teilen.

Tip: Natürlich schmecken die Bissen warm am besten!

Für 8 bis 10 Personen:
1 türkisches Fladenbrot, 2 Tomaten, Paprika, Salz, Pfeffer, Basilikumblätter, Olivenöl zum Beträufeln, 50 g gekochter Schinken in dünnen Scheiben, ca. 100 g Edamer, Gouda oder Bergkäse in Scheiben, etwas Schafskäse

ZUSATZREZEPTE

Pita-Toast mit Lamm

Pita-Brot kennt man aus dem Griechenlandurlaub oder vom Döner Kebab, dem senkrechten Grillbraten türkischer Herkunft, der mittlerweile auf unseren Jahrmärkten der guten alten Currywurst den Rang abgelaufen hat. Das flache Fladenbrot kann man inzwischen überall kaufen, nicht nur in den Geschäften, in denen sich unsere ausländischen Mitbürger versorgen. Manchmal gibt es kein Portions-Pita-Brot, sondern nur die großen Fladen, die gleich viele hungrige Mäuler stopfen können. In diesem Fall rechnet man pro Person ein Viertel.

❶ **Pro Person:** Ein Pita-Brot aufschneiden, die Schnittflächen in der trockenen Pfanne rösten. Dann jeweils mit Knoblauch tüchtig abreiben und mit einigen Tropfen von bestem Olivenöl beträufeln.

❷ Ein scharf angebratenes Lammkotelett, beidseitig gesalzen und gepfeffert, auf die untere Scheibe legen.

❸ Frische Basilikumblätter obenauf legen. Mit dünnen Scheiben Knoblauchkäse (Gaperon aus Frankreich) besetzen und mit einem Klecks Tomatenpüree schmücken.

❹ Unter dem Grill zerfließen lassen und bräunen. Zum Aus-der-Hand-Essen mit der anderen Brothälfte bedecken.

Gouda-Toast mit Schinken

Eine bunte Variante zum ebenso bekannten wie beliebten Tomaten-Schinken-Toast. Sieht nett aus, schmeckt prima und ist wirklich im Handumdrehen gemacht.

❶ **Pro Person:**
Eine Graubrotscheibe toasten, noch warm buttern. Mit einer oder zwei Scheiben gekochtem Schinken belegen. Winzig kleine Würfelchen von roter, gelber und grüner Paprikaschote darüberstreuen. Mit einer Scheibe Gouda bedecken.

❷ Unter dem Grill bräunen und schmelzen. Wer mag, streut sich dann noch frische Paprikawürfel darüber.

Pizza-Toast

Den kann man sich auch machen, wenn man keinen Backofen hat (oder ihn für sich allein nicht vorheizen will). Ein Pizza-Toast bereitet man einfach in der Pfanne (mit Deckel) zu.

❶ **Pro Person:** Eine Zwiebel in Ringe schneiden und in einer Pfanne in wenig heißem Öl braun rösten. Beiseite schieben, in der Pfannenmitte eine Scheibe Toast auf beiden Seiten bräunen.

❷ Eine Tomate in Scheiben schneiden, dachziegelartig auf dem Brot anordnen, feine Zwiebelringe darauf schichten. Salzen, pfeffern und mit Origano würzen. Eine Scheibe Fontinakäse (es geht aber auch Schmelzkäse, Gouda oder ein anderer junger Käse, der sanft schmilzt) darüberbreiten. Die Pfanne mit einem Deckel verschließen. Den „Toast" noch eine Minute braten, bis der Käse zerlaufen ist.

Walliser Toast

Wunderbare Häppchen, blitzschnell gemacht, selbst wenn man kaum was „Richtiges" im Haus vorrätig hat.

❶ **Für 4 Personen:**
4 Toastscheiben toasten, buttern und auf eine feuerfeste Platte setzen.

❷ 1/8 l Bier mit 1/2 TL Senfpulver knapp um die Hälfte einkochen. 50 g Käse reiben, in die Sauce einrühren und darin schmelzen. Mit Paprika würzen. Auf die Toastscheiben gießen, die davon völlig überzogen sein sollen.

❸ Im 250 Grad heißen Ofen oder unter den heißen Grillschlangen glasieren, das heißt schmelzen und dabei eine appetitlich goldene Farbe nehmen lassen. Die Walliser Toasts in Rhomben, kleine Dreiecke oder einfach Häppchen schneiden. Warm, also sofort, servieren, bevor der Käse hart wird. Während die erste Portion verspeist wird, die nächste in den Ofen geben.

Obatzda (angemachter Camembert)

Für 2 bis 4 Personen, je nach Hunger:
250 g deutscher Camembert (er muß unbedingt reif sein, das heißt: auf Fingerdruck nachgeben),
100 g weiche Butter,
1 kleine, sehr fein gehackte, besser noch geriebene Zwiebel,
Paprikapulver (Delikateß), Salz, Pfeffer, 2 – 3 EL dunkles Bier (als Würze)

Eine bayerische Spezialität, für die es etwa ebenso viele Rezepte gibt wie Wirtshäuser und Hausfrauen in Bayern zusammengenommen. Jeder schwört natürlich auf seine Version. Wir beispielsweise auf diese:

❶ Alle Zutaten mit einer Gabel zerdrücken und dabei gründlich mischen. Sehr würzig abschmekken, so soll der Obatzda zum Beispiel eine schöne paprikarote Farbe haben, was nur mit einer gehörigen Prise Paprikapulver möglich ist. Wer mag, würzt obendrein mit Kümmel – natürlich mit dem ganzen Samen.

❷ Man ißt den Obatzd'n stilgerecht mit bayerischen Brez'n (notfalls gehen auch schwäbische Brezeln) oder mit einem kräftigen Bauernbrot. Man streicht sich so viel auf das Brotende, wie man jeweils abbeißen kann, und bestreicht nicht die gesamte Fläche auf einmal.

Weil man auf diese Weise mehr Obatzd'n essen kann und nicht so viel Brot zu sich nimmt. Schließlich muß auch ein Bayer auf seine Linie achten.

Zucchini mit Schafskäse

Für 4 Personen:
400 g möglichst schlanke Zucchini, Olivenöl zum Braten, Salz, Pfeffer,
3 – 4 Knoblauchzehen,
150 g Schafskäse, ein paar Basilikumblätter

❶ Die Zucchini längs in dünne Scheiben hobeln. In einer großen Pfanne im heißen Öl auf beiden Seiten schön braun braten, dabei salzen und pfeffern und die durch die Presse gedrückten Knoblauchzehen daraufgeben.

❷ Die gebratenen Scheiben auf einer Platte anrichten. Schafskäse darüberbröckeln.

❸ Mit Basilikumblättern garnieren. Mit Weißbrot als kleine Vorspeise oder als Imbiß servieren.

Salat aus grünen Bohnen und Blauschimmelkäse

Für 4 Personen:
250 g feinste grüne Böhnchen (etwa Keniaböhnchen), Salz, 3 vollreife, aromatische Birnen (Williams), Zitronensaft, 100 g reifer, möglichst cremiger Blauschimmelkäse

Marinade: 1 EL Senf, 1 EL Sherryessig, 3 EL Öl, Salz, Pfeffer und 1 Prise Cayennepfeffer

❶ Die Böhnchen putzen, unzerteilt im leise sprudelndem Salzwasser 3 bis 5 Minuten blanchieren – je nach Frische: Sie sollen noch Biß haben, dürfen aber nicht zu knackig sein. Die Birnen schälen, vierteln, vom Kerngehäuse befreien. Die Viertel längs in schmale Scheiben schneiden. Sofort in Zitronensaft wenden, damit sie sich nicht braun färben.

❷ Die Zutaten der Marinade miteinander aufschlagen. Böhnchen und Birnenscheiben auf einer Platte hübsch anrichten. Zum Schluß noch den Käse zerbröckeln und auf dem Salat verteilen.

Fenchelsalat mit Parmesan

Für 4 Personen:
2 große Fenchelknollen, 4 EL Olivenöl, 4 EL Zitronensaft, Salz, Pfeffer, 1 Stück Parmesan

Wenn man ihn nur in so feinen, kleinen Mengen braucht, darf es ruhig der „echte" Parmesan sein, der teure Parmigiano Reggiano, den man an der roten Aufschrift auf seiner Rinde erkennt.

❶ Die Fenchelknollen putzen, auf dem Gurkenhobel (oder auch mit der Hand) in dünne Scheiben schneiden. Öl, Zitronensaft, Salz und Pfeffer verquirlen, bis eine cremige Marinade entsteht. Über die Fenchelscheiben gießen und ein paar Minuten ziehen lassen.

❷ Vor dem Servieren mit dem Trüffelhobel oder mit dem auf feinste Einstellung gestellten Gurkenhobel hauchfeine Scheiben vom Parmesan darüber verteilen.

Tip: Eine hübsche wie originelle Vorspeise wird daraus, wenn Sie den Salat mit gebratenen Wachtelbrüstchen (oder -keulen) garnieren. Gut passen dazu auch rosa gebratene Geflügellebern, nach dem Anbraten mit einigen Tropfen Balsamicoessig beträufeln. Oder eine dicke Scheibe Kalbsleber, in größere Würfel geschnitten und rundum angebraten.

Auberginen mit Knoblauchkäse

Für 4 Personen:
2 – 3 mittelgroße Auberginen, Salz,
5 – 6 EL Olivenöl,
Pfeffer, 2 – 4 Knoblauchzehen, 1/2 TL Origano,
1/2 Knoblauchkäse (Gaperon), glatte Petersilie

Das duftet nach Urlaub, bringt selbst im Winter ein bißchen Sonne auf den Tisch: eine Vorspeise oder ein kleines Essen, das sich gut vorbereiten läßt – dann haben Auberginen und Käse genügend Zeit, einander ihren Geschmack mitzuteilen, was dem Gericht zugute kommt.

❶ Die Auberginen vom Stiel befreien. Die Früchte auf dem Gurkenhobel längs in dünne Scheiben schneiden. Mit Salz bestreuen, eine Zeitlang Wasser ziehen lassen. Dann gründlich abspülen und mit Küchentüchern gut abtrocknen. Diese Prozedur ist nötig, damit möglicherweise vorhandene Bitterstoffe entzogen werden und – ein angenehmer Nebeneffekt – damit die Scheiben beim Braten nicht soviel Öl aufsaugen. Das macht sie viel bekömmlicher!

❷ Die Auberginenscheiben nacheinander in dem Olivenöl auf beiden Seiten schön braun braten.

❸ Den Knoblauch in recht dünnen Scheiben dazwischenstreuen. Die fertig gebratenen Scheiben herausheben, auf einer flachen Platte anordnen.

❹ Den Knoblauchkäse mit dem Gurken- oder sogar Trüffelhobel in hauchdünne Scheibchen schneiden und dazwischen verteilen: Er soll in der Wärme der heißen Auberginenscheiben sanft schmelzen.

❺ Zum Schluß die gehackte Petersilie darüber verteilen. Die Auberginen etwa eine Stunde bei Zimmertemperatur durchziehen lassen. Nicht in den Kühlschrank stellen, weil sonst der Käse hart wird. Oder – falls Sie das Gericht erst am nächsten Tag verspeisen möchten – die Schüssel rechtzeitig aus dem Kühlschrank nehmen, um Zimmertemperatur annehmen zu lassen.

Tip **für Mikrowellenbesitzer:** Die gut zugedeckte Platte für 20 Sekunden auf stärkster Stufe ganz sanft erwärmen.

Spinatauflauf auf Kartoffelbett

➊ Das Kartoffelpüree auf einem gefetteten, tiefen Blech oder einer großen, flachen Auflaufform glatt verteilen.

➋ Den Spinat verlesen, die Stiele abknipsen, die Blätter in reichlich Salzwasser eben zusammenfallen lassen. Tiefgekühlten Spinat bei Zimmertemperatur oder in der Mikrowelle auftauen.

➌ Den Speck fein würfeln, in der restlichen Butter sanft auslassen, die feingehackte Zwiebel und die Knoblauchzehen darin weich dünsten, ohne zu bräunen. Den ausgedrückten Spinat hinzufügen, auf mittlerer Hitze mischen.

➍ Die Eier mit der Sahne verquirlen, gut die Hälfte des Käses zufügen. Mit wenig Salz, aber viel Muskat, Pfeffer und Paprika kräftig abschmecken.

➎ Die Eiersahne mit dem Spinat vermischen – die ganze Masse auf dem Kartoffelbett verteilen. Den restlichen Reibekäse darüberstreuen. Auflauf bei 175 Grad sanft backen, bis alles heiß ist und brodelt und der Käse schön zerläuft.

Für 6 Personen:
6 Portionen Kartoffelpüree (s. Tip), 2 EL Butter, 1,5 kg Spinat (= 2 Pakete tiefgekühlter Blattspinat), Salz, 100 g durchwachsener Speck, 1 große Zwiebel, 2 Knoblauchzehen, 2 Eier, 1/8 l Sahne, 100 g frisch geriebener Emmentaler oder Gruyère, Muskat, Pfeffer, Paprika

Tip: Man braucht hier Kartoffelpüree mit einer etwas festeren Konsistenz. Wer Flocken oder Püreepulver verwendet, rührt es mit etwas weniger Flüssigkeit an als angegeben. Ein hausgemachtes Püree dickt ohnehin beim Abkühlen noch ein.

Überbackener Lauch

➊ Lauchstangen putzen, schräg in Stücke von etwa 2 cm Länge schneiden und in Salzwasser 3 Minuten blanchieren. Eiskalt abschrecken, damit die schöne Farbe erhalten bleibt.

➋ Das Kartoffelpüree nach Aufschrift auf der Packung anrühren, sehr kräftig mit Muskatnuß und gemahlenem Piment würzen.

➌ Als Bett auf dem Boden einer flachen Bratenform oder ein tiefes Backblech verteilen, das dick mit Butter ausgestrichen wurde.

➍ Die abgetropften Lauchstücke darauf legen. Ebenfalls mit Muskat und Piment würzen. Die Crème fraîche darauf verteilen.

➎ Aus dem in Streifen geschnittenen Gouda ein Gitter obenauf legen. Im 200 Grad heißen Ofen 1/2 Stunde backen, bis alles heiß ist und brodelt und der Käse schön zerlaufen ist.

Für 6 Personen:
1 kg möglichst gleich dicke Lauchstangen, Salz, 6 Portionen Kartoffelbrei (Tüte), etwas Muskat, Piment, 2 EL Butter für die Form, 100 g Crème fraîche, 250 g junger Gouda

Ein Hoch auf grüne Bohnen!

Entdecken Sie ein vielseitiges Gemüse

Prinzeßböhnchen sind die feinsten und zartesten unter den grünen Bohnen, sie sind auch die teuersten und machen leider auch die meiste Arbeit. Aber dafür schmecken sie am allerbesten: zarte, stricknadelfeine Bohnen sind einfach eine wahre Delikatesse.

Achten Sie beim Einkauf darauf, daß die Bohnen noch straff und fest sind, sich knackig anfühlen, dann sind sie garantiert frisch. Sie dürfen sich nicht biegen lassen, sondern müssen mit einem deutlich hörbaren Knacks brechen. Der Gärtner unterscheidet zwischen Stangen- und Buschbohnen.

Feinschmecker behaupten, Stangenbohnen seien die feinere Variante – aber ganz bestimmt ist ein Unterschied bei einer Blindprobe garantiert nicht herauszufinden – entscheidender für den Geschmack ist vielmehr die Sorte und, noch wichtiger, die Frische!

Wer zählt die Sorten?

Es gibt eine ganze Menge unterschiedlichster Bohnensorten. Zunächst unterscheiden sie sich in der Form: flache, breite Bohnen, auch Prunk- oder Schwertbohnen, Schnibbel- oder Schnittbohnen genannt – letzteres, weil die bis zu zwei Zentimeter breiten Bohnen mit einem Messer oder einem speziellen Gerät in Streifen geschnitten, geschnibbelt werden, im Gegensatz zu den Brechbohnen, das sind die schlanken Sorten, die man in Stücke bricht, um sie zu zerkleinern. Die feinen Prinzeßbohnen läßt man übrigens unzerkleinert, sie sind schließlich nur gut fingerlang und stricknadeldick.

Augenfälliger Unterschied ist oft auch die Bohnenfarbe: es gibt nicht nur grüne grüne Bohnen, sondern auch hellgelbe, soge-

nannte Wachs- oder Butterbohnen. Oder dunkellila gefärbte, sogenannte blaue Bohnen – leider verlieren sie ihre auffällige Farbe beim Kochen und sind dann nur noch grün, wie ganz normale grüne Bohnen auch. Das gleiche gilt für Prinzeßbohnen, die mit dunklen Flecken übersäht sind – nach dem Kochen sind sie durch und durch grün.

Und noch eins: Erziehen Sie Ihren Händler! Wenn er immer nur fingerdicke Bohnen anbietet, bitten Sie ihn, mal nach den dünnen, zarten Böhnchen Ausschau zu halten. Nur wenn beim Gärtner nachgefragt wird, wird er die Bohnen entsprechend früher ernten.
Denn alle Bohnen waren ursprünglich mal zart und fein, und nur, weil man sie nicht rechtzeitig gepflückt hat, wurden sie dick, groß und oftmals auch holzig. Und dann sind Bohnen ja wirklich kein Vergnügen mehr!

Die grundlegenden Handgriffe

In jedem Fall werden Bohnen zunächst geputzt: dafür schneidet man den Stielansatz sowie die Spitze ab. Moderne Sorten brauchen nicht mehr wie früher gefädelt werden, diesen zähen Faden, der die Bohnennaht verschloß und den Genuß stark beeinträchtigte, wenn man ihn beließ, ihn hat man heute weggezüchtet. Man findet ihn höchstens noch manchmal bei Sorten, die aus der Türkei oder einem anderen südlichen Land importiert worden sind.

Die geputzten Bohnen werden dann blanchiert. Das ist wichtig, weil damit die Vitamine stabilisiert werden und die schöne grüne Farbe erhalten bleibt. So bleiben die Bohnen auch in einem Salat oder im Eintopf schön grün und färben sich nicht bräunlich oder grau. Wichtig ist, daß dies in stark gesalzenem Wasser stattfindet, denn die Bohnen könne danach kein Salz mehr speichern. Was man ihnen also im Kochwasser nicht mitgegeben hat, fehlt ihnen zum Geschmack. Das Kochwasser muß so salzig sein, daß man das Gefühl hat, es sei bereits versalzen! Auf einen Liter Wasser dürfen Sie ruhig zwei gehäufte Teelöffel Salz verwenden!
Die Bohnen werden darin je nach Dicke, Stärke und Alter zwischen drei (zarteste Prinzeßböhnchen) bis zu 10 Minuten gekocht. Sie sollen zwar noch einen gewissen

Biß bieten, dürfen aber auf keinen Fall zu roh sein, also glasig wirken.

Übrigens: Rohe Bohnen enthalten tatsächlich einen Stoff, das sogenannte Phasin, der unbekömmlich, in großen Mengen sogar giftig ist. Aber er ist verschwunden, sobald die Bohnen abgekocht sind.

Und noch eins: Zum Blanchieren gehört nicht nur der Kochprozeß, sondern auch das anschließende Abschrecken. In eiskaltem Was-

ser, am besten fügen Sie sogar Eiswürfel hinzu, damit der Kochprozeß abrupt und gründlich gestoppt wird. Nur so bleiben tatsächlich Vitamine und Farbe erhalten!

Auf diese Weise vorbehandelt können Sie grüne Bohnen einige Tage im Kühlschrank aufbewahren oder sogar für den Wintervorrat einfrieren. Im letzteren Fall sollten Sie die Bohnen in Plastikbeutel einschweißen, damit sie wirklich luftgeschützt sind und kein Gefrierbrand entstehen kann.

Welche Gewürze zu Bohnen passen

Ideal ist natürlich, der Name sagt es ja bereits, das Bohnenkraut. Hier gibt es zwei Sorten: einjähriges mit den roten Stielen und mehrjähriges aus den Bergen des Mittelmeerraumes, welches etwas fester ist. Sein grasig-pfeffriger Geschmack intensiviert das Bohnenaroma. Die Bohnen schmekken damit einfach noch bohniger. Interessant ist die Verbindung mit Dill, sicher ungewöhnlich, aber von verblüffender Harmonie. Petersilie, das Universalkraut, kann auch Bohnen hübsch begleiten. Sehr pfiffig sind auch die typischen Asienkräuter: Koriandergrün, Minze, Zitronengras und Thaibasilikum.

In Frankreich liebt man zu Bohnen viel Knoblauch, vor allem, wenn man ihn in reichlich haselnußbrauner Butter andünstet. Dann heiß über die frisch blanchierten Bohnen gießen und kurz miteinander auf starkem Feuer mischen und ziehen lassen. Probieren Sie mal ein wenig frischen Estragon daran!

Salade Niçoise

In aller Welt ein Begriff, wohl das bekannteste, das typischste unter den provenzalischen Rezepten. Zugleich aber gewiß auch dasjenige, dem am meisten übel mitgespielt wurde. Was hat man nicht schon alles unter diesem Namen angeboten!

Natürlich kann man im Grunde alles, was der Sommer an frischen Sachen bietet, dafür verwenden. Aber sie müssen von erstklassiger Qualität sein, sonst wird kein vergnüglicher Salat, sondern ein geschmackloser Mischmasch daraus. Es gehören in die mit Kopfsalatblättern ausgelegte Schüssel:

- bißfest gekochte, zarte grüne Böhnchen
- gehäutete und entkernte Tomatenachtel
- dünne Paprikaringe
- hauchfeine Zwiebelringe
- gekochte Kartoffeln
- gekochte Eier
- gewässerte Sardellenfilets
- in Olivenöl eingelegter Thunfisch
- schwarze, kleine (Nizzaer) Oliven
- eventuell gehacktes Bohnenkraut
- Basilikumblätter nach Jahreszeit

Die Vinaigrette wird aus 1 bis 2 EL scharfem Senf, Salz, Pfeffer, 1 bis 2 EL, also nur wenig Essig, aber mit reichlich Öl (ca. 4 EL) aufgeschlagen und erst zum Schluß darübergegossen. Es vermischt sich jeder erst auf seinem eigenen Teller die Zutaten so, wie er es gerne mag.

Knoblauchbaguette

Für 3 bis 4 Personen:
1 Baguette, 100 g Butter,
3 – 6 Knoblauchzehen,
1 TL Harissa (arabische Chilipaste, ersatzweise Sambal oelek), Salz,
frische Kräuter:
z.B. Koriandergrün, Basilikum

❶ Die Baguette schräg so einschneiden, als wolle man sie in Portionsstücke teilen, aber nicht durchschneiden, sondern an der Unterseite noch zusammenhängen lassen.

❷ Die weiche Butter mit den durch die Presse gedrückten Knoblauchzehen, der Thai-Currypaste, Salz und feingehackten Kräutern verrühren.

❸ Diese Kräuterbutter in die Brotschlitze streichen.

❹ Das Brot in Alufolie hüllen und im 200 Grad heißen Ofen acht bis zehn Minuten backen, bis die Butter geschmolzen ist.

Tip: Die asienduftende Kräuterbutter paßt auch gut zu Grillfleisch oder zu gekochten neuen Kartoffeln.

Provenzalische Bohnen

Für 4 Personen:
500 g grüne Bohnen (ganz nach Belieben: zarte, dünne Bohnen, flache Schnittbohnen oder Brechbohnen),
Salz, 3 El Olivenöl,
3 – 6 Knoblauchzehen,
3 – 4 Sardellenfilets,
1 – 2 EL kleine Kapern,
Pfeffer aus der Mühle,
Bohnenkraut

❶ Die Bohnen putzen, je nach Sorte ganz lassen, in Rauten schneiden oder in Stücke brechen. In gut gesalzenem Wasser zusammen mit den Bohnenkrautstielen bißfest kochen. Eiskalt abschrecken, damit die schöne Farbe bleibt.

❷ Im Olivenöl die feingehackten oder durch die Presse gedrückten Knoblauchzehen andünsten, die Sardellenfilets zufügen und darin schmelzen lassen. Die Sardellen dürfen nicht mehr als Stückchen erkennbar sein, sie sollen sich cremig auflösen.

❸ Schließlich die Kapern und die Bohnen in den Topf füllen, alles rasch und gleichmäßig mischen. Mit Pfeffer würzen und reichlich feingehacktes Bohnenkraut darüberstreuen.

Tip: Das provenzalische Bohnengemüse paßt zu Lammkoteletts oder Grillwürstchen.

Für 4 Personen:
500 g Bohnen, Salz,
1 große Zwiebel (milde Sommerzwiebel),
2 – 3 EL (50 g) Butter,
2 – 3 EL Crème fraîche oder Crème double,
1 Bund Dill

Österreichische Zwiebelbohnen

❶ Die Bohnen putzen, je nach Größe und Sorte ganz lassen oder in Stücke schneiden, in Salzwasser bißfest kochen. Dann eiskalt abschrecken.

❷ Die Zwiebel sehr fein würfeln. In der heißen Butter sanft weich dünsten. Die Crème fraîche zufügen und den feingeschnittenen Dill.

❸ Die Bohnen etwa fünf Minuten darin schwenken und sogleich servieren.

Tip: Dazu paßt gekochtes Rindfleisch oder gesottenes Kaßler. Wer die Bohnen als ganzes Hauptgericht essen will, streut frisch hartgekochtes, gewürfeltes Ei darüber und serviert dazu geröstete, kleine Pellkartöffelchen.

Bohnen mit Spaghetti al pesto

Ein Rezept aus Ligurien, das den Geschmack des Sommers in sich konzentriert. Es vermischen sich hierin grüne Bohnen mit schmelzenden, neuen Kartoffeln, Spaghetti und eine Paste aus Basilikum, Pinienkernen und Parmesan. Das Gericht sieht wundervoll aus, duftet verführerisch und schmeckt himmlisch! Und es hat den Vorteil, daß es nicht viel Mühe macht.

❶ Die geputzten Bohnen mit den in Scheiben geschnittenen, geschälten, aber noch rohen Kartoffeln in Salzwasser werfen.

❷ Die Spaghetti zufügen – alles miteinander gar kochen, insgesamt ca. neun bis zehn Minuten. Abgießen, aber auf keinen Fall abtropfen lassen, sondern mitsamt etwas anhaftendem Kochwasser zurück in den Topf geben.

❸ Soviel Basilikumpaste zufügen, wie man mag, und gut durchschwenken, dabei die Sahne zufügen und alles gut mischen.

❹ Für die Basilikumpaste die Blätter, den zerbröckelten Käse, die geschälten Knoblauchzehen und Pinienkerne im Mixer pürieren, dabei soviel Öl hinzufließen lassen, bis eine dicke, streichfähige Paste entstanden ist.

Spaghetti oder Spaghettini

Die Basilikumblätter, den Käse, die Knoblauchzehen und die Pinienkerne im Mixer mit Öl pürieren

Tip: Diese Paste kann man im Kühlschrank ein bis zwei Wochen, im Gefrierer bis zu einem Jahr aufbewahren. In letzterem Fall empfiehlt es sich, die Paste in Eiswürfelbehältern zu portionieren, damit man stets die benötigte Menge entnehmen kann.

Für 3 bis 4 Personen:
250 g feine grüne Bohnen, 250 g mehlige neue Kartoffeln, 250 g dünne Spaghetti (besser Spaghettini – zu feinen Bohnen Spaghettini, zu dickeren Bohnen Spaghetti, denn es wird alles zur selben Zeit gekocht), Salz, ca. 3 – 4 EL Sahne

Pesto (Basilikumsauce):
50 g Basilikum,
50 g Parmesan oder Grana Padano,
50 g Knoblauch,
50 g Pinienkerne,
ca. 2 – 3 EL Olivenöl und etwas Salz zum Würzen und um die grüne Farbe zu erhalten.

Lammtopf mit grünen Bohnen

Für 4 bis 6 Personen:
1 Lammschulter (ca. 1,5 kg), 2 – 3 Zwiebeln, 3 Knoblauchzehen, 3 – 4 EL Olivenöl (wir verwendeten Rapsöl, das hat einen besonderen Nußgeschmack), etwa 1/2 l Fleischbrühe, 500 g Kartoffeln, Salz, Pfeffer, Paprikapulver, 1 kg flache grüne Bohnen, 1 Sträußchen Bohnenkraut, 1 Becher Crème fraîche (150 g)

❶ Das Lammfleisch von den Knochen lösen und in kleine, mundgerechte Stücke schneiden.

❷ Die Zwiebeln fein würfeln, Kartoffeln in zwei Zentimeter große Würfel schneiden.

❸ Die Fleischwürfel in einem breiten Topf im heißen Öl (das Öl muß rauchend heiß sein) schön kroß anbraten, dabei salzen und pfeffern.

❹ Die Zwiebeln zufügen, erst wenn sie Farbe genommen haben, den Knoblauch hinzufügen und kurz mitdünsten. Mit Paprikapulver bestäuben, und sobald dieses alles rot überzieht, karamelisiert – die Kartoffeln zufügen und die Fleischbrühe angießen.

❺ Zugedeckt auf sanftem Feuer etwa eine Stunde langsam schmoren, bis das Fleisch weich ist.

❻ Inzwischen die Bohnen putzen, sie schräg in möglichst akkurate Rhomben schneiden.

❼ Die Bohnen mit den Stielen des Bohnenkrauts in stark gesalzenem Wasser knapp bißfest kochen. Eiskalt abschrecken.

❽ Erst ganz zum Schluß in den Lammtopf rühren, gut vermischen und etwa fünf Minuten alles miteinander schmurgeln.

❾ Reichlich feingehacktes Bohnenkraut einrühren. Die dicke Sahne oder den Crème fraîche nimmt sich jeder bei Tisch selbst. Der Eintopf schmeckt am besten aus tiefen Tellern, mit dem Löffel gegessen.

❿ Dazu paßt ein kräftiger Rotwein aus Bordeaux oder Ungarn.

Thai-Curry mit Hähnchenfleisch und grünen Bohnen

Für 4 Personen:
500 g grüne Bohnen, Salz, 300 g Hühnerbrustfleisch, 1 EL Speisestärke, 1 EL Sesamöl (nicht das normale Salat-Sesamöl, das auch „helles Sesamöl" heißt, verwenden), 1 Block Kokospaste (oder 1 Dose ungesüßte Kokossahne), 1 – 2 TL Thai-Currypaste, 1/2 TL Zucker, 1 EL Fischsauce, 1 EL Sojasauce, Thaibasilikum

❶ Die Bohnen putzen, je nach Sorte ganz lassen oder in Stücke schneiden. In Salzwasser bißfest kochen, eiskalt abschrecken.

❷ Das Hähnchenfleisch in bohnenähnliche Streifen oder Scheibchen schneiden (sie sollten die gleiche Form haben wie die Bohnen). Mit Speisestärke einreiben und schließlich mit Sesamöl vermischt ziehen lassen.

❸ 400 ml Wasser aufkochen, die Kokossahne darin auflösen – wer Kokossahne aus der Dose nimmt, erhitzt den Doseninhalt. Currypaste, Zucker, Fischsauce, Sojasauce einrühren. Die Sauce etwa fünf Minuten köcheln. Falls sie nicht schön glatt ist, mit dem Mixstab aufschlagen.

❹ In dieser Sauce das Hähnchenfleisch etwa fünf Minuten ziehen lassen. Die Basilikumblätter zufügen und schließlich die Bohnen.

Tip: Dazu schmeckt am besten körniger, duftiger Thai-Reis.

Das Hähnchenfleisch in Scheiben schneiden

Mit Speisestärke und Sesamöl vermengen

ZUSATZREZEPTE

Für 6 Personen:
1 kg grüne Bohnen (am besten eine breite, flache Sorte), Salz, frisches Bohnenkraut, 1 kg Kartoffeln, ca. 1,5 l Fleischbrühe, 500 g säuerliche Äpfel, 1 EL Butter, 300 g gekochtes Kaßler am Stück (ohne Knochen)

Bohnentopf mit Äpfeln und Kaßler

❶ Die Bohnen putzen, schräg in Stücke oder Rauten schneiden und in gut gesalzenem Wasser mit den Stielen vom Bohnenkraut blanchieren – die Bohnenkrautblättchen zuvor abzupfen und beiseite legen.

❷ Kartoffeln schälen, in zentimetergroße Würfel schneiden und in der Fleischbrühe gar kochen.

❸ Unterdessen die Äpfel schälen, vierteln, das Kerngehäuse herausschneiden, die Viertel in Scheibchen hobeln.

❹ Nach etwa zehn Minuten die Äpfelscheibchen mit in den Kartoffeltopf mischen. Allerdings erst, wenn die Kartoffelwürfel weich sind, die Bohnen zufügen.

❺ Schließlich das Bohnenkraut grob hacken und mit der Butter in den Topf rühren.

❻ Das Kaßler in kleine Würfel schneiden und in den Topf rühren. Alles miteinander fünf Minuten köcheln. In Suppentellern servieren.

Bohnensuppe

Für 4 bis 6 Personen:
1 kg grüne Bohnen (am besten schmecken hierin die würzigen Feuerbohnen), Salz, Bohnenkraut, 1 große Zwiebel, 2 EL Butter, 750 g Kartoffeln, 1 l Milch, Pfeffer, Delikateßpaprika, 1 – 2 EL Crème fraîche, Zitronensaft, Muskatnuß, Petersilie

❶ Die Bohnen putzen, in Stücke brechen oder in Rauten schneiden. In stark gesalzenem Wasser zusammen mit den Bohnenkrautstielen blanchieren (Blättchen vorher abzupfen).

❷ Die Zwiebel schälen, fein hacken und in der heißen Butter andünsten. Die Kartoffeln schälen, in Würfel schneiden und zufügen. Mit Salz und Pfeffer sowie einer Spur Paprika würzen.

❸ Die Milch angießen, etwa 20 Minuten köcheln, bis die Kartoffeln weich sind.

❹ Die Bohnen mitsamt den grob gehackten Bohnenkrautblättchen zufügen und alles miteinander fünf Minuten köcheln.

❺ Zum Schluß die Crème fraîche einrühren, den Eintopf mit Muskatnuß und Zitronensaft abschmecken. Vor dem Servieren fein gehackte Petersilie einrühren.

Bohnengemüse mit Tomaten

Für 4 Personen:
500 g feine, grüne Böhnchen, Salz, Bohnenkraut, 500 g Fleischtomaten, 3 Knoblauchzehen, 3 EL Olivenöl, Salz, Pfeffer, Basilikum

❶ Die Bohnen putzen, in gut gesalzenem Wasser blanchieren, dabei die ganzen Bohnenkrautstiele mitkochen. Die Tomaten kurz ins Bohnenkochwasser tauchen, eiskalt abkühlen, häuten, entkernen und fein würfeln.

❷ Knoblauch schälen und fein hacken, im heißen Olivenöl andünsten.

❸ Die Tomaten zufügen und einige Minuten köcheln, bis sie sich zu einem Mus verbunden haben. Mit Salz und Pfeffer abschmecken.

❹ Die Bohnen untermischen und mit feingeschnittenem, Basilikum vermischt servieren.

Tip: Statt Knoblauch Schalotten verwenden, statt Olivenöl Butter und zum Schluß reichlich feingeschnittenes Bohnenkraut und Petersilie untermischen.

Zutaten für 4 Personen:
500 g Schwertbohnen, Salz, 500 g Fleischtomaten, 500 g Kartoffeln, 1 Zwiebel, 4 Knoblauchzehen, 2 EL Butter, 1/8 l Fleischbrühe, 2 Zweige Bohnenkraut, 1 ordentlicher Schuß süße Sahne, 1 EL Soja-Sauce, Pfeffer, 1 Büschel Thaibasilikum

Sommereintopf mit Bohnen, Tomaten und Kartoffeln

❶ Die Bohnen putzen, schräg in Stücke schneiden und in Salzwasser 4 Minuten blanchieren; eiskalt abschrecken.

❷ Tomaten häuten, entkernen und in ähnlich große Stücke schneiden. Kartoffeln schälen und würfeln, Zwiebel und Knoblauch fein hacken.

❸ Zwiebeln und Knoblauch in der Butter andünsten, mit Fleischbrühe aufgießen, die Kartoffeln und das Bohnenkraut zufügen. Wenn die Kartoffeln fast gar sind, das Bohnenkraut herausnehmen und ein wenig umrühren, damit der Kochsud etwas Bindung bekommt.

❹ Bohnen und Tomaten hineingeben, einen Schuß Sahne angießen, würzig abschmecken und noch zwei Minuten durchziehen lassen. Erst unmittelbar vor dem Servieren die abgezupften Basilikumblätter untermischen.

Kartoffelgulasch mit grünen Bohnen und Tomaten

Für 4 Personen eine Beilage, für 2 Personen ein Hauptgericht:
250 g grüne Bohnen, Salz, 1 Zwiebel, 1 EL Butter, 2 Knoblauchzehen, 250 g Kartoffeln, 500 g Fleischtomaten, 2 – 3 Stengel Bohnenkraut, 0,1 l Wasser, 1 TL gekörnte Brühe

❶ Die Bohnen putzen, in Stücke schneiden und in reichlich Salzwasser fünf bis acht Minuten garen. Eiskalt abschrecken, damit die schöne Farbe bleibt.

❷ Die Zwiebel würfeln, in heißer Butter andünsten, Knoblauch durch die Presse hinzudrücken. Kartoffeln schälen, in zwei Zentimeter große Würfel schneiden und zufügen. Tomaten häuten, grob würfeln, mitsamt den Kernen zufügen.

❸ Wasser angießen, gekörnte Brühe und Bohnenkraut zufügen. Zugedeckt etwa 15 Minuten köcheln. Erst jetzt die Bohnen zufügen.

❹ Nicht mehr lange stehen lassen, sondern gleich servieren, weil durch die Säure die Bohnen ihr leuchtendes Grün verlieren.

Kartoffelsuppe mit grünen Bohnen und Tomaten

Für 4 Personen:
1 Zwiebel, 1 EL Butter, 1 l Milch, 2 – 3 EL Kartoffelpüreepulver, Salz, Pfeffer, Cayennepfeffer, Worcestershiresauce, 500 g gekochte grüne Bohnen, 500 g gekochte, gewürfelte Kartoffeln, 500 g Tomaten, Petersilie

❶ Zwiebel würfeln und in heißer Butter andünsten. Die Milch angießen, aufkochen und mit Kartoffelpüreepulver binden. Einige Minuten köcheln, mit gekörnter Brühe, Salz, Pfeffer, Cayennepfeffer und Worcestershiresauce würzen. Bohnen und Kartoffelwürfel zufügen.

❷ Tomaten häuten, entkernen, grob würfeln und ebenfalls in die Suppe rühren. Alles miteinander etwa fünf Minuten durchziehen lassen, noch einmal abschmecken und servieren.

Tip: Mit gewürfelter oder in Scheiben geschnittener Fleischwurst ist diese Suppe ein gehaltvoller, trotzdem leichter und herzhafter Eintopf.

Sommerlicher Gemüsetopf

Für 6 Personen:
3 große Möhren, 3 Kartoffeln, 1 kleine Sellerieknolle, je 1 rote und 1 weiße Zwiebel, 6 – 8 Knoblauchzehen, 1 Lauchstange, 3 EL Olivenöl, 1 kleiner Blumenkohl, 250 g grüne Bohnen, Salz, 1 Paprikaschote, 5 Tomaten, 2 rote Rübchen, 1 TL gekörnte Brühe, Pfeffer, Sojasauce, Petersilie, Parmesan

❶ Möhren, Kartoffeln, Sellerie, Zwiebeln, Knoblauch und Lauch putzen und in Würfel oder Ringe schneiden. In einem großen Topf im heißen Öl sanft andünsten. Blumenkohl in Röschen teilen. Bohnen putzen, kleinschneiden und in Salzwasser blanchieren (wegen der Farbe). Paprika entkernen und würfeln. Tomaten häuten, entkernen und ebenfalls in Würfel schneiden.

❷ Die roten Rübchen getrennt in Salzwasser garkochen, damit sie nicht alles rot färben, und klein schneiden. Alle Gemüse in den Suppentopf füllen. Mit Wasser knapp bedecken. Salzen, gekörnte Brühe zufügen, pfeffern, mit Sojasauce würzen. Zugedeckt etwa 20 bis 30 Minuten leise köcheln, bis alle Gemüse gar sind.

❸ Erst jetzt die roten Rübchen unterrühren, ebenso die gehackte Petersilie und den Eintopf abschmecken.

❹ Bei Tisch streuen sich die Gäste nach Belieben frisch geriebenen Parmesan über ihre Portion und würzen sie nach Gusto mit einigen Tropfen Olivenöl.

Tomaten – Sonnenfrüchte für die Sommerküche

Als vor mehr als 400 Jahren aus Mittel- und Südamerika die ersten Tomatenpflanzen nach Europa gebracht wurden, schätzte man sie lediglich als Gartenschmuck. Man hatte zunächst nur auf die hübschen, sternförmigen Blüten geachtet und schmückte damit die Parkrabatten. Erst viel später entdeckte man, daß die prallen, roten oder gelben Früchte, die sich am Ende des Sommers ausbildeten, vorzüglich schmecken. Kaum zu glauben, aber wahr, daß Tomaten als Gemüse erst vor 200 Jahren ihren Siegeszug durch die Küchen, vor allem des mediterranen, Europas angetreten haben. Denn heute können wir uns die italienische, griechische, französische oder spanische Küche ohne dieses Geschenk aus Amerika gar nicht mehr vorstellen. Und in Deutschland spielt sie eigentlich erst seit kaum 80 Jahren eine Rolle.

Grüne Tomaten – giftig?

Die Tomate gehört zu den Nachtschattengewächsen – und das hat ihre Ausbreitung zunächst gebremst. Denn daß Nachtschattengewächse giftig sind, wußte man

in Europa. Nicht nur dank der heimischen Tollkirsche mit ihrer tödlichen Wirkung, sondern auch wegen der einschlägigen Erfahrung mit Kartoffeln; ebenfalls ein Nachtschattengewächs, dessen Früchte man aus Unwissenheit zunächst versucht hatte. Und durch das darin enthaltene Solanin war man krank geworden. Dieses Gift kam auch tatsächlich in den früheren Tomatensorten vor, wenn man sie grün erntete. Längst hat man jedoch das Gift aus den grünen Tomaten herausgezüchtet. Heute kann man kann sie also völlig gefahrlos einmachen, Marmelade daraus kochen und grüne Fleischtomaten zum Salat verwenden. Wie skeptisch man damals der Tomate gegenüber war, beweist ihr Name „Paradiesapfel", noch heute im österreichischen Paradeiser ganz gebräuchlich: Er deutete ja keineswegs auf den paradiesischen Wohlgeschmack, sondern erinnerte vielmehr an den bösen Apfel, den Eva auf das hämische Anraten der Schlange für Adam pflückte: äußerlich verführerisch, in Wahrheit jedoch verderbenbringend.

Die unterschiedlichen Sorten

Tomaten sind ein ganz eigenständiges Gemüse, mit keiner anderen Frucht vergleichbar. Beim genauen Hinschmecken entdeckt man jedoch: Ihr Aroma ist unterschiedlich ausgeprägt, je nach Sorte, Farbe, Herkunft, Anbau und, vor allem, Klima, Sonne und Wärme

Die Haushaltstomate hat drei Kammern

Fleischtomaten haben ganz viele Kammern

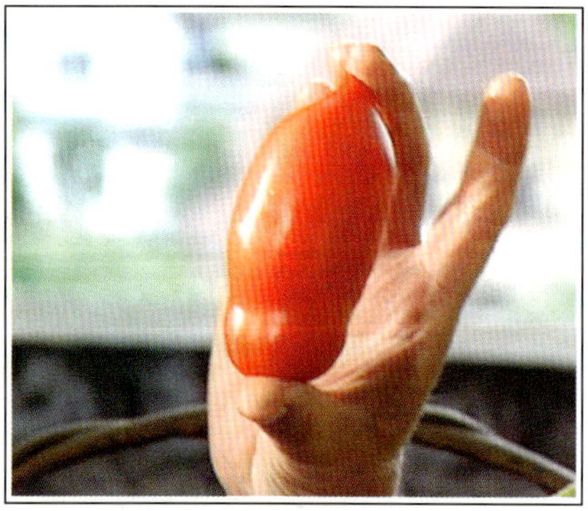

Eier- oder Fleischtomaten sind zum Kochen geeignet

sind für den Geschmack das wichtigste. Deshalb erreichen Tomaten in südlichen Ländern oder im Hochsommer ein intensiveres Aroma, selbst wenn sie, zum Beispiel in Marokko, in Treibhäusern angebaut werden; denn die Sonnenlichtsumme, der sie innerhalb der Wachstumsperiode ausgesetzt sind, ist einfach erheblich größer als in nördlichen Breiten. Aus diesem Grund werden beispielsweise in den sonnenärmsten Monaten Dezember bis März aus nördlichen Treibhäusern gar keine Tomaten angeboten. In dieser Zeit kommen die Tomaten aus Spanien, Marokko oder von den Balearen zu uns. Daß sich mit Hilfe moderner Zuchtmethoden viel erreichen läßt, beweisen die holländischen Gemüsebauern, die augenblicklich erfolgreich damit beschäftigt sind, „ihren" Tomaten, bei denen bisher mehr Augenmerk auf Haltbarkeit, Schnittfestigkeit und schönes Aussehen gelegt wurde, nunmehr wieder auch den typischen Geschmack anzuerziehen. Tatsächlich ist es ihnen auch gelungen: Vor allem die sogenannten Strauchtomaten, das sind eher kleinfruchtige Sorten, die unter dem Namen Rote Perle oder Tasty Tom im Handel sind, schmecken und riechen gerade so, wie es sich für sonnenreife Tomaten gehört. Übrigens hat man in Holland mit diesen Neuzüchtungen auch gleich den Anbau umgestellt: Schädlinge werden nicht mehr mit chemischen Insektiziden und Pflanzenschutzmitteln bekämpft, dafür werden nur noch lebendige Feinde, sogenannte Nützlinge, eingesetzt. Die Befruchtung erledigen Hummeln, die in den Gewächshäusern leben. Den Besucher mag die Tatsache, daß die Pflanzen nicht mehr in Erde gedeihen, befremden. Die Wurzeln stecken in Würfeln aus Steinwolle, was eher an Laboratmosphäre als an einen Gemüsegarten erinnert. Aber, so versichern die holländischen Gärtner, diese Anbaumethode hat einen entscheidenden Vorteil: erst seit sie keine Erde mehr im Gewächshaus haben, die immer wieder desinfiziert und ausgetauscht werden mußte, können sie auf Chemie darin völlig verzichten.

Wie man Tomaten am besten aufbewahrt

Aber – ganz gleich welche Sorte, in welchem Klima, auf welchem Boden sie gewachsen sind: Die beste Tomate der Welt ist diejenige, die Sie selbst am Ende eines heißen Spätsommertages gepflückt haben, die noch warm von der Sonne ist und den Duft der Hitze in sich gespeichert hat. Tomaten sind Sonnenkinder, und nichts schadet ihrem Aroma mehr als Kälte. Deshalb gehören Tomaten niemals in den Kühlschrank! Kaufen Sie stets nur so viele, wie Sie in den nächsten Tagen essen werden, und bewahren Sie sie in einer Obstschale in der Küche auf. Denn Tomaten sind schließlich beides: Hochgenuß und ausgesprochene Zier!

Die besten Tomatenbegleiter: Kräuter und Gewürze

Tomaten sind Kinder der Sonne. Kein Wunder also, daß wirklich sämtliche sonnenintensiven Düfte, auch exotische Gewürze, hervorragend zu ihnen passen. Manche Kräuter gehören längst einfach unverrückbar dazu, an andere Kombinationen muß man sich vielleicht erst noch gewöhnen.

Strauchtomaten gibt es in verschiedenen Größen

Die klassischen Düfte der Provence

Tomatensalaten verleiht man südfranzösisches Parfum mit Estragon und jungem Knoblauch. Der französische Estragon mit seinen typischen, lanzenförmigen, hellgrünen Blättern schmeckt übrigens wesentlich aromatischer als der sogenannte deutsche oder russische Estragon, den man an seinen dunkleren, oft ein wenig pelzigen Blättern erkennt. Junger Knoblauch ist noch schneeweiß, zeigt allenfalls einen zarten lila Schimmer, wirkt saftig und prall, seine Schale ist weich und nicht rascheltrocken: die ideale Würze für sommerduftende Tomatensalate.

Rispentomaten

Exotisch: Mit einem Hauch von Schärfe

Chilischoten gibt es in den unterschiedlichsten Schärfegraden und in drei Farben: Grüne Chilis färben sich mit zunehmender Reife rot, gelbe Chilis sind eine eigenständige, stets mildere Sorte. Zu rohen Tomaten nimmt man lieber frische Chilischoten.
Will man sie mitkochen, dürfen sie getrocknet sein. Schalotten, die milderen Schwestern der Haushaltszwiebel, schmecken auch roh, fein gewürfelt, im Salat. Ideale Kombination für asienwürzige Salate, denen auch ausgefallene Kräuter gut anstehen: Probieren sie mal frische Minze dazu!

Kirsch- oder Cocktailtomaten

Für Salate, Suppen und Saucen

Bohnenkraut wird hierzulande unterschätzt! Man kennt es allenfalls aus der Bohnentüte, achtlos hineingesteckt, wenn man im Sommer auf dem Markt oder beim Gärtner kauft. Dabei tut das herbe, leicht pfeffrige Aroma nicht nur grünen Bohnen gut (die damit einfach „bohniger" schmecken!), sondern gibt auch Tomaten eine willkommene Würze; zum Beispiel mit feingewürfelten Zwiebeln im Salat, in langsam geschmorten Tomatensaucen oder in allen Gemüsesuppen, auch dann, wenn keine Bohnen darin vorkommen. Übrigens: Am besten schmecken die jungen Blätter, noch bevor die Pflanze ihre blaßblauen, winzigkleinen Blüten gebildet hat.

Von A wie Aubergine bis Z wie Zucchini

Sommergemüse bilden den richtigen Hintergrund für geschmorte Tomaten. Berühmtestes Rezept: die klassische Ratatouille, jenes herrliche Gemüsegericht aus der Provence, das an heißen Tagen eine angenehme kühle Mahlzeit ist, oder im Winter, warm serviert, den Duft von Urlaubstagen heraufbeschwört. Auch unsere heimischen Gemüse, grüne oder weiße Bohnen, Erbsen, Gurken, Spargel, sind harmonische Tomatenbegleiter. Entweder werden Tomaten mitgeschmort, -gedünstet, -gekocht oder ganz frisch zum Schluß hinzugefügt, als aufmunternde Farbtupfer.

Beim Basilikum muß man den Haupttrieb abknipsen, dann bilden sich an der Stelle die Seitentriebe nach

Basilikum – das Tomatenkraut

Tomaten und Basilikum passen einfach fabelhaft zusammen: Beide lieben sie die Sonne, scheuen den Wind und gedeihen am besten in mediterraner Umgebung. Am besten entfaltet Basilikum seinen Geschmack roh, will man es mitkochen, braucht man die doppelte Menge, weil es in der Hitze Aroma verliert. Wichtig: Basilikum nie hacken, sondern mit scharfem Messer fein schneiden. Sonst verfliegen die ätherischen Öle, und dahin ist aller Geschmack. Außerdem färben sich die grünen Blätter dadurch schwarz. Basilikum gibt's in vielen Farben und mit unterschiedlichem Duft.

Basis für die gute Suppe: Tomaten aus dem Einmachglas

Nur nicht den Mut verlieren, wenn im Garten Tomatenschwemme herrscht – und greifen Sie bei Sonderangeboten zu! Wir zeigen Ihnen, wie man ohne viel Aufwand den Segen verarbeitet und so den Sommer in den Winter hinüberrettet.

Die Natur ist leider ganz und gar unvernünftig: Mal quillt ihr Füllhorn über, man erstickt oder versinkt im reichen Segen der Gartenproduktion; dann aber herrscht wieder lange Zeit Mangel an allem Frischen und Grünen. Also muß der kluge Mensch das reiche Angebot der guten Zeiten konservieren, es in die mageren Wintermonate hinüberretten, damit er während dieser kargen Periode nicht darben muß.

Das Dumme daran: Die Zeit der Ernte ist kurz, auch die fleißigste Hausfrau – zumal, wenn sie obendrein berufstätig ist – kommt nicht nach, wenn die Tomatenstöcke im Garten oder auf der Terrasse (im Blumentopf) den Höhepunkt ihrer Produktionsfähigkeit erreicht hat. Die einfachste, schnellste und vielseitigste Methode: ganze Tomaten eindünsten. Die Früchte werden wie sie sind in Einmachgläser gesteckt, Gewürze (Salz nicht vergessen!) und Kräuter nach Belieben hinzugefügt und halb mit Wasser aufgefüllt. Die Gläser werden dann verschlossen und sterilisiert. So halten sie sich bis zur nächsten Tomatensaison. Und nichts kann mehr der Lust auf frische Tomatensuppe im Wege stehen! Das genaue Rezept und Tips dazu auf Seite 163.

Zum Eindünsten werden ganze Tomaten mit Kräutern und Gewürzen in Einmachgläsern geschichtet und sterilisiert. Für eine Suppe braucht man den Gläserinhalt nur noch in einen Topf zu füllen, etwas einkochen, durch die Gemüsemühle passieren und abschmecken – im Handumdrehen fertig!

Italienischer Tomatensalat

Für 4 Personen:
6 reife Fleischtomaten,
200 g Mozzarella,
1 Bund Basilikum,
4 Knoblauchzehen, Salz,
Pfeffer, 2 EL Balsamico-essig, 4 EL Olivenöl

❶ Die Tomaten häuten und in Scheiben schneiden. Den Mozzarella in fast ebenso dicke Scheiben schneiden. Es gibt den Kuhmilchmozzarella, der in einer Plastikfolie verkauft wird, aber am Besten schmeckt das Original aus Büffelmilch, der viel cremiger ist, aber auch schwieriger zu bekommen ist.

❷ Beides abwechselnd dachziegelartig auf einer großen Platte anrichten, dabei jeweils ein Basilikumblättchen dazwischen pakken.

❸ Alles gleichmäßig salzen und pfeffern, mit Balsamicoessig beträufeln und schließlich mit Olivenöl benetzen.

Tip: Nicht mehr lange stehen lassen, weil die Tomaten, wenn sie einmal gesalzen sind, viel Saft ziehen.

Soll die Platte also eine Weile, zum Beispiel auf einem kalten Buffet, eine gute Figur machen, lieber erst unmittelbar vor dem Essen salzen!

Variante: je 1 grüne und 1 rote Chilischote sowie Knoblauch winzig klein würfeln und darüberstreuen.

Noch ein *Tip* zum Tomatenhäuten: Wichtig ist, daß die Tomaten nur sekundenlang in kochendem Wasser gedreht werden und dann unverzüglich in Eiswasser abgekühlt werden. Das kalte Wasser hilft, daß der Farbstoff bestehen bleibt und daß nur die Haut abgeht und nicht das aufgeweichte Fleisch. Auf keinen Fall sollte man die Tomaten einritzen, denn dann kommt das Wasser an das Tomatenfleisch und weicht es auf.

Für 2 Personen:
1/2 Rezept italienischer Tomatensalat (siehe oben), 150 g Spaghetti

Spaghetti tricolore

Aus dem einfachsten, schnellsten und wahrscheinlich sogar berühmtesten Tomatensalat der Welt wird im Handumdrehen eine ganze Mahlzeit:

❶ Die Salatzutaten würfeln und miteinander in einer Schüssel mischen. Die Tomaten sollten entkernt sein, ansonsten wird die Sauce zu wäßrig.

❷ Die Spaghetti wie gewohnt bißfest kochen, abgießen, nicht abtropfen, sondern tropfnaß in die Schüssel geben.

❸ Rasch mischen und sofort auftragen. Denn das Gute daran ist auch der Kontrast zwischen kalt und heiß!

Für 4 Personen
500 g Tomaten, 2 weiße Zwiebeln, 1 Bund krause Petersilie, 3 EL Estragonessig, 3 EL Sonnenblumenöl, 1 EL Olivenöl, Salz, Pfeffer, 3 – 4 EL kräftige (selbstgemachte) Fleischbrühe

Tomatensalat mit Zwiebel-Petersiliensauce

❶ Die Tomaten häuten, in Scheiben schneiden und dachziegelartig auf einer großen, tiefen Platte anrichten.

❷ Die Zwiebeln und Petersilie fein hacken, mit Essig, beiden Ölsorten, Salz und Pfeffer zu einer Sauce rühren und darübergießen.

❸ Die sehr gute, heiße Fleischbrühe darangießen und alles 1/2 bis 1 Stunde durchziehen lassen, zwischendurch die Scheiben immer wieder von neuem beschöpfen.

Tomatensalat mit Senf-Knoblauchsauce

Für 4 Personen:
500 g Tomaten, 1 EL scharfer Senf, 1 EL Weißweinessig, 2 – 4 Knoblauchzehen, Salz, Pfeffer, 4 EL Olivenöl

❶ Die Tomaten häuten, in Scheiben schneiden und dachziegelartig im Kreis auf Vorspeisentellern anrichten.

❷ Den Senf mit Essig verrühren und mit den geschälten Knoblauchzehen, Salz, Pfeffer und Olivenöl im Mixer aufschlagen, bis die Sauce vollkommen emulgiert ist und nicht mehr auseinanderfällt.

❸ Über die Tomatenscheiben gießen, mit zerzupften Estragonblättchen garnieren und sofort servieren.

Kalte Tomatensuppe

Für 4 Personen:
1 kg reife Tomaten, 1 weiße Zwiebel, 3 – 4 Knoblauchzehen, Salz, 1 Salatgurke, Pfeffer, 2 EL aromatischer Essig, 2 – 3 EL Olivenöl
Für die Einlage: 1 grüne Paprikaschote, das Herz eines Bleichselleries, 2 – 3 EL Pinienkerne, Petersilie, Estragon oder Basilikum

❶ Die Tomaten nur grob zerschneiden, dabei den Stielansatz entfernen. Zwiebel und Knoblauch schälen und grob zerkleinern. Die Gurke schälen, längs halbieren, mit einem Löffel die Kerne herausschaben. Das Gurkenfleisch grob würfeln.

❷ All diese vorbereiteten Zutaten in einen Mixer füllen, Salz, Pfeffer, ein Schuß Essig und Olivenöl zufügen. Auf höchster Stufe mixen, bis alles zerkleinert ist. Sollte beim Abschmecken noch Säure fehlen, fügen Sie noch etwas Saft einer Limone bei.

❸ Alles durch ein Sieb streichen, damit Hautstücke aufgefangen werden. Die Suppe abschmecken und kalt stellen.

❹ Die Paprikaschote mit einem Sparschäler hauchdünn schälen, das Fleisch sehr fein würfeln.

Sellerie putzen, nur das helle zarte Grün verwenden und ebenfalls fein hacken.

❺ Die gekühlte Suppe in Suppenschälchen oder in tiefen Tellern servieren. Mit Gemüsewürfeln und Pinienkernen bestreuen. Mit feingehackten Kräutern garnieren.

Tip: Wer mag, röstet kleine Weißbrotwürfel in Knoblauchöl und streut auch diese knusprigen Croûtons ganz zum Schluß über die Suppe.

Tomaten-Gratin

Für 4 Personen:
je 600 g Zucchini und Auberginen,
1 kg feste Tomaten,
300 g Mozzarella,
Olivenöl zum Ausstreichen der Form sowie
4 – 6 EL zum Beträufeln,
Salz, Pfeffer,
1 Bund Basilikum,
je 50 g Semmelbrösel und geriebener Parmesan oder Grana Padano

❶ Zucchini und Auberginen jeweils in gleich dünne Scheiben schneiden (ca. 1/2 cm dick). Die Tomaten überbrühen, abkühlen, häuten und ebenfalls in Scheiben schneiden.

❷ Eine flache Auflaufform mit Öl auspinseln. Zucchini-, Auberginen- und Tomatenscheiben dicht an dicht senkrecht hineinschichten, dabei hübsch abwechseln und immer wieder eine Mozzarellascheibe und ein Basilikumblatt dazwischenpacken. Dann alles salzen und pfeffern.

❸ Semmelbrösel und Käse miteinander mischen und gleichmäßig über den Auflauf streuen. Alles mit Öl beträufeln und im 180 Grad heißen Ofen etwa 30 Minuten backen.

❹ Natürlich kommt der Auflauf direkt aus dem Ofen, in seiner Form, auf den Tisch. Man kann ihn übrigens auch kalt servieren!

Blumenkohl mit Tomataise

Für 4 Personen:
1 großer Blumenkohlkopf, Salz
Tomataise:
1 kg Tomaten,
1 weiße Zwiebel,
2 – 4 Knoblauchzehen,
2 EL Olivenöl, 1 Bund Basilikum, je 1 Rosmarin- und Thymianzweig, Pfeffer, ca. 5 – 6 EL besonders aromatisches Olivenöl

❶ Den Blumenkohlkopf in Röschen teilen und in Salzwasser bißfest kochen.

❷ Für die Tomataise die Tomaten mit kochendem Wasser überbrühen – man kann sie in diesem Fall auch auf einer Schaumkelle oder in einem passenden Sieb kurz ins Blumenkohlwasser tauchen. Die Tomaten schließlich abkühlen, häuten und entkernen. Die Zwiebel und Knoblauchzehen häuten, würfeln und im heißen Öl andünsten. Das Tomatenfleisch zufügen, salzen, pfeffern und die Kräuterzweige einlegen. Zugedeckt etwa eine halbe Stunde köcheln.

❸ Die Kräuterstiele wieder herausfischen und wegwerfen. Die Tomaten im Mixer glattpürieren, dabei langsam, wie bei einer Mayonnaise, das frische Olivenöl zufügen, so viel, bis die Sauce dick und cremig ist. Zu den Blumenkohlröschen servieren.

Tip: Diese Sauce schmeckt übrigens auch kalt, sie paßt zu jeder Art von gekochtem Gemüse, natürlich auch zu Fleisch und ist ideal zu heißen Spaghetti.

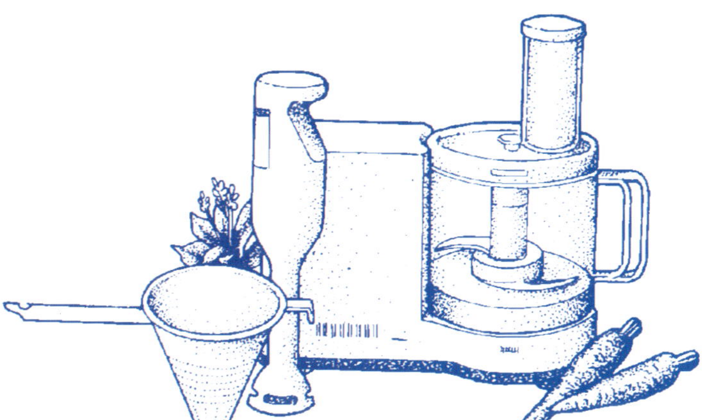

Kompakt-Küchenmaschine, Pürierstab und Edelstahl-Lochsieb

Für 4 bis 6 Personen:
2 Zwiebeln, 3 – 4 Knoblauchzehen, 2 – 3 EL Olivenöl, 1 kg Tomaten, je 1 Rosmarin- und Thymianzweig, Salz, Pfeffer, 1 Glas Weißwein, 1 kg Kartoffeln (möglichst eine mehlige Sorte)

Kartoffelpüree mit Tomaten

❶ Zwiebeln und Knoblauch fein würfeln und im heißen Öl andünsten. Grob zerschnittene Tomaten zufügen, die Stielansätze herausschneiden. Kräuter zufügen, salzen, pfeffern und mit einem Glas Wein ablöschen.

❷ Zugedeckt etwa eine Dreiviertelstunde kochen. Inzwischen die Kartoffeln als Pellkartoffeln gar kochen. Die Tomatensauce durch ein Sieb passieren und noch einmal abschmecken.

❸ Die Kartoffeln pellen. Entweder durch die Kartoffelpresse in das Tomatenpüree drücken oder sie darin mit einem Kartoffelstampfer zu einem feinen Püree zerkleinern. Das Püree noch einmal mit Olivenöl, nach Gusto auch mit Zitronensaft abschmecken.

❹ Entweder heiß als Beilage servieren, zum Beispiel zum Schnitzel, zu gebratenen Hähnchen oder zum panierten Kotelett. Oder kalt als Vorspeise reichen. In diesem Fall mit frischem Basilikum garnieren.

Das Olivenöl

Olivenöl ist das bekömmlichste unter den Ölen, und es entspricht in seiner physiologischen Zusammensetzung genau dem, was der menschliche Körper braucht. Grüngoldenes Olivenöl aus Ligurien ist sehr mild und paßt zu Gemüse und Fisch. Toskanisches, stärker gefärbtes Olivenöl ist ausgeprägt im Geschmack, hat einen zarten Bitterton und paßt gut zu gegrilltem Fleisch. Spanisches Olivenöl, z. B. aus Nordspanien, ist kraftvoll und paßt gut zu Fischgerichten wie Paella. Apulien hat ein kräftiges, breites Öl. Französisches Olivenöl aus der Provence paßt gut zur Aioli. Olivenöl kaufen Sie am besten beim Weinhändler oder in Spezialgeschäften. Dort haben die Öle kontrollierte Ursprungsbezeichnungen. Olivenöl wird nicht ranzig, man kann es also eine Weile aufbewahren. Jedoch sollte man darauf achten, daß man es im Dunkeln aufbewahrt und nie in den Kühlschrank stellt, denn dann wird das Öl fest und flockt aus.

ZUSATZREZEPTE

Tomatensalat mit Avocadosauce

Für 4 Personen:
500 g Tomaten, 1 reife Avocadofrucht, Saft einer Zitrone, Salz, gemahlener Piment, schwarzer Pfeffer, Cayennepfeffer

❶ Die Tomaten häuten, entkernen, das Fleisch in breite Streifen schneiden.

❷ Für die Sauce die Avocado schälen, im Mixer mit Zitronensaft, Salz, Piment, Pfeffer und Cayennepfeffer zu einer dickcremigen Sauce pürieren.

❸ Über die Tomaten geben und sofort servieren.

Tomaten mit Käse

Vom berühmten rot-weiß-grünen Tomaten-Mozzarella-Basilikum (hier ein kleines bißchen abgewandelt) bis zu ganz neuen, verblüffenden Ideen: Variationen zu einem klassischen Thema:

Tomaten mit Gorgonzola

Für 4 Personen:
500 g Blattspinat, Salz, 500 g Tomaten, 2 – 3 getrocknete Chilischoten, ca. 1/8 l Olivenöl, 4 – 6 Knoblauchzehen, 200 g reifer Gorgonzola, Pfeffer, 1 Zitrone

❶ Den Spinat verlesen, putzen, dicke Stiele entfernen, mehrmals gründlich waschen und schließlich in kochendes Salzwasser werfen. Nach einer Minute abgießen, eiskalt abschrecken (wegen der Farbe!), mit den Händen zu einem Ball formen und gut ausdrücken. Diese Spinatkugel in zentimeterdicke Scheiben schneiden und auf Tellern anrichten.

❷ Die Tomaten häuten, entkernen, in Spalten schneiden und auf den Tellern verteilen. Die Chilischoten grob zerbröseln, im heißen Öl kurz rösten, bis sie duften. Knoblauch in Scheibchen schneiden und zufügen, nicht zu stark im heißen Chiliöl bräunen.

❸ Den Käse in Portionsstücke schneiden und auf den Spinatscheiben verteilen. Alles gleichmäßig mit Chiliöl beträufeln, mit Knoblauchscheibchen bestreuen und pfeffern.

❹ Die Zitrone in Schnitze schneiden, jeder Gast beträufelt sich damit nach Belieben seine Portion.

Cocktailtomaten mit Schafskäse

Für 4 Personen:
500 g Cocktailtomaten, 800 g frische dicke Bohnen, 3 – 4 Stengel glatte Petersilie, 200 g Schafskäse, 3 EL Essig, Salz, Pfeffer, 4 – 5 EL Olivenöl

❶ Die Tomaten waschen und halbieren. Die Bohnenkerne aus den dicken Schoten lösen, die Kerne in kochendes Salzwasser werfen, abgießen und abschrecken. Jetzt läßt sich die dünne, ledrige Haut um die Bohnenkerne ganz leicht abschnipsen. Sie fallen dabei in zwei Hälften.

❷ Tomaten- und Bohnenhälften in einer Schüssel mischen. Petersilienblätter von den Stielen zupfen, Schafskäse zentimetergroß würfeln, beides zufügen.

❸ Essig, Salz, Pfeffer und Öl mit dem Schneebesen cremig schlagen und darübergießen.

Tomaten mit Frischkäse

Für 4 Personen:
4 etwa gleich große Tomaten, Salz, Pfeffer, 250 g Frischkäse, 2 weiße Zwiebeln, 3 – 4 Stengel glatte Petersilie, Zitronensaft, 1 – 2 EL Olivenöl

❶ Die Tomaten häuten (siehe S. 161) und zum Füllen vorbereiten. Innen salzen und pfeffern und kopfüber auf einem Sieb abtropfen lassen.

❷ Zwiebeln sehr fein hacken oder auf der Reibe zermusen und unter den Frischkäse rühren. Mit Salz, Pfeffer, Zitronensaft und Olivenöl würzen.

❸ In die vorbereiteten Tomaten füllen und servieren.

Spaghetti mit Tomaten und Pfifferlingen

Für 4 Personen als Vorspeise, für 2 als Hauptgericht:
1 Zwiebel, 2 EL Butter, Salz, Pfeffer, 1 Knoblauchzehe, 250 g frische Pfifferlinge, 3 reife Fleischtomaten, frischer Majoran, 2 EL Balsamicoessig, 250 g Spaghetti

❶ Die Zwiebel fein würfeln und in der heißen Butter andünsten, dabei salzen und pfeffern. Den Knoblauch durch die Presse hinzudrücken. Die Pfifferlinge putzen und zufügen, etwa fünf Minuten dünsten.

❷ Inzwischen Tomaten häuten, entkernen und längs in Streifen schneiden. Zu den Pilzen geben und einige Minuten mitschmoren. Majoranblättchen zufügen, mit Balsamico würzen und noch einmal abschmekken. Die Spaghetti in reichlich Salzwasser gar kochen und unter die Pilze mischen.

Tomaten mit Parmesan

Für 4 Personen:
4 festfleischige, noch grüne Veroneser Fleischtomaten, 3 – 4 Knoblauchzehen, 4 Bleichselleriestengel mit Grün, 1 Handvoll Raukeblätter, ca. 100 g frischer Parmesan, 3 EL Rotweinessig, Salz, Pfeffer, 5 EL Olivenöl

❶ Die Tomaten sauberwischen, in schmale Segmente schneiden. Selleriestengel in feine Scheibchen schneiden, die Blätter nur zerzupfen. Knoblauch fein hacken. Rauke in Streifen schneiden. Den Parmesan in hauchdünne Scheiben hobeln.

❷ Essig, Salz, Pfeffer und Öl mit dem Schneebesen aufschlagen, bis die Marinade cremig ist.

❸ Die Salatzutaten in einer Schüssel behutsam mischen, dabei mit der Marinade beträufeln.

Basilikum-Spaghetti

❶ Die Basilikumblätter mit den geschälten Knoblauchzehen im Mixer pürieren, dabei langsam das Öl hinzufließen lassen. Die Paste schließlich salzen und pfeffern.

❷ Die Spaghetti in Salzwasser garen. Die Tomaten häuten, entkernen, würfeln und in einem Sieb sehr gründlich abtropfen lassen.

❸ Die heißen Spaghetti mit dem Basilikumpüree mischen, dann die Tomatenwürfel zufügen. Gut wenden, mit Salz und mit Pfeffer würzen. Zum Schluß die Butter in den Nudeln schmelzen lassen.

Für 4 Personen ein Hauptgericht, für 6 bis 8 eine Vorspeise:
50 g Basilikum, 4 – 6 Knoblauchzehen, ca. 1/8 l Olivenöl, Salz, 400 g Spaghetti, 1 kg reife Fleischtomaten, Pfeffer, 2 EL Butter

Penne mit Peperonata

Für 4 Personen ein Hauptgericht, für 6 bis 8 eine Vorspeise:
je 1 rote und gelbe Paprika, 500 g Tomaten, 3 – 6 Knoblauchzehen, 3 EL Olivenöl, 3 – 4 Petersilienstengel, Salz, Pfeffer, 2 EL Balsamicoessig, 500 g Penne (kurze, dicke, gerippte Röhrennudeln)

❶ Den Paprika auf einem Stück Alufolie 20 Minuten im 200 Grad heißen Ofen rösten, dann läßt sich die Haut abziehen. Die Kerne herausstreifen, den Saft jedoch auffangen. Das Paprikafleisch in Würfel oder Rauten schneiden.

❷ Die Tomaten häuten, entkernen und in Streifen oder große Würfel schneiden.

❸ Den Knoblauch in Scheiben hobeln, im heißen Öl andünsten, sofort die Tomaten zufügen und kurz schmelzen. Paprikastücke mitschwenken, grob gehackte Petersilie untermischen. Mit Salz, Pfeffer und Balsamicoessig abschmecken.

❹ Penne in Salzwasser gar kochen und 2 bis 5 Minuten zusammen mit den Paprika und Tomaten schmoren.

❺ Gut mischen, dazu frisch geriebenen Parmesan servieren.

Bandnudeln mit Spinat und Tomaten

Für 4 Personen ein Hauptgericht, für 6 bis 8 eine Vorspeise:

250 g fester Blattspinat, Salz, 1 weiße Zwiebel, 3 Knoblauchzehen, 3 EL Olivenöl, 1/2 Paket passierte Tomaten (250 g oder 1/4 l), 4 Tomaten, 200 g Mozzarella, Pfeffer, 400 g Bandnudeln

❶ Den Spinat verlesen, Stiele entfernen, mehrmals gründlich waschen, in kochendem Salzwasser eine Minute blanchieren und eiskalt abschrecken. Gut abtropfen.

❷ Zwiebel fein würfeln, Knoblauch hacken und im heißen Öl andünsten. Die passierten Tomaten zufügen. Etwa zehn Minuten leise köcheln.

❸ Frische Tomaten inzwischen häuten, entkernen und in Streifen schneiden. Mozzarella würfeln. Beides zusammen mit dem Spinat zur Tomatensauce geben und behutsam untermischen. Salzen und mit Pfeffer würzen.

❹ Die Bandnudeln gar kochen und schließlich mit dieser Sauce vermischen.

Gefüllter Blumenkohl auf Kartoffelpüree

Für 4 bis 6 Personen:
1 Blumenkohl, Salz,
1 Zitrone
Püree: 1 kg Kartoffeln,
1/4 l Milch, 2 EL Butter,
Muskat, getrockneter
Majoran
Füllung: 500 g Hackfleisch, 1 Brötchen,
1 Zwiebel, 2 EL Butter,
1 Bund Petersilie, 1 Ei,
1 – 2 EL Sojasauce,
Salz, Pfeffer,
1 kg Tomaten
Bechamelsauce:
1 Zwiebel, 1 EL Butter,
1 gestrichener EL Mehl,
1/4 l Milch, 1/8 l Blumenkohlkochwasser,
1 TL gekörnte Hühnerbrühe, 100 g geriebener
Bergkäse, Pfeffer,
Muskat, Cayennepfeffer

❶ Den Blumenkohl ganz in Salzwasser 5 bis 8 Minuten vorkochen.

❷ Die Kartoffeln weich kochen. Durch die Presse in einen Topf drücken, in dem bereits die Milch erhitzt wurde. Butter zufügen, mit Salz, Pfeffer, Muskat und zerriebenem Majoran würzen. Das Püree mit dem Holzlöffel glattschlagen. In einer flachen, feuerfesten Form verteilen.

❸ Für die Füllung das Hackfleisch in eine Schüssel füllen, das eingeweichte, gut ausgedrückte Brötchen zufügen, die in Butter gedünstete Zwiebel, feingehackte Petersilie, das Ei und die Gewürze. Alles gut mischen und abschmecken.

❹ Diese Füllung vom Strunk her zwischen die Verästelungen des Blumenkohls stopfen. Den gefüllten Kohl auf das Püreebett setzen.

❺ Übriggebliebene Füllung zu Bällchen formen und rund um den Blumenkohl anordnen. Tomaten häuten, halbieren, entkernen und über die Fleischbällchen rund um den Blumenkohl setzen.

❻ Die Form für insgesamt 45 Minuten in den auf 200 Grad vorgeheizten Backofen schieben. Erst nach einer halben Stunde die Sauce über den Blumenkohl gießen.

❼ Für die Bechamelsauce die Zwiebel fein würfeln, in der heißen Butter andünsten, mit Mehl bestäuben und durchschwitzen. Milch und Blumenkohlwasser angießen.

❽ Die Gewürze zufügen. Etwa 20 Minuten köcheln, bis die Sauce schön dick und cremig ist. Den Käse unterrühren und darin schmelzen. Die Sauce kräftig abschmecken.

❾ Den überbackenen Blumenkohl direkt in der Form zu Tisch bringen.

❿ Dazu paßt eine große Schüssel mit grünem Salat!

Mehlspeisen – Immer eine Sünde wert!

Es soll schon enttäuschte Gesichter gegeben haben: wenn die Gabel in den puderweiß überzuckerten, goldfarbenen Berg taucht ... und sofort durch ihr eigenes Gewicht bis zum Boden der Form hinuntersinkt. Es ist tatsächlich nichts weiter als Schaum. Aber was für welcher! Es muß der Stoff sein, durch den man sich ins Schlaraffenland hindurcharbeiten muß. Süß und duftig und innen zart und cremig – so müssen perfekte Salzburger Nockerln sein.

Genau betrachtet handelt es sich hier um die Urform des Auflaufs, des französischen Soufflés. In der Mehlspeisenküche Österreichs schon immer beliebt und meisterlich zubereitet. In diesem speziellen Fall angeblich vom Salzburger Erzbischof Raitenau als Lieblingsspeise erkoren, einem nicht nur den geistigen Genüssen aufgeschlossenen Mann, der unter anderem auch damit berühmt wurde, daß er für seine Maitresse Salome Alt und die gemeinsamen 15 Kinder das Mirabellschloß bauen ließ. Früher wurden übrigens solche Aufläufe auf dem Herd in der Pfanne gebacken, was äußerste Geschicklichkeit erforderte. Heute gelingen sie problemlos im Backofen.

Salzburger Nockerln

Für 3 bis 4 Personen:
1 Zitrone, 2 EL Puderzucker, 6 Eiweiß, 1 Prise Salz, 75 g Zucker, 4 Eigelb, 1 Tütchen echter Vanillezucker, je 1 gestrichener EL Mehl und Speisestärke, 1/10 l Milch, Puderzucker zum Bestäuben

❶ Die Zitrone, wenn Sie nicht ganz sicher sind, daß es sich um eine ungespritzte Zitrone handelt, mit heißem Wasser abwaschen. Die Schale abreiben und mit dem Puderzucker vermischen. Die Zitrone anschließend halbieren, mit den Schnittflächen die Rührschüssel ausreiben, in der das Eiweiß zu Schnee geschlagen werden soll. Damit ist sichergestellt, daß sie garantiert fettfrei ist und der Eischnee auch wirklich gelingt.

❷ Die Eiweiß auf langsamer Stufe etwa zehn Minuten lang schlagen, sofort die Salzprise zufügen, erst nach fünf Minuten den Zucker hineinrieseln lassen – nicht alles auf einmal zufügen, sondern so langsam wie möglich.

❸ Wenn der Eischnee nach etwa zehn Minuten wie eine feste Salbe wirkt, sich mit dem Löffel Straßen ziehen lassen und sich Spitzen ziehen, noch eine Minute auf starker Stufe luftig schlagen.

❹ Eigelb, Puderzucker und Zitronenschale, die Hälfte des Vanillezuckers, Mehl und Stärke miteinander verrühren, auf den Eischnee geben und rasch sehr lose miteinander vermischen.

❺ Mit einem großen Löffel oder einer Teigkarte drei große Nocken formen und nebeneinander in eine feuerfeste, mit Butter ausgestrichene und mit Zucker ausgestreute Form setzen.

❻ Die Milch mit dem restlichen Vanillezucker verrühren, in der Mikrowelle erhitzen und von der Seite her vorsichtig in die Form gießen.

❼ Im gut vorgeheizten Backofen bei 175 bis 180 Grad Umluft etwa 10 bis 12 Minuten backen. Die Salzburger Nockerln sollen außen golden und innen noch cremigweich sein! Sofort mit Puderzukker beschneien und unverzüglich servieren – sie fallen leicht zusammen, sobald sie abkühlen!

Für eine Springform von 24 cm Durchmesser:
180 g Butter, 5 Eigelb, 50 g Puderzucker, je 1 EL Rum und Orangenlikör, abgeriebene Schale einer halben Zitrone, 180 g geriebene Wal- oder Haselnüsse oder Mandeln, 210 g Mohn, 5 Eiweiß, 130 g Zucker

Unser Lieblings-Mohnkuchen

❶ Die weiche Butter mit dem Handrührer hell und cremig schlagen, nach und nach die Eigelb und den Puderzucker sowie Rum, Likör und Zitronenschale einarbeiten. Erst wenn die Creme glänzt, rasch die Nüsse, den frisch gemahlenen Mohn unterziehen.

❷ Zum Schluß die Eiweiß sanft steif schlagen (siehe das Rezept für Salzburger Nockerln), dabei langsam den Zucker hinzurieseln lassen.

❸ Erst ein Drittel des Eischnees unter die Nußmasse heben, dann erst den Rest einarbeiten, in eine eingefettete, ausgebröselte Form füllen und bei 160 Grad eine gute Stunde backen (Stäbchenprobe!). Es soll nichts daran haften, und es soll gleichmäßig warm sein.

❹ Den Kuchen aus der Form lösen, auf ein Kuchengitter gestürzt auskühlen lassen. Mit Puderzucker bestäubt servieren.

Tip: Für edle Anlässe kann man den Kuchen mit Schokolade überziehen. Dafür gute Kuvertüre im Wasserbad vorsichtig schmelzen. Einen besonders schönen Glanz erhält der Schokoguß, wenn man die Kuvertüre vor dem eigentlichen Gebrauch einmal vollständig abkühlen läßt, erneut erwärmt und erst dann mit einer Kuchenpalette aufträgt.

Kaiser- und Apfelschmarrn

Für 2 Personen:
3 Eiweiß, 1 Prise Salz, 3 EL Zucker, 3 Eigelb, 2 gehäufte EL Mehl, abgeriebene Schale einer halben Zitrone, 1 TL Apfelbrand, 1/8 l Milch, 2 säuerliche Äpfel (z.B. Elstar), 2 EL Butter, 2 EL Mandelstifte, Puderzucker zum Bestäuben

❶ Eiweiß mit der Salzprise sehr langsam steif schlagen, erst gegen Ende einen Löffel Zucker hinzufügen.

❷ Eigelb, Mehl, einen Löffel Zukker, Zitronenschale, Apfelbrand und Milch glattrühren. Den Eischnee unterziehen.

❸ Die Äpfel schälen, vierteln, vom Kerngehäuse befreien und in Scheibchen schneiden.

❹ In einer beschichteten Pfanne die Butter erhitzen, die Apfelscheiben darin andünsten, dabei die Mandelstifte darüberstreuen. Mit einem Löffel Zucker karamelisieren lassen.

❺ Den Teig darübergießen und zunächst auf der Unterseite stokken lassen. Wenn er golden ist, mit zwei Kochlöffeln oder Gabeln zerreißen und umwenden sowie auf der anderen Seite bräunen.

❻ Es muß alles sehr schnell und auf starker Hitze passieren, damit der Schmarrn goldbraun wird, dabei aber natürlich innen saftig bleibt und die Apfelstücke schmelzen. Eine Minute im heißen Ofen nachgaren lassen. Achtung, den Pfannengriff mit Alufolie umwickeln, damit er im Ofen nicht kaputtgeht.

❼ Mit Puderzucker bestäubt sofort servieren.

Für 2 Personen:
3 Eiweiß, Zitronensaft zum Ausreiben der Schüssel, 1 Salzprise, 3 Eigelb, 2 gehäufte EL Mehl, 1/8 l Milch, Pfeffer, 1 Zwiebel, 50 g Speck in feinen Scheiben, 1 EL Olivenöl oder Butter, 100 g Pilze (Champignons oder Waldpilze), Petersilie oder Schnittlauch

Pilzschmarrn

Die Variante für alle, die es nicht immer süß ertragen können, sondern manchmal auch herzhafte Genüsse brauchen – ein schnelles Essen, für das man die Zutaten praktisch immer im Haus haben kann.

❶ Eiweiß in der mit Zitrone ausgeriebenen Schüssel mit einer Salzprise steif schlagen (siehe die vorigen Rezepte). Eigelb, Mehl und Milch miteinander glattquirlen, mit Salz und Pfeffer würzen. Den Eischnee unterheben.

❷ Die feingewürfelte Zwiebel mit dem winzig gewürfelten Speck in einer beschichteten Pfanne in Öl oder Butter sanft weich dünsten. Die blättrig geschnittenen Pilze zufügen und mitbraten. Salzen, pfeffern und reichlich gehackte Petersilie oder Schnittlauch darüberstreuen.

❸ Erst, wenn die Pilze gar sind, den Teig darübergießen und auf nunmehr starkem Feuer rasch golden backen, mit zwei Gabeln zerreißen und ordentlich umwenden.

❹ Den Schmarrn heiß, direkt aus der Pfanne servieren. Dazu paßt am besten ein grüner Salat.

Der Zucchini-Schmarrn

Variation:

Der Zucchini-Schmarrn wird mit gehacktem Knoblauch, in Streifen gehobelten Zucchini und etwas Chili zubereitet. Zum Schluß mit Basilikumblättern bestreuen.

Topfenknödel

Für 4 bis 6 Personen:
250 g Magerquark, 100 g sehr weiche Butter, 100 g Puderzucker, 1 Tütchen echter Vanillezucker, 1 Eigelb, 1 ganzes Ei, abgeriebene Schale einer halben Zitrone, 1 Prise Salz, 150 g frisches Kastenweißbrot
Für die Mandelbrösel:
150 g Kuchenbrösel (von übriggebliebenem Rührkuchen, sie können auch Semmelbrösel verwenden), 50 g frisch geriebene Mandeln, 1 Tütchen Vanillezucker, 150 g Butter
Für die Aprikosensauce:
500 g Aprikosen, 75 g Zucker, 1 Gläschen Aprikosenschnaps oder weißer Rum

❶ Den Quark bereits am Vortag in einem mit Küchenpapier ausgelegten Sieb in den Kühlschrank stellen und abtropfen lassen.

❷ Die sehr weiche Butter mit dem Handrührer oder in der Küchenmaschine zu einer hellen Creme schlagen, nach und nach den Puderzucker, den Vanillezucker, das Eigelb und das ganze Ei, schließlich die Salzprise sowie die Zitronenschale einarbeiten.

❸ Den Quark mit einer Gabel glattrühren und mit der Buttermasse gründlich vermischen.

❹ Das Brot entrinden, in kleine Würfel schneiden und unter den Quarkteig ziehen. Diesen Teig etwa zwei Stunden kalt stellen.

❺ Anschließend mit einem Rührlöffel gründlich umwenden. Mit einem Eßlöffel kleine Portionen abstechen und zwischen angefeuchteten Handflächen zu tischtennisballkleinen Knödeln formen.

❻ Die Knödel in reichlich aufkochendes Wasser legen, das wie fürs Nudelkochen gesalzen sein sollte (!) und zusätzlich mit Zitronensaft gewürzt wird. Auf milder Hitze sehr sanft, auf keinen Fall wallend!, etwa 15 Minuten gar ziehen lassen.

❼ Für die Mandelbrösel die Butter in einer beschichteten Pfanne aufrauschen lassen, die Brösel mitsamt den geriebenen Mandeln, dem Vanillezucker und der Zitronenschale zufügen. Unter ständigem Umwenden sanft bräunen. Die Knödel in diesen Bröseln wenden, so daß sie davon überzogen sind. Auf Desserttellern anrichten, mit Aprikosensauce servieren.

Den Quark in einem Sieb abtropfen lassen

❽ Die Aprikosensauce kann man gut am Vortag zubereiten: dafür die entsteinten Früchte zerschneiden, mit Zucker vermischen und zugedeckt aufkochen.
Dabei darauf achten, daß die Hitze nicht zu groß ist, die Früchte sollen Saft abgeben und dürfen nicht anbrennen. Sind sie zu trokken oder mehlig, einen Schuß Wasser zufügen. Die weichgekochten Früchte mit dem Pürierstab oder im Mixer fein zerkleinern, nach Belieben mit Aprikosenschnaps oder Rum parfümieren.

ZUSATZREZEPTE

Mehlspeisen müssen nicht unbedingt süß sein, und die besten Mehlspeisen sind diejenigen, die kaum oder sogar absolut kein Stäubchen Mehl enthalten. Hier eine Auswahl:

Gefüllter Wirsing

Für 4 bis 6 Personen:
1 mittelgroßer Wirsingkopf, Salz, 1 altbackenes Brötchen, 4 EL Sahne, 1 dicke Zwiebel, 2 Knoblauchzehen, 2 EL Butter, 1 Bund Petersilie, 150 g gekochter Schinken, 350 g gemischtes Hackfleisch, je 1/2 TL schwarze Pfeffer- und Pimentkörner, 1 Stück Macis, 1 kleine getrocknete Chilischote, Muskat, 2 Eier, Butter für die Form

❶ Den Wirsing entblättern. Aus den großen, schönen Blättern den Strunk herausschneiden. Alle Blätter für eine Minute in kochendes Salzwasser geben und in eiskaltem Wasser abschrecken. Die großen Blätter für die Hülle beiseite legen. Die kleineren Herzblätter fein hacken.

❷ Für die Füllung das Brötchen in kleine Würfel schneiden und mit der Sahne tränken. Zwiebel und Knoblauch feingehackt in der Butter weich dünsten, die feingehackte Petersilie unterrühren. Abgekühlt mit dem gekochten Schinken (samt Fettrand!) und dem eingeweichten Brötchen im Mixer fein pürieren.

❸ Diese Masse mit dem Hackfleisch, dem gehackten Wirsing und zwei Eigelb gründlich mischen. Mit den im Mörser fein zerstoßenen Gewürzen und mit Salz sehr kräftig abschmecken. Zum Schluß das steifgeschlagene Eiweiß unterheben.

❹ Eine dick ausgebutterte Puddingform mit den blanchierten, gesalzenen und mit Muskat bestreuten Wirsingblättern ausschlagen.

❺ Die Farce einfüllen, die Blätter darüber zusammenschlagen. Butterflöckchen obenauf setzen. Den Pudding im Wasserbad etwa eine Stunde pochieren.

❻ Dazu schmeckt eine Zitronensauce.

Zitronensauce

1/4 l Kalbsfond mit dem Saft und der abgeriebenen Schale einer Zitrone etwas einkochen. Mit 1/8 l Sahne, in die ein Eigelb gequirlt wurde, legieren – darauf achten, daß die Sauce dann noch einmal aufwallt, aber auf keinen Fall richtig ins Kochen gerät, damit das Eigelb bindet und nicht gerinnt. Mit Salz, einer Prise Zucker und Pfeffer abschmecken. Wer mag, läßt noch zwei gehäufte Eßlöffel winzig kleiner Kapern mitziehen.

Spinatpudding

Für 4 Personen:
600 g tiefgekühlter Blattspinat, 4 altbackene Semmeln, 1 Zwiebel, 2 Knoblauchzehen, 2 EL Butter, 5 Eier, Salz, Pfeffer, Muskat, Worcestershiresauce, Butter für die Form

❶ Den aufgetauten Spinat, die in heißer Milch eingeweichten und gut ausgedrückten Brötchen, die gehackte, in Butter gedünstete Zwiebel und Knoblauchzehe und die Eigelb im Mixer zum glatten Püree zerkleinern. Sehr kräftig würzen.

❷ Zum Schluß die steifgeschlagenen Eiweiß unterziehen. In einer gebutterten Form im Wasserbad etwa 75 Minuten garen.

❸ Dazu paßt eine cremige Käsesauce.

Maccaroni-Pudding

❶ Die Nudeln in Salzwasser knapp gar kochen, sie dürfen sogar ein bißchen mehr als den üblichen Biß haben.

Für 4 Personen:
250 g Maccaroni, Salz, 2 EL Butter, 100 g magerer, geräucherter Bauchspeck, 1 Zwiebel, 2 Knoblauchzehen, 200 g Zucchini, Salz, Pfeffer, Muskatnuß, Paprika, 150 g frisch geriebener Käse, 3 Eier, 1/4 l Milch, Butter für die Form

❷ In der heißen Butter den in winzige Würfel geschnittenen Speck sanft ausbraten. Die feingehackte Zwiebel, den durchgepreßten Knoblauch und die gewürfelten Zucchini zufügen und andünsten, ohne zu bräunen. Salzen, pfeffern, mit Muskat und Paprika würzen.

❸ Die abgetropften Nudeln damit und mit dem Käse mischen. Alles in eine ausgebutterte Form schichten. Eier und Sahne verquirlen, würzen und angießen. Die Oberfläche sollte davon gerade eben zugedeckt sein. Den Pudding im Wasserbad 75 Minuten garen.

❹ Dazu schmeckt eine Tomatensauce.

Käsesauce

1 EL Mehl in 2 EL Butter andünsten. Mit 3/8 l Milch auffüllen, ein Lorbeerblatt zufügen, salzen, pfeffern und 20 Minuten leise köcheln. 120 g geriebenen Käse darin schmelzen. Mit viel Muskat und einer Prise Cayennepfeffer abschmecken.

Rote-Bete-Pudding

Für 4 Personen:
1 Zwiebel, 2 EL Butter, 2 EL Mehl, 3/4 l Milch, 1 kg rote Bete, Salz, Piment, Nelke, 200 g Mozzarella, 4 Eier, Butter für die Form

❶ Die feingehackte Zwiebel in der heißen Butter weich dünsten, mit Mehl bestäuben und, wenn sie goldgelb geworden ist, mit der Milch ablöschen, salzen und pfeffern. Eine halbe Stunde köcheln, bis es eine dicke, weiße Sauce ist.

❷ Inzwischen die rote Bete schälen, in Stücke schneiden und mit ganz wenig Wasser weich dünsten, dabei mit Salz, Pfeffer, Piment und Nelke würzen. Etwas ausgekühlt mit der Bechamelsauce zu einem glatten Püree mixen.

❸ Die Eigelb untermischen und zum Schluß den in kleine Würfel geschnittenen Mozzarella unterrühren. Das steifgeschlagene Eiweiß unterziehen. In einer dick ausgebutterten Form im Wasserbad eine knappe Stunde garen.

❹ Dazu schmeckt eine leuchtendgrüne Kräutersauce.

Kartoffelpudding

Für 4 Personen:
4 Eigelb, 75 g Butter, 400 g warme, frisch gekochte Kartoffeln, 100 g Semmelbrösel, 0,1 l Sahne, 100 g frisch geriebener Parmesan, Salz, Pfeffer, Muskat, Delikateßpaprika, 4 Eiweiß, Butter und Brösel für die Form

❶ Die Eigelb mit der Butter hell und dick schlagen. Die noch warmen, aber nicht mehr heißen Kartoffeln durch die Presse hinzudrücken, die mit der Sahne angefeuchteten Semmelbrösel und den Käse zufügen. Rasch gründlich mischen.

❷ Die Masse mit Salz, Pfeffer, Muskat und Paprika kräftig würzen. Steifgeschlagenes Eiweiß unterziehen.

❸ Die Masse in einer dick ausgebutterten und mit Bröseln ausgestreuten Form im Wasserbad eine gute Stunde garen.

❹ Dazu schmeckt eine Hackfleischsauce.

Hackfleischsauce

250 g Hackfleisch mit je einer feingehackten Zwiebel und Knoblauchzehe in heißem Öl krümelig braten. Eine feingeriebene Möhre und eventuell noch eine feingehackte Selleriestange mitdünsten. Mit 1/4 l Rotwein ablöschen. Eine halbe Stunde durchkochen und mit Salz, Pfeffer und Origano kräftig würzen. Mit Brühe auf die gewünschte Konsistenz verdünnen. Viel gehackte Petersilie oder Schnittlauch einrühren.

Törtchen mit zweierlei Erdbeeren

Für 6 Personen:
Teig:
180 g Mehl, 100 g weiche Butter, 30 g Zucker, 1 großes Ei, 1 Prise Salz

Belag:
1 Zitrone, 1/4 l Milch, 60 g Zucker, 3 Eigelb, 1 EL Mehl, 1/2 TL Vanilleextrakt oder 1 Tütchen Vanillezucker, 500 g Erdbeeren, 250 g Wald- oder Monatserdbeeren, 1 EL Johannisbeergelee

❶ Mindestens zwei Stunden vorher den Teig zubereiten: Das Mehl auf die Arbeitsfläche häufen, eine Vertiefung in die Mitte drücken, dort hinein die in Stücke geschnittene Butter, Zucker, Ei und die Salzprise geben. Alles rasch mit den Händen zu einem Teig kneten. Zu einer Kugel formen, in Folie gehüllt kalt stellen.

❷ Inzwischen mit einem scharfen Messer die Hälfte der Zitrone so dünn abschälen, daß nichts Weißes an der Schale haftet, und in hauchfeine Streifen, sogenannte Zesten, schneiden.

❸ Für die Creme die Milch aufkochen, die Zesten darin fünf Minuten neben dem Feuer ziehen lassen. Die Milch durch ein Sieb filtern und erneut zum Kochen bringen.

❹ Eigelb und Zucker mit dem Handrührer dick und cremig schlagen, Mehl und Vanille zufügen, schließlich die kochendheiße Milch. Alles zurück in den Topf schütten und jetzt auf mittlerem Feuer langsam, unter stetem Rühren mit dem Kochlöffel, erhitzen, bis die Creme dicklich wird. Auf keinen Fall ins Kochen geraten lassen, weil sonst das Eigelb gerinnt. Die Creme abkühlen lassen, dabei ab und zu umrühren, damit sich keine Haut bildet.

❺ Inzwischen den Teig für die Tortenböden messerrückendünn ausrollen. Sechs kleine Förmchen mit Butter einpinseln und damit auskleiden. Mit einer Gabel mehrmals einstechen. Die Teigfläche mit gebuttertem Papier belegen und mit Hülsenfrüchten beschweren.

❻ Im auf 200 Grad vorgeheizten Ofen etwa 12 Minuten vorbacken. Dann Hülsenfrüchte und Papier entfernen und die Böden weitere fünf Minuten backen, bis sie golden geworden sind. Aus den Förmchen lösen und auf einem Kuchengitter auskühlen lassen.

❼ Die Erdbeeren waschen, entstielen und längs halbieren. Die Walderdbeeren verlesen, nur wenn nötig waschen.

❽ Erst unmittelbar vor dem Servieren die Törtchen zusammensetzen: Zuerst den Boden mit Creme füllen, dabei die beiden Erdbeersorten hübsch anordnen. Zum Schluß das Gelee mit einem Löffel Wasser aufkochen und mit einem Pinsel auf der Oberfläche verteilen. Mit Tupfen von Schlagsahne garnieren.

Panna cotta mit Himbeersauce

Für 6 Personen:
1/2 l süße Sahne,
80 g Zucker, 1 Vanilleschote, 3 – 4 Blatt Gelatine
Himbeersauce:
500 g Himbeeren,
80 g Zucker

❶ Die Sahne zum Kochen bringen, dabei den Zucker und die Vanilleschote zufügen. Fünf Minuten leise köcheln. Die Schote herausfischen, mit einem spitzen Messer längs aufschlitzen, das Mark herausschaben und in die Sahne rühren.

❷ Inzwischen die Gelatine in kaltem Wasser einweichen und schließlich, gut ausgedrückt, in der heißen Sahne auflösen. Abkühlen lassen und in sechs Portionspuddingförmchen verteilen (falls Sie keine haben, nehmen Sie Tassen oder Soufflé-förmchen). Mit Klarsichtfolie abdecken, für etwa sechs Stunden kalt stellen und fest werden lassen.

❸ Für die Himbeersauce zwei Drittel der Früchte mit dem Zucker im Mixer pürieren und durch ein Sieb passieren. Nach Belieben mit einem Schuß Wasser verdünnen. Zum Servieren die Förmchen kurz in heißes Wasser tauchen, die Creme am Rand entlang rundum mit einem spitzen Messer lösen und dann auf Portionsteller stürzen.

❹ Mit Himbeersauce umgießen und mit ganzen Himbeeren dekorieren, ein paar gehackte Pistazien darüberstreuen.

Rote Beerensuppe mit Kirschen

Für 6 Personen:
500 g Kirschen,
100 g rote Johannisbeeren, 200 g Himbeeren,
150 g Zucker,
1 EL Kirschwasser,
1 EL Zitronensaft

❶ Die Früchte waschen. Kirschen entstielen und entsteinen, Johannisbeeren von den Rispen zupfen, Himbeeren verlesen. Himbeeren und Johannisbeeren im Mixer pürieren. Durch ein Sieb streichen, um die Kerne aufzufangen, und in einen Topf füllen. Zucker und 1/8 l Wasser sowie den Zitronensaft zufügen.

❷ Nach kurzem Köcheln die Kirschen zufügen, weitere vier Minuten sanft ziehen lassen und erst zum Schluß das Kirschwasser angießen.

❸ Man kann die Suppe lauwarm oder eiskalt servieren. Gut paßt dazu eine Kugel Vanille- oder Pistazieneis, Pfirsich- oder Erdbeersorbet und eine duftige Meringe.

Eiweißkuchen

Für eine Kastenform:
7 Eiweiß (1/4 l),
1 Prise Salz, 250 g Zucker, 100 g geriebene Mandeln, abgeriebene Schale einer Zitrone, 150 g Mehl, 125 g Butter
Außerdem:
Butter für die Form

Wenn mal wieder mehr Eigelb in der Küche gebraucht wurde als Eiweiß und man nicht weiß, was man damit machen soll. Dieser Kuchen schmeckt wunderbar, hält sich tagelang saftig und frisch.

❶ Die Eiweiß lassen sich wunderbar abmessen, falls man nicht mehr weiß, wie viele man inzwischen gesammelt hat.
Ein Viertelliter mit der Küchenmaschine ganz langsam steif schlagen, dabei Salzprise und nach und nach 250 g Zucker hinzurieseln lassen. Der Schnee soll fest wirken, aber cremig und nicht flokkig-wolkig.

❷ Die geriebenen Mandeln, das Mehl und abgeriebene Zitronenschale untermischen. Schließlich auch die flüssige, aber nicht mehr heiße Butter unterheben.

❸ In eine gefettete Kastenform füllen. 70 Minuten bei 160 Grad backen.

Schokoladentorte

Für eine Springform von 24 cm Durchmesser (Dessert für 6 Personen):
3 Eigelb, 30 g Butter, 60 g Zucker, 3 gehäufte EL Mehl, 250 g Edelbitterschokolade, 3 Eiweiß, Butter für die Form, Puderzucker zum Bestäuben

❶ Die Eigelb mit dem Handrührer zu einer dicken, weißen Creme schlagen. Die weiche Butter zufügen und ebenfalls schlagen, bis sie sich innig mit den Eiern verbunden hat, dabei den Zucker langsam hinzurieseln lassen.

❷ Das Mehl ganz kurz unterrühren. Die Schokolade im Wasserbad oder in der Mikrowelle schmelzen (auf mittlerer Stufe 10 Minuten) und unter die Eiermasse rühren.

❸ Schließlich die Eiweiß zu cremigem Schnee schlagen und behutsam unter die Schokomasse heben. In die gebutterte Springform füllen.

❹ Bei 175 Grad im vorgeheizten Backofen etwa 15 Minuten backen. Auskühlen lassen und mit Puderzucker bestäuben.

Tip: Der Schokoladenkuchen schmeckt am besten ganz frisch, noch lauwarm. Dazu paßt eine leichte Vanillesauce, zum Beispiel nach folgendem Rezept:

Vanillesauce

❶ Milch und Sahne mit der Vanilleschote aufkochen, vom Feuer ziehen und etwa zehn Minuten ziehen lassen, bis die Vanilleschote weich ist. Sie aufschlitzen, das Mark herauskratzen und in die Milch rühren.

Für 6 Personen:
1/4 l Milch, 1/4 l Sahne, 1 Vanilleschote, 3 Eigelb, 4 EL Zucker

❷ Inzwischen die Eigelb mit dem Handrührer dick und cremig schlagen, dabei den Zucker zufügen. Die kochendheiße Milch hinzugießen. Sobald sich alles gemischt hat, alles zurück in den Milchtopf gießen und auf mittlerem Feuer langsam unter ständigem Rühren heiß und dicklich werden lassen. Auf keinen Fall sollte es ins Kochen geraten, weil sonst die Eigelb gerinnen und ihre Bindungsfähigkeit verlieren.

❸ Die Vanillesauce unter gelegentlichem Rühren abkühlen – sie hält sich gut verschlossen im Kühlschrank eine Woche frisch.

Vanillecreme-Schnitten mit Früchten

❶ Die Teigplatten nebeneinander etwas antauen lassen, dann aufeinandergeschichtet 1/2 cm dick ausrollen. Die Teigfläche mit Wasser bepinseln und mit Zucker bestreuen. Rechtecke von etwa

Für 12 Stück:
1 Paket tiefgekühlter Blätterteig, 3 EL Zucker zum Bestreuen
Für die Vanillecreme:
2 Eier, 60 g Zucker, ausgekratztes Mark einer Vanillestange, 3 Blatt Gelatine, 1/4 l Sahne
Für den Belag:
etwa 500 g Obst, nach Belieben: Trauben, Pflaumen, aufgetaute Himbeeren, Feigen
Für den Guß:
100 g Aprikosenkonfitüre, 1 EL Zucker, 1 EL Wasser

8 mal 12 cm ausschneiden. Auf ein mit Backpapier belegtes Blech setzen. Die Teigstücke im 225 Grad heißen Backofen (Gas: Stufe 4) 15 Minuten goldbraun backen.

❷ Für die Vanillecreme Eier mit Zucker und Vanille im Wasserbad sehr heiß und dick schlagen. Vom Feuer nehmen, die eingeweichte Gelatine darin auflösen und unter gelegentlichem Rühren vollkommen abkühlen lassen. Bevor die Creme ganz fest wird, noch die steifgeschlagene Sahne unterziehen.

❸ Die Blätterteigschnitten quer durchschneiden. Die Creme darauf verteilen und glattstreichen. Das Obst hübsch darauf anordnen. Kleine Früchte wie Himbeeren ganz lassen. Großes Obst in Scheiben oder Spalten schneiden (Pflaumen und Feigen).

❹ Mit Aprikosenguß überziehen: Dafür die Konfitüre, den Zucker und Wasser eine Minute sprudelnd kochen. So frisch wie möglich verspeisen, damit der Blätterteig auch wirklich schön knusprig bleibt und nicht etwa durchweicht.

Topfentorte

Augenfälligster Unterschied zu unserer wohlbekannten Käsetorte: Sie hat einen Deckel, unter dem die sahnige Füllung besonders saftig bleibt.

❶ Für den Teig die Zutaten rasch zusammenkneten. Zu einer Rolle geformt, in Folie gepackt 1/2 Stunde kühl, aber nicht kalt stellen. Teig auf bemehlter Arbeitsfläche ausrollen. Die Form mit Papier auslegen, am Rand fetten und mit Teig ausschlagen. Aus dem Rest eine Teigplatte vom exakten Durchmesser der Form (als Deckel) schneiden und beiseite legen.

❷ Für die Füllung den Schichtkäse mit Puderzucker, Eiern, Crème fraîche, Zitronenschale und -saft, Vanillezucker und Rum (von den Rumrosinen) glattmixen. Rosinen unterrühren. In die ausgeschlagene Form füllen.

❸ Den vorbereiteten Teigdeckel obenauf legen. Mit einer Gabel Luftlöcher hineinstechen. Die Oberfläche mit verquirltem Ei einpinseln. Den Kuchen im vorgeheizten Backofen bei 175 Grad (Gas: Stufe 2) etwa 50 Minuten backen. Auskühlen lassen.

❹ Vor dem Servieren mit Puderzucker bestäuben. Aus Teigresten Sternchen oder Blüten ausstechen und auf der Teigoberfläche dekorativ verteilen. Mit verquirltem Ei bepinseln.

Für eine Springform von 24 bis 26 cm Durchmesser:
Für den Teig:
240 g Mehl, 80 g Puderzucker, 160 g Butter oder Margarine, 2 Eigelb, 1 Tütchen Vanillezucker, abgeriebene Schale einer halben unbehandelten Zitrone
Für die Füllung:
500 g gründlich abgetropfter Schichtkäse, 100 g Puderzucker, 5 Eier, 200 g Crème fraîche, abgeriebene Schale und Saft einer halben unbehandelten Zitrone, 1 Tütchen Vanillezucker, 75 g Rosinen, in 4 EL Rum eingeweicht
Außerdem:
Puderzucker zum Bestäuben, 1 Ei zum Bepinseln

Punschtorte

Sie ist sehr saftig, schmelzend zart und natürlich ein hochgeistiges Vergnügen. Den Biskuitboden sollte man bereits am Vortag backen, damit er genügend Festigkeit bekommt.

❶ Für den Mandelbiskuit zwei ganze Eier und vier Eigelb mit der Küchenmaschine dick und hell schlagen. Mandeln und 100 g Zucker mischen, unter die Eiercreme rühren, dabei Rum, Curaçao, Salz, Stärke und Backpulver zufügen. Eiweiß mit dem restlichen Zucker steif schlagen und zusammen mit der lauwarmen, flüssigen Butter unterziehen.

❷ Elektroofen auf 175 Grad vorheizen (Gas: Stufe 2). Die Masse in eine mit Backpapier ausgelegte Form füllen, etwa 25 Minuten blond backen. Auf ein Gitter gestürzt auskühlen – das Papier im warmen Zustand abziehen. Die Torte quer in drei Böden schneiden – wobei der obere und untere Boden etwa 2 cm stark sein sollte.

❸ Für die Punschfüllung die etwas dickere Mitte in Würfel schneiden von etwa 2 – 3 cm Kantenlänge. In einer flachen Schale verteilen und mit etwas Rum tränken. Den restlichen Rum dann in den aus Wasser, Zucker, Zitronensaft und Zitronenschale gekochten Sirup gießen. Orangeat und die Konfitüre unterrühren. Biskuitwürfel mit dieser Mischung bedecken und ziehen lassen.

❹ Einen der beiden anderen Böden mit Aprikosenkonfitüre bestreichen und, die glatte Seite nach unten, in einen Tortenring setzen. Die getränkten Biskuitwürfel darauf verteilen. Mit dem zweiten Tortenboden abdecken. Mit einem Brett beschwert über Nacht stehen lassen. Den Ring abheben, die Torte umdrehen. Die Oberfläche und den Rand mit der restlichen Aprikosenkonfitüre einstreichen.

❺ Für den Guß Puderzucker mit Rum glattrühren. 2 EL davon abnehmen. Rest mit Speisefarbe rosa einfärben. Die Torte mit Guß überziehen.

❻ Den restlichen weißen Guß in eine kleine Papiertüte füllen, damit kreuz und quer Linien auf der Oberfläche ziehen.
Mit den kandierten Kirschen verzieren.

Für eine Springform von 24 cm Durchmesser:
6 Eier, 200 g geschälte, geriebene Mandeln,
200 g Zucker, 2 EL Rum,
1 TL Curaçao, 1 Prise Salz, 30 g Stärke,
3 g Backpulver (1/2 TL),
100 g flüssige Butter

Für die Punschfüllung:
0,1 l Rum 1/8 l Wasser,
100 g Zucker, Saft und Schale von 1/2 unbehandelten Zitrone, 1 EL gehacktes Orangeat,
2 EL Aprikosenkonfitüre

Für den Guß:
200 g Puderzucker,
3 EL Rum, etwas rote Speisefarbe

Außerdem:
Etwa 200 g Aprikosenkonfitüre, kandierte Kirschen

Linzertorte

Neben der Sachertorte ist sie sicher das berühmteste unter den Prachtstücken österreichischer Mehlspeisenkunst. Die Linzer Kochkunst war schon im 18. Jahrhundert hochberühmt. Die Linzer bzw. Lintzer Torte findet sich erstmals in dem „Salzburgischen Koch-Buch", das im Jahr 1719 erschien.
Autor Konrad Hagger empfahl den „guten und süßen Lintzer-Taig" zu „allerhand geflochtenen und anderen Schüssel-Dorten mit jederzeit selbstbeliebigen Füll und Ausschnitt". Bis zum heutigen Tag hat das Rezept natürlich eine Menge Veränderungen erlebt. Es gibt die mürbeteigähnliche Variante, die geknetet wird, und die gerührte mit vielen Eiern, in jedem Fall ist die Linzertorte wie die Sachertorte wunderbar für den Vorrat geeignet. Sie schmeckt um so besser, je länger sie hat durchziehen dürfen.

❶ Butter und Eigelb dick und schaumig rühren, dabei Zitronensaft und -schale sowie die Gewürze zufügen. Mandeln, Zucker und Mehl mischen und rasch unter die Buttercreme arbeiten, bis ein geschmeidiger Mürbeteig entsteht. Zwei Drittel davon 2 cm dick in der mit Backpapier ausgelegten Form verteilen. Mit der Konfitüre dick einstreichen, jedoch rundum einen fingerbreiten Rand lassen.

❷ Aus dem restlichen Teig haselnußgroße Kugeln formen, zunächst rundum einen Rand setzen, übrige in hübschen Muster auf der Oberfläche verteilen. Sie mit verquirltem Ei einpinseln. Gehackte Pistazien darüberstreuen. Die Linzertorte im vorgeheizten Backofen bei 175 Grad (Gas: Stufe 2) etwa eine Stunde hellbraun backen.

❸ Wenn Sie die Torte auf dem Backblech backen wollen, ist alles noch einfacher: Zwei Drittel des Teigs auf dem Blech ausrollen, mit Marmeladen bestreichen. Aus dem restlichen Teig schmale Streifen schneiden und als Gitter darauf anordnen.

Für eine Springform von 26 cm Durchmesser:
250 g Butter, 4 Eigelb, Saft und abgeriebene Schale einer halben unbehandelten Zitrone, je 1/2 TL gemahlene Nelke und Zimt, ca. 250 g geriebene Mandeln, 250 g Zucker, 250 g Mehl, 200 g Konfitüre (nach Belieben: Himbeer-, rote Johannisbeerkonfitüre oder Hagebuttenmark)

Außerdem:
1 Ei zum Bestreichen, 50 g grob gehackte Pistazien

Backen im Ofen

Wichtigstes Gerät dazu ist der Backofen. Nicht immer können Sie sich Ihr Wunschmodell aussuchen, manchmal muß man ja mit dem vorliebnehmen, was in der Küche eingebaut ist.

Deshalb ist das Wichtigste für das Backergebnis: Ihre ganz persönliche Kenntnis Ihres Backofens! Nicht alle Öfen sind gleich, es gibt erhebliche Schwankungen in den Einstellgraden; ältere Modelle sind vielleicht weniger gut isoliert und führen deshalb zu anderen Ergebnissen; Öfen mit getrennt schaltbarer Ober- und Unterhitze liefern ein anderes Backergebnis als Heißluftherde.

Gradangaben und Backdauer in Rezepten sollte man daher niemals blind glauben, sondern muß sie jeweils im eigenen Backofen überprüfen; zum Beispiel mit Hilfe eines Ofenthermometers die wahre Temperatur ermitteln.

Ein solches Thermometer gibt's in Haushaltgeschäften für wenige Mark zu kaufen. Eine Investition, die sich allemal lohnt! Probieren Sie aus, an welcher Stelle in Ihrem Backofen bei welcher Einstellung welche Temperatur herrscht. Dann können Sie ganz anders damit umgehen. Zum Beispiel das Blech um 180 Grad drehen, damit die Seite, die der (meist heißeren) Rückwand zugewandt ist, auch mal an die kühlere Vorderfront gelangt usw.

An den Seitenwänden, oberhalb und unterhalb des Backraums wird durch elektrische Heizschlangen oder durch Gasflammen Hitze erzeugt; diese sogenannte Strahlungshitze wird durch Eigenströmung oder durch Umluft einigermaßen gleichmäßig im Ofenraum verteilt. Im allgemeinen wird man sich mit einem Elektro-Backofen leichter tun als mit einem Gasherd.

Wer sich heute einen neuen Ofen kauft, sollte darauf achten, daß er ausreichend hohe Hitze liefert. Leider sind dies meist die Luxusmodelle, die zusätzlich noch allerhand unnötigen Schnickschnack haben, den man teuer bezahlen muß, zum Beispiel selbsttätiges Reinigen. Kein Luxus für alle, die gerne Brot oder Pizza backen, leider trotzdem teuer ist ein sogenannter Backstein, ein Schamottstein, der enorme Hitze speichern kann und sie ganz gleichmäßig weitergibt.

Kurz zusammengefaßt also: Man sollte seinen Backofen genau kennen, dann kann beim Backen nicht viel schiefgehen.

DIE REZEPTE

Apfelstrudel

Für 4 Personen:
Strudelteig:
215 g Mehl, 1/2 TL Salz, 2 EL neutrales Öl, 1/8 l lauwarmes Wasser
Belag:
1,5 kg Äpfel (z.B. Gravensteiner; Elstar, Cox Orange, Berlepsch, Boskop, Ingrid Marie, Jonagold oder Golden Delicious), 1 – 2 Zitronen, 4 EL Rosinen, 6 EL Rum 100 g Butter, 100 g Semmel- oder Kuchenbrösel, 100 g Zucker, 1 gehäufter TL Zimt oder 1 Stück Zimtstange, 100 g Walnüsse, Puderzucker zum Bestäuben

❶ Mehl, Salz und Öl in die Küchenmaschine mit dem Knethaken füllen, auf mittlerer Stufe laufen lassen, dabei langsam das Wasser zufügen. Drei bis vier Minuten rühren lassen, bis sich die Teigkugel vom Schüsselrand löst. Der Teig muß weich sein. Ist er zu fest, mit einigen Tropfen Wasser anfeuchten, ist er zu trocken, einen Löffel Mehl einarbeiten. Die Teigkugel unter einer mit heißem Wasser ausgespülten Schüssel eine halbe Stunde ruhen lassen, damit der Kleber sich ausbilden kann und der Teig so elastisch wird, wie das für einen Strudel nötig ist.

❷ Inzwischen die Äpfel schälen, vierteln, das Kerngehäuse entfernen, die Äpfel in Scheibchen schneiden. In einer Schüssel sofort mit Zitronensaft mischen, damit sie schön hell bleiben und sich nicht bräunlich verfärben. Die Rosinen in einem Schälchen mit Rum bedeckt einweichen.

❸ Jetzt wird der Strudelteig „ausgezogen“: Man braucht dafür viel Platz, am besten den ganzen Küchentisch – wer keinen hat, muß ins Eßzimmer ausweichen. Eine Decke, die den ganzen Tisch bedecken kann, darauf ausbreiten. Mit Mehl einpudern, damit der Teig nicht darauf klebenbleibt. Den Teig ein wenig flachdrücken, eventuell mit einem Nudelholz auf dem Tuch etwas ausrollen. Schließlich mit den Händen behutsam darunterfahren, den Teig über den Handrücken dehnen und vorsichtig auseinanderziehen. So lange, bis die ganze Fläche bedeckt ist und der Teig tatsächlich so dünn ist, daß man die Zeitung durch ihn hindurch lesen kann. Keine Angst, das klingt komplizierter, als es ist. Man hat schnell den Bogen raus. Kleine Löcher lassen sich übrigens einfach flikken, indem man den Teig wieder zusammenzieht und festdrückt.

Das beste ist, man läßt sich helfen. Einander gegenüberstehend, gelingt das Ausziehen des Teiges am einfachsten.

❹ Die ganze Fläche schließlich mit flüssiger Butter einpinseln und mit Semmelbröseln bestreuen. Auf etwa der Hälfte der Fläche die Apfelscheiben verteilen, sie mit Zimtzucker und schließlich mit Rosinen und gehackten Walnüssen bestreuen.

❺ Den Strudel nunmehr mit Hilfe des Tuches aufrollen. Das geschieht ganz einfach, indem man an einer der Breitseiten das Tuch anhebt und dem Strudel einen kleinen Schubs gibt. Er rollt sich dann ganz von selbst zu einer Rolle ein. Auf ein mit Backpapier belegtes Blech bugsieren. Mit Butter einpinseln und schließlich im 200 Grad heißen Ofen etwa 35 bis 40 Minuten backen. Dabei immer wieder mit Butter einpinseln, damit der Strudel schön braun wird.

❻ Den Strudel mit Puderzucker bestäuben und sofort, direkt aus dem Ofen, servieren.

❼ Dazu gehört Vanillesauce, natürlich selbstgemacht:

Tip: Falls kein gemahlener Zimt im Haus ist, einfach den Zucker mit einem Stück Zimtstange im elektrischen Zerhacker so lange mixen, bis ein feines Pulver entstanden ist – schmeckt übrigens noch viel intensiver und würziger als fertig gemahlener Zimt!

Vanillesauce

Für 4 Personen:
1/4 l Milch, 1 Vanilleschote, 4 Eigelb,
2 gehäufte EL Zucker,
abgeriebene Zitronenschale

❶ Die Milch aufkochen, die Vanilleschote einlegen und einige Minuten darin ziehen lassen, bis sie weich ist. Herausnehmen, längs aufschlitzen, das Mark herauskratzen und in die Milch rühren.

❷ Eigelb und Zucker mit dem Schneebesen verrühren, geriebene Zitronenschale zufügen, die kochendheiße Milch hinzugießen. Zurück in den Topf füllen und nunmehr auf mittlerem Feuer, diesmal jedoch unter ständigem Rühren mit dem Kochlöffel – weil sonst zuviel Luft eingearbeitet wird – die Sauce heiß und dicklich werden, aber auf keinen Fall ins Kochen geraten lassen, weil sonst das Eigelb gerinnt und sie grießlig macht.

❸ Die Sauce warm oder kalt zum Apfelstrudel servieren.

Tip: Die ausgeschabte Schote kann man übrigens immer noch verwenden: trocknen lassen und in ein luftdicht verschließbares Glas mit Zucker stecken. Dem teilt sich der Vanilleduft mit; so hat man stets mit Vanille parfümierten Zucker im Haus.

Strudelteig

Einen guten Strudelteig zu bereiten und auszuziehen ist eine Kunst, die nur durch Übung erlangt werden kann.

❶ Man bereitet von 500 g Mehl, 40 g Butter, einer Prise Salz und warmem Wasser einen halbfesten Teig, den man glattwirkt und nun einige Zeit ruhen läßt, wobei man ihn zweckmäßig mit einem angewärmten irdenen Topf bedeckt, damit er nicht zu sehr auskühlt.

❷ Wenn dieser Teig „ausgezogen" werden soll, verfährt man folgendermaßen: Zunächst rollt man ihn nach Möglichkeit mit dem Nudelholz in üblicher Weise gleichmäßig aus. Dann nimmt man ihn auf ein angewärmtes, mit Mehl bestäubtes Tischtuch, und nun faßt man mit beiden Händen zwischen Teig und Tuch, und zwar am besten mit leicht gespreizten und ein wenig gekrümmten Händen, Handrücken nach oben! Der Teig liegt jetzt also direkt auf beiden Handrücken, und indem man diese ruhig und vorsichtig hin und her bewegt, versucht man den Teig immer mehr auseinanderzuziehen. Dabei muß man darauf achten, daß er nach allen Seiten recht gleichmäßig dünn wird, ohne zu zerreißen.

❸ Der fertig ausgezogene Teig soll dünn wie ein Mohnblatt sein. Die immer etwas dick bleibenden Ränder schneidet man ab. Fingerringe, die überhaupt nicht in die Küche gehören, darf man bei dieser Arbeit erst recht nicht tragen. Sie würden den Strudelteig leicht zerreißen.

❹ Der so vorbereitete Teig wird nun auf die verschiedenste Weise belegt, wie das in den einzelnen Vorschriften angegeben ist, und sodann zusammengelegt. Dabei kommt uns das unter dem Teig liegende Tuch ganz wesentlich zustatten.

❺ Wir brauchen es nur an zwei auf einer Seite, aber recht weit nach außen, gelegenen Stellen zu erfassen, nach rechts und links straff zu ziehen und nun langsam anzuheben, und der Teig rollt sich sozusagen ganz von selbst zusammen.

Strudel mit Hefeteig

❶ 160 g schaumig gerührte Butter werden nach und nach mit einem Eßlöffel fein gestoßenem Zucker, 1/2 Kaffeelöffel Salz, 2 Eigelb und 2 ganzen Eiern gut verrührt, dieses hierauf mit 40 g in 1/4 Liter lauwarmer Milch aufgelöster Preßhefe und mit 600 g Mehl gut vermengt und solange fein abgeschlagen, bis sich der Teig vom Löffel löst.

❷ Hierauf läßt man den Teig zugedeckt an einem warmen Ort stehen, bis er aufgegangen ist, und verwendet ihn sodann auf die beschriebene Weise.

Apfelstrudel

❶ Die Äpfel werden geschält, in dünne Scheiben geschnitten, mit weichgedämpften Rosinen vermischt und mit abgeriebener Zitronenschale, Zucker und Rum einige Stunden mariniert.

❷ Dann breitet man sie auf dem ausgezogenen Strudelteig aus, streut ganz kleine, in Butter geröstete Semmelwürfel darüber und betropft die Äpfel sehr gut mit Butter.

❸ Nun rollt man den Strudel wie üblich zusammen, legt ihn in die mit Butter ausgestrichene Pfanne, bestreicht ihn nochmals mit Butter und backt ihn ab.

Kirschenstrudel

❶ Der Strudelteig wird wie beim Rahmstrudel mit der abgerührten Masse von saurer Sahne, Zucker, Schnee von 4 Eiweiß und einer Prise Salz bestrichen.

❷ Darauf kommen frische, ausgesteinte und mit Zucker bestreute Kirschen oder eingelegtes Kirschfleisch. Dann rollt man den Teig zusammen, dreht ihn schnekkenförmig und backt ihn in der gebutterten Form.

❸ Gestürzt wird er mit Zucker und Zimt bestrichen. Ebenso bereitet man Pflaumenstrudel.

Topfenstrudel (österreichisch)

❶ Man bereitet einen Strudelteig wie beschrieben, läßt ihn 3/4 Stunden ruhen und füllt ihn mit folgender Masse:

❷ 120 g schaumig gerührte Butter werden mit 160 g Vanillezucker verrührt und 6 Eigelb, eins nach dem anderen, dazugetan und dieses dann mit 500 g weichem weißen Käse, 1/4 Kaffeelöffel Salz und 1/4 Liter Sahne verrührt, zuletzt der Schnee von 6 Eiern leicht eingemischt. Wenn der Strudel gebacken ist, gibt man Schlagsahne dazu.

Quarkstrudel, Käsestrudel

❶ Man verrührt 20 g geschmolzene Butter mit 3 Eiern und 1/4 Liter saurer Sahne, vermischt dies mit zu Sahne gerührtem weißen Käse, Zukker nach Geschmack und Korinthen.

❷ Diese Masse streicht man auf den vorbereiteten Strudelteig, rollt ihn zusammen und backt ihn, wie bereits beschrieben.

Kartoffelstrudel

3 Eier, 125 g gekochte und geriebene Kartoffeln und 50 g Zucker werden 1/2 Stunde gut abgetrieben, dann der Schnee von 3 Eiweiß hineingetan und leicht untergerührt und damit der Strudelteig, der wie gewöhnlich gemacht wird, gefüllt und bei mäßiger Hitze langsam gar gebacken.

Tiroler Strudel

❶ Den ausgezogenen Strudelteig bestreicht man mit folgender Füllung:

❷ 100 g Butter zu Schaum gerührt, darunter 2 Eigelb, etwas abgeriebene Zitronenschale, 150 g fein gehackte Mandeln oder Nüsse, 4 fein geschnittene Feigen, 50 g Sultaninen, etwas Gewürznelken und Zimt und darüber braunen Pfefferkuchen.

❸ Nun rollt man den Strudel, dreht ihn zur Schnecke, gibt ihn in die mit Butter ausgestrichene Form und backt ihn eine Stunde.

Mandelstrudel

❶ Man gibt in eine tiefe Schüssel 160 g Zucker, rührt 2 ganze Eier und 2 Eigelb nach und nach dazu, vermengt es hieraufmit 160 g abgezogenen, fein geriebenen Mandeln und mischt zuletzt den Schnee von 2 Eiweiß leicht darunter.

❷ Nun bestreicht man den fein ausgezogenen Strudelteig mit zerlassener Butter, verteilt darauf die oben angegebene Masse und bestreut diese mit 160 g Rosinen.

❸ Der Teig wird dann zusammengerollt und wie beschrieben gebacken.

Nußstrudel

Die Füllung dieses Strudels besteht aus 250 g abgeschälten, geriebenen Walnüssen, Zimt, einer gestoßenen Gewürznelke, 3 Löffeln Honig, 2 Eigelb in Milch zerquirlt und etwas in Sahne geweichter, geriebener Semmel.

Powidlstrudel oder Pflaumenmusstrudel (österreichisch)

Der beschriebene Strudelteig wird mit Pflaumenmus bestrichen, mit geriebenem Honigkuchen bestreut, darauf zusammengerollt schön gebacken und dann in Stükke geschnitten zu Tisch gegeben.

Rahmstrudel

❶ Man rührt 35 g Butter zu Sahne und gibt 4 Eigelb, 1/4 Liter saure Sahne, den Schnee der Eier, Zucker und Salz dazu. Dies streicht man auf einen gut ausgezogenen, mit Butter bestrichenen und mit Semmelbröseln bestreuten Strudelteig, streut Rosinen, Korinthen, gestiftete Mandeln und Pignolen darüber und rollt ihn wie jeden Strudel leicht zusammen, indem man das vordere Ende des Tuches an- und immer höher hebt.

❷ So rollt sich der Teig von selbst zusammen. Man dreht ihn dann schneckenförmig, gibt ihn in eine flache Kasserolle, die mit Butter ausgestrichen ist, bestreicht den Strudel mit Butter und etwas von der gerührten Füllung, backt ihn braun, stürzt und bestreut ihn mit Zucker.

Schokoladenstrudel

❶ Den Strudelteig füllt man mit folgender Masse:

❷ 3 Eigelb, 70 g Zucker, 70 g feingeriebene Mandeln und 125 g feine, geriebene Schokolade werden gut vermischt und der Schnee der 3 Eier leicht daruntergerührt.

❸ Man streicht die Masse gleichmäßig über den mit Butter bestrichenen Strudelteig, gießt 1/2 Tasse heiße Schokolade darüber, rollt den Teig, bringt ihn in die Speiseform und backt ihn ab.

❹ Zu diesem Strudel wird Schlagsahne gereicht.

Mohnstrudel

❶ 1 Liter fein geriebener Mohn wird mit 1 Liter Milch und 200 g Zucker sowie etwas Rosenwasser dick eingekocht und nach Belieben werden Rosinen daruntergemischt.

❷ Diese Fülle streicht man auf den hergestellten Strudelteig und schlägt denselben 3 Fingerbreit um; dieser Umschlag wird ebenfalls mit der Mohnfülle bestrichen, worauf man den Teig ganz zusammenrollt, auf ein mit Butter bestrichenes Blech legt und zugedeckt an einem warmen Ort aufgehen läßt.

❷ Wenn dies geschehen ist, wird der Strudel mit verquirltem Ei stark bestrichen und in der Röhre gebacken.

Aprikosenstrudel (Marillenstrudel)

❶ Die Aprikosen werden geschält, geviertelt und über den ausgezogenen Strudelteig verteilt.

❷ Dann streut man Zucker darüber, betropft ihn gut mit Butter und macht den Strudel nach Vorschrift fertig.

Fleischstrudel

❶ Reste von Kalbsbraten und Rindfleisch schneidet man fein, gibt sie zu in Butter gedämpfter geriebener Semmel und gehackter Petersilie oder Schnittlauch.

❷ Man macht einen Strudelteig. Wenn dieser fein ausgezogen ist. bestreicht man ihn mit abgequirlten Eiern, streut das ausgekühlte Fleisch darüber, rollt ihn zusammen, dreht ihn schneckenförmig und backt ihn mit Fett bestrichen.

Schinkenstrudel

Man verquirlt 1/4 Liter sauren Rahm mit 3 Eigelb, bestreicht damit den ausgezogenen Strudelteig, streut 250 g feingeschnittenes Schinkenfleisch darauf, rollt ihn zusammen und bestreicht den Strudel auch oben mit Butter. So läßt man ihn backen.

Krebsstrudel

Den ausgezogenen Teig bestreicht man leicht mit Krebsbutter, verquirlt 1/4 Liter sauren Rahm mit 4 Eigelb, salzt dies, mischt das feingeschnittene Krebsfleisch dazu, streicht es auf und backt den zusammengedrehten Strudel in einer mit Krebsbutter angestrichenen Kasserolle, bestreicht ihn mit zerlassener Butter und gibt ein paar Löffel heiße Sahne dazu.

Salz

Lieblingsessen? Rouladen!

Gefüllt, gewickelt & geschmort

Rouladen sind richtige kleine Portions-Schmorbraten. Jede Rolle gerade die richtige Menge jeweils für eine Person. Richtig gut werden sie allerdings nur, wenn man gleich eine größere Menge davon zubereitet, nur dann bekommt die Sauce die notwendigen Röststoffe, die ihr Geschmack und Stand verleihen. Sie bleiben saftiger, wenn sie dicht nebeneinander im Topf gebettet langsam vor sich hin schmoren, sich also gegenseitig stützen, als wenn zwei einzelne Röllchen darin liegen und sich verlieren.

Deshalb: auch wenn man nur für zwei kocht, lieber viele Rouladen zubereiten, gleich für mehrere Mahlzeiten einfrieren. Übrigens: Man kann ruhig auch verschiedene Sorten Rouladen im selben Topf miteinander zubereiten – die unterschiedlichen Fleischsorten und Füllungen ergeben eine besonders kräftige Sauce!

Rouladen – Lieblingsgericht der Deutschen

Tatsächlich stehen Rouladen unangefochten seit Jahren an der Spitze der Lieblingsgerichte. Immer mal wieder werden ja in regelmäßigen Abständen die Vorlieben der Deutschen erforscht, und es hat sich bei diesem Spitzenreiter nichts geändert. Es sind zwar inzwischen Pizza, Döner und sonstige fremdländischen Spezialitäten auf die Liste gerückt, aber das hat der Vorrangstellung der guten alten Roulade nichts anhaben können. Aber es gibt auch Untersuchungen, die besagen, daß die Deutschen nur noch unzulänglich ihr Lieblingsgericht zuzubereiten verstehen: 67% aller Frauen wissen noch, wie man Rouladen mit Spätzle und Apfelrotkohl zustande bringt – aber nur 19 Prozent aller Männer. Nun ist ja die Zusammenstellung von Rouladen mit Apfelrotkraut und Spätzle nicht unbedingt klassisch – Kartoffelpüree und Möhrengemüse finden wir jedenfalls passender. Aber vermutlich rührt sie daher, daß Auftraggeber dieser Studie die Firma Iglo war, die womöglich in ihrem Programm ein solches Tellergericht zum bequemen Auftauen anbietet.

Welches Fleisch eignet sich?

Die klassische Roulade wird aus Rindfleisch geschnitten, und zwar aus der Oberschale. Es ist ein mageres Fleisch mit einem dünnen Fettrand, den man einschneiden muß, damit er das Fleisch nicht zusammenzieht, aber auf keinen Fall abtrennen darf, weil er das Fleisch saftig hält. Auch vom Kalb, vom Schwein, sogar aus Putenfleisch lassen sich große, dünne Fleischscheiben schneiden, die sich zum Aufrollen eignen. Wichtig ist, daß die Fleischfasern jeweils in einer Richtung verlaufen, damit die Roulade auch tatsächlich zart wird. Am besten ist, man läßt sich die Rouladen vom Metzger dünn zuschneiden. Er kann das auf seiner Aufschnittmaschine besser als Sie mit der Hand. Kleinere Rouladen aus der Schweinenuß oder von der Lammkeule lassen sich durch einen Trick vergrößern: mit dem sogenannten Schmetterlingsschnitt. Dafür setzt man jeden zweiten Schnitt so, daß er an der Unterseite das Fleisch nicht durchtrennt, dann läßt sich das Schnitzel aufklappen und verdoppeln. Die „Naht“ in der Mitte wird mit einem flachen Fleischklopfer glattgestrichen.

In jedem Fall bitten Sie Ihren Metzger um ein abgehangenes, gereiftes Fleischstück, damit die Rouladen schön mürbe werden!

Wir haben beim Metzger Greiner in Ergolding bei Landshut eingekauft. Rouladen sind die Spezialität von Frau Greiner – keine kann sie so schön akkurat und perfekt zuschneiden wie sie (Adresse: Lindenstr. 55, 84030 Ergolding, Tel.: 08 71/7 16 06).

Übrigens: Vom selben Stück, aus dem Frau Greiner für uns die Rouladen geschnitten hat, hat wenige Tage zuvor unser Bundespräsident gegessen. Er war bei seiner Schwägerin in Landshut zu Gast, und sie kauft auch beim Metzger Greiner ein.

Fleisch klopfen – ja oder nein?

Es gab mal in allen Küchen ein schreckliches Ding aus Holz: den Fleischklopfer. Er sah aus wie ein Holzhammer und hatte auf den beiden Klopfseiten martialisch aussehende Holzzacken. Damit zerklopfte man die straffen Fasern vom zähen Fleisch, damit man die billigen Stücke auch irgendwie genießen konnte.

Heute bekommen wir eigentlich derart zähes Fleisch nicht mehr beim Metzger. Wer heute noch das Fleisch mit dem Zackenhammer drischt, zerstört die Fasern und darf sich später über zähes Fleisch nicht wundern. Aber Sie brauchen das Ding aus Ihrer Küche nicht zu verbannen, wenn Sie dessen glatte Klopfflächen verwenden.

Damit kann man das Fleisch vorsichtig glatt- und flachstreichen, es auch mal ein wenig flacher klopfen. Solange man nicht wie beim Holzhacken drischt, ist alles in Ordnung.

In guten Haushaltsgeschäften findet man schwere und formschöne Fleischklopfer aus Metall oder Marmor. Sie sind hygienisch, leicht sauberzuhalten und dank ihres Eigengewichts sehr gut geeignet.

Übrigens: Auch Holz ist durchaus hygienisch, es besteht aus einer lebendigen Materie, die über antibakterielle Fähigkeiten verfügt. Das gilt auch für Arbeitsbretter und für Kochlöffel aus Holz.

Wissenschaftler aus Wisconsin haben herausgefunden, daß Bakterien zu 99 Prozent nach drei Minuten auf Holzbrettern abgestorben sind, während auf Plastikmaterial diese Mikroorganismen nicht nur wirksam blieben, sondern sich sogar stürmisch vermehrten.

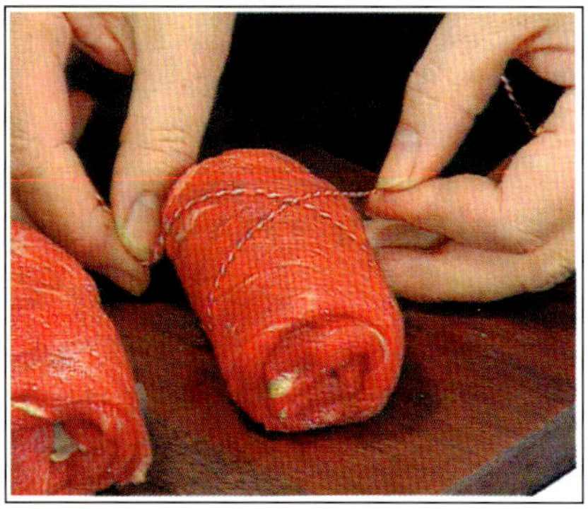

Die Füllung

Wo gewickelt wird, muß natürlich auch gefüllt werden, sonst hätte alles Aufrollen wenig Sinn. In die klassische Rinderroulade gehören Senf, saure Gurke und Zwiebel – es lassen sich jedoch vielfältige Möglichkeiten und Variationen finden: Gemüsestreifen, Kräuter, Gewürze, Pilze, Fleischfarce, gehackte Leber und was immer...

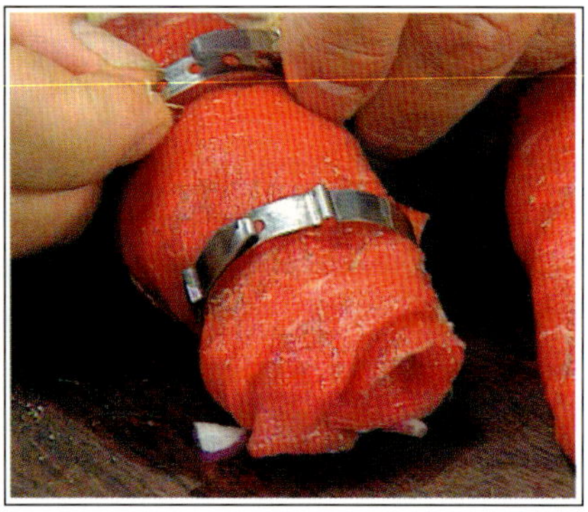

Der Phantasie sind keine Grenzen gesetzt, ein Blick in den Kühlschrank, und schon sind neue Variationen gefunden. Übrigens: Rouladen sind auch ein glänzendes Versteck für Reste aller Art, denen auf diese Weise zu einem neuen, strahlenden Auftritt verholfen wird.

Je nach Fleischsorte wird man für die Füllung mehr deftiges (Schwein), kräftiges (Rind), mediterranes (Lamm) oder womöglich sogar exotisches (Kalb/Geflügel) wählen.

Man kann Rouladen

- mit Küchenzwirn verschnüren,
- mit Zahnstochern zustecken,
- mit Klammern halten,
- mit Rouladennadeln feststekken.

Jede Methode hat etwas für sich, es ist Geschmacks- und Ansichtssache, für welche man sich entscheidet. Es geht sogar völlig ohne Hilfsmittel: die Roulade mit ihrer Nahtseite nach unten ins heiße Fett legen, in der Hitze tritt Eiweiß aus, das die Rolle zusammenhält.

In jedem Fall jedoch werden die Hilfsmittel vor dem Servieren entfernt, damit sich die Gäste nicht damit abmühen müssen. Die Schnüre mit der Schere durchtrennt und abgezogen, die Nadeln oder Zahnstocher herausgezogen und die Klammern gelöst und entfernt.

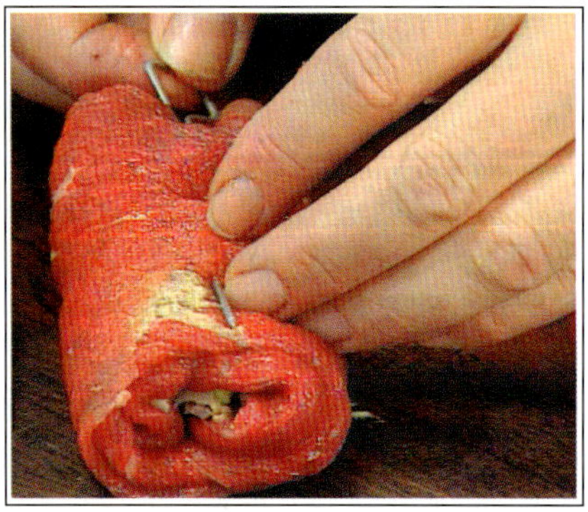

Das Wickeln und Verschnüren

Es darf nichts herausquellen, deshalb muß man sorgfältig die Seiten verschließen. Die Rolle soll zusammenhalten, deshalb muß man sie gut zustekken.

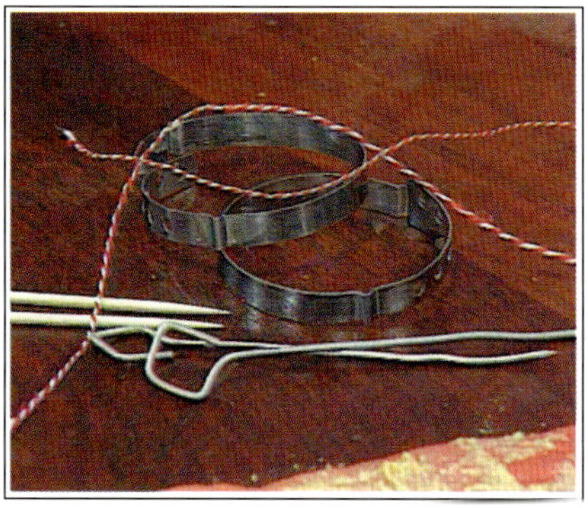

Das richtige Schmoren

Wie bei jedem Schmorbraten ist zunächst einmal das Anbraten wichtig: die Poren müssen sich rasch schließen, eine schöne Kruste soll entstehen, das heißt, die Fleischrollen müssen kräftig angebraten werden.

Das beginnt mit sehr heißem Fett, in dem die Rouladen rundum und langsam gebraten werden. Portionsweise, damit genügend Platz im Topf ist – rohe Rouladen benötigen mehr Raum als die fertigen.

Nach dem Anbraten setzt man die Rouladen sehr dicht nebeneinander in den Topf, löscht mit der Schmorflüssigkeit ab, gibt die Gewürze hinzu und läßt sie nun in milder Hitze sanft gar schmoren. Entweder im Backofen, etwa bei 175 Grad, oder auf der Herdplatte, auf sanftem Feuer.

Die Rouladen sollten zu mehr als zwei Dritteln von Flüssigkeit bedeckt sein, bevor man den Deckel schließt. Nach Beendigung der Schmorzeit wird sie etwa um ein Drittel eingedampft sein und die Sauce schön konzentriert. Gebunden wird die Sauce lieber mit etwas Wurzelwerk, das man hat mitschmoren lassen, als mit Saucenbinder – dafür wird sie einfach mitsamt Wurzelwerk im Mixer püriert oder mit dem Mixstab aufgeschlagen. Dabei gibt das Bratfett eine zusätzliche Bindung, weil es mit der Flüssigkeit emulgiert und sie andickt.

Die korrekt gewickelte Roulade

Damit die Rouladen beim Schmoren schön in Form bleiben und die Füllung nicht rausläuft, kommt's auf die richtige Wickeltechnik an:

1. Die Füllung nur auf einem Drittel der Fleischscheibe verteilen - und zwar auf dem breiteren Teil, wenn die Scheibe ungleichmäßig geformt ist. Links und rechts einen Rand frei lassen.

2. Die Längsseiten etwas einschlagen – das geht natürlich nur bei ganz dünn geschnittenem Fleisch, hat aber den großen Vorteil, daß die Ränder gleichmäßig werden und die Füllung garantiert nicht rauslaufen kann.

3. Die Roulade gleichmäßig und ziemlich stramm aufwickeln. Sonst hat die Füllung keinen Halt.

4. Das Ende mit einer Rouladennadel oder einem Holzspießchen feststecken. Oder die Roulade mit Küchenzwirn fest verschnüren. Es gibt auch spezielle Rouladenringe oder Rouladenklammern. All diese Hilfsmittel vor dem Servieren entfernen, bis auf die Holzspießchen. Die sitzen fest.

Ablöschen und Binden

Nach dem Anbraten der Fleischstücke (und aller anderen Zutaten) befinden sich in der Pfanne – außer wenig Fett – auch noch kleine, braune Krusten. Das ist karamelisierter Fleischsaft, die Grundlage für jede gute Sauce.

Und das geht so:

- Den Bratensaft mit Wein, Fleischbrühe oder Wasser loskochen und alle Rückstände von der Pfanne lösen. Flüssigkeit bis auf ein paar Eßlöffel einkochen lassen.

- Erst jetzt Sahne (Crème fraîche oder Crème double) aufgießen. Wer zu früh die Sahne dazugibt, riskiert, daß die Soße grießlig wird. Die Soße wieder etwas einkochen lassen.

- Wer gern reichlich Sauce will, der gießt nochmals etwas Brühe nach. Um der Sauce eine leichte Bindung zu geben, rührt man ein bis zwei Eßlöffel Saucenbinder hinein. Oder man röstet ein bis zwei

Eßlöffel Mehl im Bratensatz hellbraun und gießt dann erst mit Flüssigkeit auf.

Wenn der Sauce noch der Pfiff fehlt

Manchmal passiert es, daß die Sauce am Schluß noch schlapp ist, obwohl man den Bratfond ordentlich aufgegossen und gewürzt hat. Dem kann abgeholfen werden – mit ein paar Wundermittelchen, die man sowieso immer im Haus haben sollte. Zum Nachwürzen eignen sich besonders gut:

- **Fleischextrakt.** Rundet alle Saucen ab. Eine Messerspitze ist meistens genug. Oder man bröselt die Ecke eines Brühwürfels in die Sauce.

- **Worcestershiresauce.** Auch da genügen schon ein paar Spritzer. Gut für Rindfleisch.

- **Zitronensaft und -schale.** Kurz vor dem Servieren ein paar Tropfen in die Sauce geben – aber nicht zuviel, sonst gerinnt sie! Der säuerliche Geschmack bekommt vor allem Sahnesaucen und Schweinefleisch gut. Die sehr dünn geschnittene Zitronenschale sollte immer mitgekocht werden, um ihr Aroma zu entfalten (wie beim Zürcher Geschnetzelten).

- **Cognac.** Ein bis zwei Spritzer genügen schon, um eine Soße geschmacklich interessanter zu machen.

Manchmal passiert es auch, daß die Sauce zu grau geworden ist. Dann kann man sie mit verschiedenen Zutaten ein bißchen einfärben:

- **Tomatenmark.** Gibt nicht nur eine schöne Farbe, sondern hilft auch, die Sauce sämiger zu machen. Der leicht süßliche Geschmack kann mit einer Prise Zucker abgerundet werden.

- **Senf.** Da hat man die Wahl – von scharf bis mild-süßlich und von körnig bis ganz fein. Auch Senf gibt der Sauce Stand und Sämigkeit.

- **Gewürze.** Geeignet sind edelsüßer Paprika, Curry, Gelbwurz (Kurkuma) oder Safran in sehr kleinen Mengen. Sie geben der Sauce eine appetitliche Farbe, ohne den Geschmack entscheidend zu verändern.

Was kann man machen, wenn die Sauce zu salzig geworden ist?

Erste Hilfe: Einen Teelöffel Mehl mit drei bis vier Eßlöffeln süßer Sahne vermischen und in die Sauce rühren. **Zugedeckt** bei milder Hitze quellen lassen.
Sehr fein geschnittenes Wurzelgemüse dazugeben und die Sauce zugedeckt bei milder Hitze ziehen lassen. Das Gemüse anschließend herausfischen. Oder mit einem Teil der Sauce pürieren und wieder in den Topf geben. Einen Teil der Sauce abgießen (wenn's ganz schlimm ist). Mit etwas Wasser auffüllen. Je einen Teelöffel weiche Butter und Mehl zusammen verkneten und in die Soße rühren. Zehn Minuten leise köcheln lassen. – Mit dieser Mehlbutter läßt sich jede Sauce binden (wenn sie zu dünn geraten ist). Oder man nimmt einfach einen Fertig-Saucenbinder aus der Tüte.

Wenn die Sauce zu dick geworden ist

Einfach etwas Sahne oder Brühe mit Wasser verrühren und unter ständigem Rühren angießen, bis sie die richtige Konsistenz hat. Kurz aufkochen, eventuell nachwürzen.

DIE REZEPTE

Rindsrouladen, klassische Art

Für 6 Personen:
6 dünne Scheiben aus der Oberschale vom Rind, Pfeffer, Salz, 1 EL scharfer Senf, 6 dünne Scheiben Bauchspeck, 1 Möhre, 1 Lauchstange, 1/2 Sellerieknolle, 3 Gewürzgurken, 100 g fetter (grüner Speck), 1 EL Tomatenmark, 1 Glas Weißwein, 1/2 l Fleischbrühe, Sträußchen aus Petersilienstengel, Thymian, Lorbeerblatt, ca. 75 g Butter

❶ Die Fleischscheiben auf der Arbeitsfläche nebeneinanderlegen und flachstreichen. Wenn noch vorhanden, die Fettränder vorsichtig einschneiden, dabei möglichst das Fleisch nicht verletzen.

❷ Das Fleisch pfeffern und salzen, mit Senf bestreichen und mit je einer Speckscheibe belegen.

❸ Möhre, Sellerie schälen, auf dem Gemüsehobel längs in streichholzfeine Streifen schneiden. Vom Lauch das dunkle Grün entfernen, das Weiße in feine Ringe schneiden. Auch die Gurke in feine Streifen schneiden.
Die Hälfte des Gemüses und die Gurke jeweils als Bündel in die Rouladen verteilen. Die Längsseiten so darüber schlagen, daß nachher von den Gemüsestreifen seitlich nichts mehr zu sehen ist, und die Rouladen aufwickeln. Mit Klammern, Zahnstochern, Nadeln oder wie auch immer verschließen.

❹ In einem schweren Schmortopf den frischen, grünen und ungeräucherten Speck auslassen ihn dafür zuvor fein würfeln. Die Rollen portionsweise darin rundum schön kroß anbraten. Erst gegen Ende dieser Anbratphase das restliche, inzwischen gewürfelte Wurzelwerk sowie das Tomatenmark zufügen. Gründlich anrösten, schließlich mit Wein und Brühe ablöschen, das Kräutersträußchen zufügen.

Tip: Bei uns gibt es ein sahnig-cremiges Möhren-Kartoffel-Püree dazu. Und zur Erfrischung einen grünen Salat.

Bei der Pfeffermühle sollten sie auf ein gutes Mahlwerk achten. Wir empfehlen das Mahlwerk von der Firma Peugeot

❺ Den Topf mit seinem Deckel verschließen und in den auf 160 Grad vorgeheizten Backofen stellen. Die Rouladen langsam etwa zwei Stunden schmoren.

❻ Die Rouladen herausnehmen und warm stellen, den Schmorfond etwas einkochen, bis die Sauce dicklich wird. Das Kräutersträußchen entfernen.

❼ Die Sauce mit dem Pürierstab aufmixen oder im Mixer fein pürieren, dabei stückchenweise die eiskalte Butter zufügen. Die Sauce wird dann cremig und glänzend – man braucht sie nur noch abschmecken, bevor die Rouladen wieder darin erwärmt werden. Auf keinen Fall mehr kochen, weil sonst die Sauce ihren Glanz verliert, vielmehr sofort servieren.

Tip: Wir werden immer wieder nach der Pfeffermischung und der Mühle gefragt. Wir verwenden eine Mischung aus weißen und schwarzen Pfefferkörnern. Bei der Pfeffermühle sollten Sie auf ein gutes Mahlwerk achten. Wir empfehlen das Mahlwerk von der Firma Peugeot.

Für 6 Personen:
1 große Zwiebel,
2 EL Butter,
je 750 g Kartoffeln und Möhren, 1/2 l Wasser oder Brühe, Salz,
1/4 l Milch, 1/8 l Sahne,
Pfeffer und Muskat,
frischer Majoran

Möhren-Kartoffel-Püree

❶ Die Zwiebel fein hacken, in einem großen Topf in der heißen Butter sanft andünsten, aber nicht bräunen.

❷ Kartoffeln und Möhren schälen, würfeln und kurz mitdünsten. Das Wasser oder Brühe angießen, salzen. Das Gemüse zugedeckt etwa 25 Minuten gar kochen.

❸ In einem zweiten Topf Milch und Sahne aufkochen, Kartoffeln und Möhren durch die Gemüsemühle hinzupassieren. Mit einem Schneebesen aufschlagen, dabei soviel vom Kochsud zufügen, bis die gewünschte Püreekonsistenz erreicht ist.

❹ Mit Pfeffer und Muskat kräftig abschmecken. Zum Schluß reichlich gehackten, frischen Majoran unterrühren. Falls Sie nur getrockneten Majoran haben, fügen Sie ihn bereits zu Beginn zu, gleich in den Kochsud.

❺ Außerdem reichlich frische, gehackte Petersilie unterrühren.

Variationen zu Rindsrouladen:

Man kann eigentlich alles mögliche in die Fleischscheiben wickeln – hier ein paar Vorschläge:

❶ Rindsrouladen à la Spanisch Fricco:
Hauchdünn gehobelte Kartoffelscheiben und Zwiebelringe auf die Rouladenscheiben betten, jeweils mit Salz und reichlich Pfeffer würzen und einen dicken Klecks Crème fraîche obenauf setzen. Sorgfältig darauf achten, die Rouladen vor allem an den Seiten einzuschlagen, damit nichts von der Füllung herausquellen kann.

❷ Rindsrouladen Genoveser Art mit grünen Bohnen:
Die Rouladen mit Würzsenf bestreichen, blanchierte, dünne grüne Böhnchen auf das Fleisch betten, mit zerdrücktem Knoblauch und Bohnenkraut würzen, gut salzen – denn Bohnen brauchen sehr viel Salz!

❸ Asiatische Rindsrouladen mit Chili & Champignons:
Die Rouladen mit Chilipaste bestreichen (zum Beispiel thailändische Currypaste, Sambal oelek oder chinesische Chilisauce) hauchdünne Champignonscheibchen, winzige Würfel von rotem Paprika, gehackte asiatische Kräuter (Thaibasilikum, Koriandergrün, ersatzweise Petersilie).

❹ Rindsrouladen à la chinoise:
Mit eingeweichten chinesischen Tongupilzen füllen, gekochten Schinken und gewürfelten Zucchini. Den Schmorsud dann mit Sojasauce würzen, eventuell auch mit Knoblauch und Ingwer.

Tip: Zu den Rindsrouladen kann man gut ein Pils trinken, ein Kölsch oder Alt. Wer lieber Wein dazu mag, serviert einen leichten Beaujolais oder einen Spätburgunder vom Kaiserstuhl.

Kalbsvögerl mit Kräuterfüllung

Für 4 bis 6 Personen:
6 dünne Kalbsschnitzel aus der Oberschale, Pfeffer, Muskat, Salz

Füllung:
1 altbackenes Brötchen, 1/8 l Milch, 2 dünne Scheiben Bauchspeck, 1 Zwiebel, 1 Bund Petersilie, 1 Ei, 2 gehäufte EL frisch geriebener Parmesan (Parmesano regiano schmeckt am besten), Salz, Pfeffer, Cayennepfeffer, Muskatblüte, 1 Spritzer Worcestershiresauce

Für die Sauce:
2 – 3 EL Öl, 1 Glas Weißwein, 1/4 l Fleischbrühe, 1/4 l Sahne, 50 g Butter

❶ Die Schnitzel auf der Arbeitsfläche ausbreiten und mit dem Fleischklopfer behutsam flachstreichen. Auf beiden Seiten mit Pfeffer und Muskat würzen. Gesalzen wird erst, unmittelbar bevor die Schnitzel gefüllt werden. Für die Füllung das Brot in Würfel schneiden, mit der Milch beträufeln und einweichen.

❷ Den Speck sehr fein würfeln und in einer kleinen Pfanne auslassen. Die Zwiebel sehr fein hakken und darin weich dünsten, ohne sie Farbe nehmen zu lassen. Brot, Speck und Zwiebel, gehackte Petersilie, Ei und Parmesan mischen. Diese Farce mit wenig Salz (Speck und Käse bringen bereits genug davon), Pfeffer, Cayennepfeffer, Muskatblüte und Worcestershiresauce kräftig würzen.

Tip: Zu den österreichisch inspirierten Kalbsvögerln paßt natürlich ein kraftvoller Weißwein aus Österreich, zum Beispiel ein Grüner Veltliner aus der Wachau. Als Beilage schmeckt ebenfalls unser Möhrenkartoffelpüree, es passen aber auch Nudeln oder Spätzle, natürlich am allerbesten hausgemacht!

❸ Diese Füllung auf die Schnitzel verteilen und vorsichtig einwickeln. Aufpassen, daß die Seiten schön eingeschlagen sind, damit nichts herausquellen kann.

❹ Die Kalbsrouladen sorgsam zustecken oder mit Küchenzwirn verschnüren. In einem passenden Topf im heißen Öl rundum kräftig anbraten. Mit Wein ablöschen, mit Brühe und Sahne auffüllen. Aufkochen, dann zugedeckt auf dem Herd oder im 160 Grad heißen Ofen ein bis eineinhalb Stunden sanft gar ziehen lassen.

❺ Die Röllchen dann auf einer Platte beiseite stellen. Die Schmorflüssigkeit etwas einkochen, zum Schluß die eiskalte Butter in Flöckchen untermixen, damit die Sauce eine schöne Bindung bekommt und glänzt. Wem die Sauce noch zu dünn ist, kann mit etwas Stärke binden: einfach einen Teelöffel Speisestärke mit etwas Saucenfond glattquirlen und in die Sauce rühren. Leise fünf Minuten köcheln, bis die Konsistenz stimmt.

Tip: Wenn Sie die Milch erwärmen (Mikrowelle), verkürzt das die Einweichzeit erheblich.

Herzhafte Schweinsrouladen

Es ist praktisch eine Hausmacher Schlachtplatte im Miniformat: in das Schweineschnitzel werden nämlich Sauerkraut und Blutwurst eingewickelt – dazu ein Kartoffelpüree der klassischen Art oder ein duftendes Erbspüree und ein kühles, schäumendes Bier!

❶ Die Schnitzel ausbreiten, den Fettrand einritzen, das Fleisch schön flachstreichen. Mit Senf bestreichen, salzen und pfeffern. Das Sauerkraut zerzupfen und auflockern, gerecht auf die Fleischscheiben verteilen.

❷ Die Zwiebeln schälen, halbieren und in feine Ringe schneiden. Auf dem Kraut verteilen. Die Blutwurst häuten, in Scheiben schneiden und auf die Zwiebeln betten. Alles pfeffern und mit zwischen den Handflächen zerrebeltem Majoran würzen. Die Fleischscheiben seitlich einschlagen, vorsichtig, aber fest aufrollen und gut verschnüren.

❸ Im heißen Schmalz die Päckchen rundum schön anbraten, auch von außen mit Salz und Pfeffer würzen. Mit Wein ablöschen und die Brühe angießen. Zugedeckt im Ofen bei 160 Grad oder auf der Herdplatte unterhalb des Siedepunkts etwa eineinhalb bis zwei Stunden gar schmoren.

❹ Die Rouladen herausheben und warm stellen, den Bratenfond einkochen und mit Butter aufmixen.

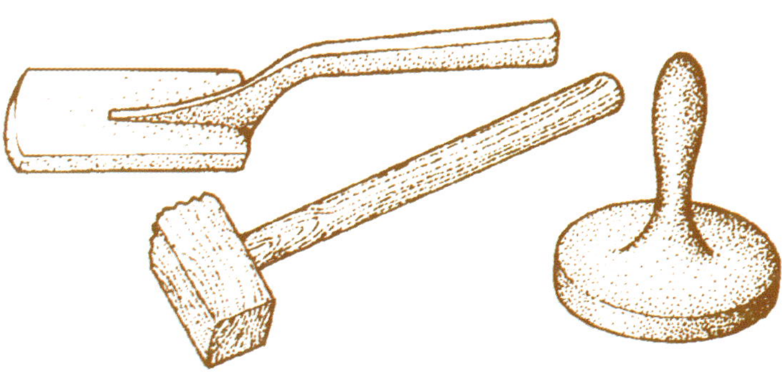

Verschiedene Fleischklopfer

Für 4 bis 6 Personen:
6 große, dünne Schweineschnitzel (notfalls in Schmetterlingsart geschnitten, damit die Fläche noch größer wird), 2 EL scharfer Senf, Salz, Pfeffer,
500 g Sauerkraut,
2 Zwiebeln,
250 g Blutwurst (Flöns),
Majoran, 2 EL Schmalz,
1/4 l Weißwein,
1/4 l Brühe,
ca. 50 g Butter für die Sauce

Chinesische Lammrouladen

Für 4 bis 6 Personen:
6 schöne dünne Scheiben aus der Lammkeule, 6 EL Sojasauce, 1 EL Sesamöl (aus geröstetem Sesam), 1 TL Zucker, Pfeffer, 4 Tongupilze, 1/2 Weißkohlkopf, 1 Möhre, 1 Lauchstange, 3 EL neutrales Öl, Salz, 1/8 l Sherry oder Reiswein, 3/8 l kräftige Hühnerbrühe

➊ Die Lammscheiben ausbreiten und flach streichen. Mit Sojasauce und Sesamöl einpinseln, außerdem mit Zucker und Pfeffer bestreuen.

➋ Die Tongupilze in wenig heißem Wasser einweichen. Dann die Stiele herausschneiden, die Hüte in schmale Streifen schneiden.

➌ Den Weißkohl ebenfalls in feine Streifen schneiden, dicke Blattstrünke entfernen; Möhre und Lauch in streichholzfeine Streifen schneiden.

➍ Die Gemüse zu Bündeln zusammenpacken, je ein solches Bündel in eine Lammscheibe einwickeln, zuvor jedoch noch einmal mit Sojasauce und Sesamöl beträufeln.

➎ Die Rouladen aufwickeln und gut verschnüren oder feststecken. Im heißen Öl rundum anbraten, salzen, pfeffern, mit Sherry und Sojasauce ablöschen und mit Brühe auffüllen. Zugedeckt langsam gar schmoren – bei 160 Grad im Ofen oder knapp unterhalb des Siedepunkts auf dem Herd.

➏ Den Bratenfond für die Sauce schließlich rasch auf starkem Feuer dicklich einkochen, aufschlagen, dabei etwas eiskalte Butter untermixen, damit die Sauce Glanz bekommt.

Tip

Tip: Auch diese Röllchen passen zu unserem Kartoffel-Möhren-Püree. Sie schmecken aber auch kalt am nächsten Tag herrlich, einfach dünn aufgeschnitten, hübsch auf einer Platte mit der Schnittfläche nach oben angerichtet und zum Glas Wein oder zum Aperitif serviert.

ZUSATZREZEPTE

Rindfleisch-Röllchen

Für 6 Personen:
6 einen halben Zentimeter dünne Scheiben Rinderlende (Roastbeef), 200 g stricknadeldünne grüne Bohnen, 100 g Zucchini, 1 Lauchstange, Salz, 3 EL Sake, 6 EL Mirin, 6 EL Sojasauce, 3 EL Öl

❶ Die Rinderlende muß sorgfältig von Haut und Sehnen gesäubert sein, bevor sie der Metzger auf seiner Aufschnittmaschine in exakte, dünne Scheiben schneidet. Und zwar müssen die Scheiben noch dünner sein, als für Rindsrouladen! Sollte er dazu nicht bereit sein, ist es besser, das Fleisch, also ein Roastbeef, am Stück zu kaufen und selbst aufzuschneiden. (Man tut sich dabei übrigens leichter, wenn man das Fleisch zuvor etwas anfriert). Die Scheiben mit der glatten Seite des Fleischklopfers oder mit der Klinge eines großen Messers vorsichtig flachstreichen, bis sie etwa doppelte Größe erreicht haben.

❷ Bohnen putzen, in stark gesalzenem Wasser zwei Minuten blanchieren; längs in Streifen gehobelte Zuchini und in ebenso schmale Ringe geschnittenen Lauch für die letzten 20 Sekunden zufügen. Abgießen, abschrecken und abtropfen. Die Gemüsestreifen jeweils in die Mitte jeder Fleischscheibe verteilen. Diese zuerst an den Seiten so einklappen, daß die Gemüse verdeckt sind, dann alles zu einer Rolle wickeln.

❸ Aus Sake, Mirin und Sojasauce eine Marinade rühren und über die Fleischrollen gießen. Zugedeckt etwa eine Stunde ziehen lassen. Die Röllchen im heißen Öl rundum anbraten, dabei immer wieder mit der Marinade einpinseln. So lange braten, bis die Röllchen dick von Marinade überzogen sind.

❹ Entweder sofort und noch heiß als Hauptgericht essen. Oder abkühlen lassen, schräg in zwei Zentimeter dünne Scheiben schneiden und als Aperitifhäppchen servieren.

Kalbfleischröllchen mit Spinatfüllung

Für 4 bis 6 Personen:
6 große, dünne Kalbsschnitzel, Salz, Pfeffer aus der Mühle, 500 g frischer Blattspinat, 1 Zwiebel, 1 EL Butter, frischgeriebene Muskatnuß, 2 EL Öl, 2 EL Butter, 1/4 l Brühe, 1/8 l Sahne, 1 Eigelb

❶ Kalbsschnitzel auf der Arbeitsfläche ausbreiten, glatt streichen, salzen und mit Pfeffer bestreuen.

❷ Den Spinat verlesen und von den Stielen zupfen. Mehrfach waschen und abtropfen lassen. Die Zwiebel schälen und sehr fein hacken.

❸ Die Butter in einem großen Topf erhitzen, die Zwiebel darin weich dünsten. Den Spinat zufügen. Den Deckel auflegen. 5 Minuten lang zusammenfallen lassen, dabei immer wieder mit einem Kochlöffel wenden. Mit Salz, Pfeffer und Muskatnuß würzen.

❹ Herausheben und abtropfen lassen. Den Spinatsaft auffangen. Spinat abkühlen lassen und grob hacken. Auf den Kalbfleischscheiben verteilen und flachdrücken.

❺ Die Schnitzel zusammenrollen und gut verschnüren. In einem flachen Schmortopf das Öl und die Butter erhitzen.

❻ Die Röllchen darin rundherum scharf anbraten. Mit Spinatsaft und Fleischbrühe auffüllen. Zugedeckt im auf 180 Grad vorgeheizten Ofen etwa 1 Stunde schmoren.

❼ Die Röllchen herausheben und warm stellen. Die Schmorflüssigkeit etwas einkochen. Die Sahne mit dem Eigelb verquirlen und mit dem Schneebesen kräftig schlagend in die Sauce rühren. Diese heiß und dicklich werden, aber auf keinen Fall kochen lassen. Abschmecken und über die Röllchen gießen.

Schweineröllchen mit Champignonfarce

❶ Die Schnitzel auf der Arbeitsfläche ausbreiten und flachstreichen. Mit Salz und Pfeffer bestreuen.

❷ Die Pilze putzen, blättrig schneiden. Den Speck würfeln. Einen Eßlöffel davon sehr fein hacken und in einer Pfanne auslassen. Die Pilze darin dünsten, bis alle ausgetretene Flüssigkeit verdampft ist.

❸ Den restlichen Speck und das Schweinefleisch im Mixer fein pürieren. Die erkalteten Champignons zufügen und so lange mixen, bis eine glatte Farce entstanden ist.

❹ Das Ei untermischen, dabei kräftig schlagen, damit sich alles gut verbindet. Mit Thymian, Pastetengewürz, Paprika, Salz und Pfeffer abschmecken.

❺ Auf die Schweineschnitzel streichen. Zusammenrollen und festknüpfen oder -stecken.

❻ Öl und 2 Eßlöffel Butter in einem flachen Schmortopf erhitzen. Die Röllchen darin scharf anbraten. Mit Brühe und Wein ablöschen.

❼ Zugedeckt im auf 180 Grad vorgeheizten Ofen etwa eine Stunde schmoren. Die Schweineröllchen herausheben und warm stellen.

❽ Die Sauce etwas einkochen. Den Topf vom Feuer ziehen. Mit einem Schneebesen die kalte Butter in die Sauce schlagen und die Petersilie hineinrühren.

❾ Heiß über die warmgestellten Röllchen gießen.

Für 4 bis 6 Personen:
6 dünne, große Schweineschnitzel, Salz, Pfeffer aus der Mühle, 200 g frische Champignons, 100 g grüner (frischer) Speck, 100 g Schweinefleisch (Schulter), 1 Ei, 1/2 TL Thymian, 1 TL Pastetengewürz, 1/2 TL Delikateßpaprika, 2 EL Öl, 2 EL Butter, 1/2 l Fleischbrühe, 1/4 l herber Rotwein, 3 EL kalte Butter, 2 EL gehackte Petersilie

Kalbsröllchen mit Olivenfüllung in Champignonsauce

Für 4 Personen:
6 dünne Scheiben aus der Oberschale vom Kalb, Pfeffer, Cayenne, 2 EL Olivencreme (Tapenade – Creme aus schwarzen Oliven; gibt es im Feinkostgeschäft), 2 EL Olivenöl, 500 g Champignons, 2 Knoblauchzehen, 2 Schalotten, Salz, 1 Glas Weißwein, 1/4 l Kalbsfond, 50 g Butter

❶ Die Fleischscheiben ausbreiten, schön flachstreichen, wenn nötig den Fettrand einschneiden. Die Scheiben mit Pfeffer und Cayennepfeffer würzen, dick mit Tapenade einstreichen.

❷ Jeweils einen Pilzhut in Scheiben schneiden und auf die Fleischscheiben breiten. Diese aufrollen und gut verschließen.

❸ Die Kalbsröllchen im heißen Öl rundum schön kroß anbraten, die restlichen Champignons, Knoblauch und die Schalotten – alles sehr fein gewürfelt – zufügen und sorgfältig mit andünsten.

❹ Schließlich alles salzen, mit Wein ablöschen und mit Brühe auffüllen. Zugedeckt sanft eine gute Stunde schmoren.

❺ Die Rouladen herausheben und warm stellen, den Schmorsud im Mixer fein pürieren, dabei die Butter untermixen, bis die Sauce cremig ist und glänzt.

Rindsrouladen „Spanisch Fricco"

Für 4 bis 6 Personen:
6 große Scheiben aus der Oberschale, Salz, Pfeffer aus der Mühle, 2 Kartoffeln, 2 Zwiebeln, 2 EL Öl, 2 EL Butter, 1/2 l Fleischbrühe, 1/4 l Sahne

❶ Die Rouladenscheiben auf der Arbeitsfläche ausbreiten und mit der Handfläche oder dem Küchenbeil flachstreichen.

❷ Die Kartoffeln und Zwiebeln schälen. Die Kartoffeln in hauchfeine Scheiben, die Zwiebeln in sehr dünne Ringe schneiden.

❸ Die Fleischscheiben salzen und pfeffern. Je eine Schicht Kartoffeln und Zwiebeln darauf verteilen, salzen und kräftig pfeffern. Zusammenrollen und feststecken (Küchenzwirn, Nadeln oder Klammern).

❹ In einem flachen Schmortopf das Öl und die Butter erhitzen. Die Rouladen darin scharf auf allen Seiten anbraten. Mit Brühe und Sahne auffüllen.

❺ Zugedeckt im auf 180 Grad vorgeheizten Ofen 2 bis 2 1/2 Stunden lang weich schmoren. Die Sauce pfeffern und salzen.

Pasteten und Terrinen für Weihnachten – zum Selberessen oder zum Verschenken

Sie zählen zu den Renommierstücken der Küche. Mit einer gelungenen Pastete oder einer feinen Terrine kann man immer Ehre einlegen. Viele fürchten sich davor, weil sie gauben, solche Prunkstücke machen nicht nur Eindruck, sondern auch viel Arbeit. Wir haben deshalb Rezepte ausgetüftelt, mit denen Pasteten und Terrinen ganz einfach gelingen. Rezepte, die man auch als Grundrezepte ansehen und in vielerlei Hinsicht abwandeln kann – etwa mit anderen Gewürzen, Fleischsorten etc.

Natürlich muß man sich eine gewisse Zeit dafür nehmen – das Fleisch will mariniert sein und ausreichend lange in dem Würzsud baden, damit die Pastete nachher schmeckt. Man muß sie auch rechtzeitig zubereiten.

Schließlich sollte sie mindestens einen Tag durchziehen, besser sogar zwei oder drei im Kühlschrank festwerden, damit sie sich in gleichmäßige Scheiben schneiden läßt. Eine solche Terrine hält sich eine Zeitlang frisch, deshalb ist sie nicht nur für die Gästebewirtung praktisch, sondern auch Weihnachten steht vor der Tür – ein wunderbares Geschenk. Gleich doppelte Freude machen Sie übrigens, wenn Sie die Pastete oder Terrine in ihrer Form verschenken – dann ist sozusagen die Verpakkung (die Form) das eigentliche Geschenk. Wenn Sie auch gleich das Rezept mitliefern, kann der Beschenkte sich später auch mal selbst im Pastetenbacken versuchen.

Pastete und Terrine – ist das nicht dasselbe?

Tatächlich gibt es einen Unterschied! Pastete, das Wort leitet sich ab vom französischen „pâte", für Teig, und zeigt damit auch gleich an, daß bei einer Pastete der Teigmantel nicht fehlen darf. Der Begriff Terrine hingegen leitet sich vom lateinischen „terra" für Erde ab und deutet damit auf die Form hin, in der die Terrine gegart wird, die nämlich meist irden, also aus Ton gemacht ist. Im allgemeinen Sprachgebrauch nimmt man es indes nicht so genau und spricht einfach von Pastete, selbst wenn kein Teigmantel sie umhüllt. Der Begriff Terrine klingt ein wenig geziert. Natürlich wird sich niemand gleich die perfekte Ausrüstung an Formen zulegen, nur weil er einmal ausprobieren will, ob ihm das Pastetenbacken gelingt. Eine praktische Form für eine Terrine findet sich jedoch sicher in fast jedem Haushalt: Ideal ist eine ovale oder längliche Form aus feuerfestem Material – Glas, Ton, Keramik, Porzellan; natürlich kann man auch Metallformen verwenden. Allerdings sollte die Form absolut dicht sein, was eine Kastenform zum Backen im allgemeinen nicht ist. Notfalls allerdings läßt sich auch eine solche Form abdichten, indem man sie mit Alufolie auskleidet oder mit mehrmals gefalteter Alufolie umhüllt.

Für Pasteten kann man im Profibedarf oder in Küchenshops perfekte Metallformen kaufen. Sie sind besonders stabil und vor allem deshalb praktisch, weil man sie komplett auseinandernehmen kann, das heißt die Pastete läßt sich mühelos aus der Form nehmen, kann also niemals festkleben. Eine solche Form hat natürlich ihren Preis. Es lohnt sich daher nur für einen Nicht-Profi, wenn er öfter vorhat, Pasteten zu backen – denn sie eignen sich wirklich nur für diesen einen Zweck. Aber man kann ja jede normale Kasten-Backform aus Metall ohne weiteres dafür verwenden. Auch hier empfiehlt es sich, die Form mit Folie zusätzlich zu umhüllen, weil auch aus der Teigschicht Fleischsaft auslaufen kann und im Backofen festbrennt.

DIE REZEPTE

Zuerst muß man natürlich einen Pastetenteig zubereiten – Blätterteig, wie man ihn kaufen kann, ist nicht sehr gut geeignet, weil er sich zu stark aufplustert. Aber wenn gerade nichts anderes zur Hand ist, kann man ihn dennoch verwenden. Man kann den Pastetenteig natürlich mit Margarine zubereiten, aber mit Butter schmeckt er, wie alles Gebäck, einfach besser.

Eine schöne rosa Farbe bekommt das Fleisch, wenn man es mit Pökelsalz würzt, das man beim Metzger erbitten muß – es ist kein handelsüblicher Artikel. Fast genausogut wirkt übrigens statt dessen auch eine gute Prise Rohrzucker – also aus Zuckerrohr gewonnen, nicht aus Rüben wie unser üblicher Haushaltszucker. Rohrzucker gibt's im Feinkostla-

Hausmacher Pastete

Für eine Kastenform von 1 Liter Inhalt:
***Teig:** 200 g Mehl, 1 Ei, ca. 4 – 5 EL Wasser, 1/2 TL Salz, 60 g Butter*
***Füllung:** 500 g Schweineschulter, 500 g Kalbschulter, 50 g durchwachsener, geräucherter Speck, 50 g grüner, ungeräucherter fetter Rückenspeck – jeweils in 3 mm dicken Scheiben, je 1 TL getrockneter Thymian, Majoran und Pastetengewürz, Salz, Pfeffer, Muskat, Macis (Muskatblüte), Cayennepfeffer, 1/2 TL Rohrzucker oder Pökelsalz, 0,1 l trockener, kräftiger Weißwein, 2 Zwiebeln, 2 EL Butter, 2 Knoblauchzehen, 1 dicker Strauß Petersilie, 200 g Kalbsbrät*
***Außerdem:** Butter für die Form, 1 Eigelb, 3 EL Milch zum Bestreichen der Teighülle*
***Gelee:** 1/8 l konzentrierte Brühe oder Fond, 1/8 l Weißwein, 3 – 4 Blatt Gelatine, Salz, Pfeffer*

den oder im Reformhaus. Je länger man die Fleischwürfel übrigens mariniert, desto schöner wird die rosa Pökelfarbe.

❶ Für den Teig zunächst das Mehl auf die Arbeitsfläche häufen, in die Mitte eine Vertiefung drücken, dort das Ei hineingleiten lassen, es salzen und mit einer Gabel verrühren. Eßlöffelweise das Wasser zufügen, alles mit den Händen rasch zu einem festen, aber geschmeidigen Teig kneten. Eine halbe Stunde kaltstellen, damit sich der Kleber entwickeln kann.

Tip: Natürlich kann man auch alle diese Zutaten in die Küchenmaschine füllen – das Wasser allerdings erst bei laufendem Motor langsam zugießen; wieviel man genau benötigt, läßt sich niemals präzise sagen.

❷ Den Teig zu einem länglichen Viereck ausrollen, die eiskalte Butter in Stückchen schneiden und gleichmäßig darauf verteilen. Den Teig dritteln und so zusammenklappen, daß die Drittel genau übereinander zu liegen kommen. Ausrollen, erneut zusammenklappen und wieder ausrollen. Den Teig kaltstellen, bis er benötigt wird.

Tip: Man nennt dies „dem Teig Touren geben" – bei diesem Vorgang wird die Butter immer wieder gleichmäßig zwischen Teigschichten verteilt; beim Backen verdunstet die in der Butter enthaltene Feuchtigkeit, dadurch werden die einzelnen Teigschichten voneinander getrennt und machen schließlich einen „blättrigen" Eindruck. Je öfter man also dem Teig Touren gibt, desto blättriger wird er. Für Pastetenteig genügen zwei bis drei Touren – richtiger Blätterteig braucht mindestens fünf bis sechs oder sogar mehr Touren, außerdem nimmt man für ihn etwa doppelt soviel Butter, um den Effekt zu verstärken.

❸ Das Fleisch und den Speck für die Füllung mit der Hand in zwei Zentimeter große Würfel schneiden, dabei Sehnen und Flachsen entfernen. Die Würfel in einen Gefrierbeutel füllen, mit den Gewürzen gut mischen und mit dem Wein beträufeln. Den Beutel gut verschließen, alle Luft daraus entfernen – das Fleisch so einen, besser sogar zwei Tage marinieren.

❹ Sofort auch die Zwiebeln schälen, sehr fein würfeln und in heißer Butter andünsten, die Knoblauchzehen schälen, durch die Presse hinzudrücken. Schließlich die Petersilie fein hacken und ebenfalls unter die weichgedünsteten Zwiebeln rühren. Kaltstellen. Den Teig messerrückendünn ausrollen, mit zwei Dritteln eine mit Butter ausgestrichene Kastenform auskleiden.

❺ Die Fleischwürfel abtropfen lassen. Die Zwiebelmischung mit dem Brät innig vermengen. Dabei noch einmal gut und kräftig abschmecken. Das Fleisch untermischen, in die Kastenform füllen und verteilen.

❻ Den restlichen Teig als Deckel auflegen und an den Rändern festdrücken – dabei mit Daumen und Zeigefinger ein Muster einkerben. Mit einem kleinen Ausstecher zwei Löcher in die Oberfläche schneiden – damit hier Dampf, der in der Teighülle entsteht, entweichen kann.

❼ Die Teigoberfläche mit Eigelb einpinseln, das mit Milch glattgerührt wurde.

❽ Die Pastete im 200 Grad vorgeheizten Backofen (mittlere Schiene, nur Ober- und Unterhitze; auf keinen Fall Umluft!) etwa 55 bis 60 Minuten backen. Ein Fleischthermometer, das man hineinsteckt, muß 65 Grad zeigen, dann ist die Pastete gar.

❾ Aus dem Ofen nehmen und abkühlen lassen. Solange die Pastete noch warm ist, sie mit Gelee ausgießen, damit sich alles gut verbindet: Dafür die Fleischbrühe mit dem Wein und den Gewürzen aufkochen, die eingeweichten Gelatineblätter darin auflösen und vorsichtig in die beiden Löcher der Teigoberfläche gießen – soviel, wie sie aufnehmen können. Das restliche Gelee in eine flache Schale füllen und im Kühlschrank festwerden lassen. Es schmeckt feingewürfelt wunderbar zur Pastete.

❿ Die Pastete endgültig auskühlen, im Kühlschrank festwerden und durchziehen lassen.

Tip: Aus Teigresten Blätter oder Ornamente schneiden und damit die Teigoberfläche dekorieren. Sie haften am besten, wenn man sie mit Eiweiß festklebt.

Tip: Auch zu Hausmacher Pastete paßt eine Cumberlandsauce. Noch besser aber ist eine Remouladensauce geeignet, aus selbstgerührter Mayonnaise, mit Gürkchen, Kapern und Kräutern. Außerdem schmecken dazu kleine Gürkchen oder Cornichons, Oliven, Silberzwiebeln oder Radieschen. Besonders köstlich schmecken dazu süßsauer eingelegte Früchte, zum Beispiel Zwetschgen, Feigen, Mirabellen, Kirschen, süßsaure Zwiebelchen – fertig im Delikateßgeschäft gekauft oder auch einfach selbstgemacht.

Rehterrine

Für eine Terrine von 1 Liter Inhalt:
750 g schieres, also sehnen und flachsenfreies Rehfleisch (zum Beispiel von der Schulter), 250 g durchwachsener Schweinebauch, 150 g geräucherter Speck, 300 g grüner (also ungeräucherter) fetter Speck, je 3 EL Cognac und Marsala (oder Portwein, Madeira), je 2 Thymian und Rosmarinzweige, 1 Stück Orangenschale, 1 Knoblauchzehe 2 Lorbeerblätter, 10 Wacholderbeeren, Pfeffer aus der Mühle, 1 TL Salz, 1/2 TL Zucker, 1 EL Pastetengewürz, Macis (Muskatblüte), Cayennepfeffer, 50 g Pistazien, 150 g gepökelte Rinderzunge (fertig beim Metzger gekauft) Außerdem, große dünne Scheiben grünen Specks, Lorbeerblätter und Thymian zum Dekorieren.

Für das Gelee:
knapp 1/4 l kräftiger Rehfond (selbstgemacht oder aus dem Glas), 4 cl Marsala (Portwein oder Madeira), Salz, Pfeffer, 3 – 4 Blatt Gelatine

Das Wichtigste – und beim Einkauf vielleicht ein wenig schwierig zu bekommen – sind hier die großen Speckscheiben, mit denen die Terrinenform ausgekleidet wird. Sie sollten so groß wie nur irgend möglich sein, damit die Schutzhülle nicht zu viele Nahtstellen bekommt. Man muß dafür den Metzger bitten, ein Stück vom Rückenspeck quer, also mit seiner Breitseite, auf der Aufschnittmaschine in dünne Scheiben zu schneiden.

Sie sollten nicht stärker als eine normale Wurstscheibe, etwa 2 – 3 Millimeter dünn sein, sonst wirkt die Terrine plump und unschön. Die Reststücke, die keine schöne Scheibe mehr ergeben, lassen Sie sich für die Farce einpacken.

❶ Das Rehfleisch, falls es noch nötig sein sollte, von jeglichen Sehnen und Flachsen säubern. Ein besonders schönes Stück von etwa 250 g abschneiden und beiseite legen. Das restliche Fleisch in drei Zentimeter große Würfel schneiden. Auch Schweinebauch und beide Specksorten in solche Würfel schneiden.

❷ Die Fleischwürfel in einen Gefrierbeutel füllen, Cognac und Portwein, die Kräuter, Orangenschale, den zerdrückten Knoblauch, die Lorbeerblätter und zerquetschte Wacholderbeeren zufügen. Den Beutel gut verschließen, dabei alle Luft herausdrücken. So bleibt das Fleisch vom Sauerstoff geschützt und frisch.

❸ Mindestens einen, ruhig sogar zwei Tage im Kühlschrank marinieren; immer wieder den Beutel drehen und wenden, damit sich die Gewürze und Aromen gut verteilen. Die Fleischwürfel schließlich herausholen, gut abtropfen lassen, dabei die Marinade auffangen. Die Fleischwürfel mit Küchenpapier abtrocknen. Das besonders schöne Fleischstück in knapp zwei Zentimeter große, möglichst exakte Würfel schneiden, zurück in den Marinadenbeutel mit den Gewürzen legen und erneut kalt stellen.

❹ Die Speckwürfel (beide Sorten) in einer großen Pfanne kurz rundum anbraten. Sobald etwas Fett ausgetreten ist, den Speck herausheben, die übrigen Fleischwürfel darin anbraten. Am besten portionsweise arbeiten, damit die Würfel Bodenkontakt haben und richtig braten, auf keinen Fall dürfen sie Saft ziehen. Auf starker Hitze rasch auf allen Seiten anbraten, innen sollen die Fleischwürfel noch roh bleiben. Während des Bratens mit Salz und Pfeffer würzen. Fleisch und Speck richtig durchkühlen lassen.

Ruhig im Tiefkühler – falls nicht viel Zeit ist. Die Fleischwürfel sollen nämlich eiskalt werden, dürfen sogar etwas anfrieren. Das ist wichtig, damit sich das Eiweiß beim Pürieren nicht erwärmt und seine Bindungsfähigkeit verliert – sonst wird die Terrine grob und trocken.

❺ Die eiskalten Fleischwürfel und den Speck schließlich im elektrischen Zerhacker zu einer feinen, cremigen Paste pürieren, dabei die Gewürze (Salz, Pfeffer, Pastetengewürz, Macis und Cayennepfeffer) zufügen.

❻ Die aufbewahrten Rehfleischwürfel und die in zentimeterkleine Würfel geschnittene Rinderzunge zusammen mit den Pistazienkernen unter diese Fleischfarce rühren.

Tip: Wichtig ist, daß die Masse nicht zu heiß wird, weil sonst das Fett austritt. Lieber zu wenig, als zu viel Hitze geben, wenn Sie nicht genau wissen, wie Ihr Backofen heizt. Bei modernen und die Hitze gut speichernden Öfen die Temperatur niedriger, bei nur 150 Grad, halten – Profis garen im Schamotte-Brotbackofen sogar bei nur 100 Grad!

❼ Eine Terrinenform sorgfältig mit Speckscheiben auskleiden – sie sollen an einer Längsseite so weit überstehen, daß sie die Farce nachher gut bedecken können. Die Farce einfüllen, dabei gut festdrücken, damit keine Luftlöcher bleiben, und glattstreichen. Die überstehende Speckscheibe über die Füllung klappen und festdrücken. Die Oberfläche mit Lorbeerblättern und Thymianzweigen verzieren. Die Form mit Alufolie verschließen. In einen Bräter setzen, der mit heißem Wasser gefüllt ist.

❽ Im 175 Grad heißen Backofen etwa eine knappe Stunde garen. Ein Fleischthermometer, das man in die Mitte einsteckt, sollte knapp 65 Grad anzeigen, dann ist die Terrine gar. Aus dem Wasserbad nehmen und langsam abkühlen lassen. Solange die Terrine noch warm ist, ein exakt passendes Brettchen auf die Oberfläche legen und mit einem Gewicht beschweren, damit die Terrine guten Zusammenhalt bekommt. Es darf allerdings nur so schwer sein (im allgemeinen genügt eine Kilokonservendose), daß das flüssige Fett bis zum Rand steigt, aber nicht überläuft – sonst wird die Terrine trocken.

❾ Die Rehterrine gut verschlossen (mit Alufolie oder dem Terrinendeckel) mindestens einen, besser zwei oder drei Tage im Kühlschrank durchziehen lassen, bevor sie serviert wird.

❿ Zum Servieren mit einem großen, langschneidigen Messer zunächst eine Scheibe aus der Form schneiden, dann entweder stürzen und in fingerstarke Scheiben schneiden oder gleich aus der Form heraus in Scheiben schneiden und anrichten.

Zur Terrine wird gewürfeltes Wildgelee gereicht, das man bereits am Vortag zubereitet: Dafür Fond und Marsala aufkochen, die eingeweichte Gelatine darin auflösen, die Flüssigkeit kräftig abschmecken und fest werden lassen. Zum Servieren in feine Würfel schneiden und als eßbare Dekoration daneben anrichten.

Außerdem schmeckt zur Rehterrine eine kräftig gewürzte, fruchtig-süß-scharfe Sauce, wie sie die Engländer lieben.

Wir haben das klassische Grundrezept ein wenig abgewandelt und zusätzlich mit einem Hauch frisch geriebenem Meerrettich pikant gemacht:

Für 8 Personen:
2 Orangen, 4 cl Madeira oder Portwein,
2 EL geriebener Meerrettich (möglichst frisch gerieben) notfalls aus dem Glas),
4 – 5 EL Johannisbeergelee, 1 EL englisches Senfpulver oder scharfer Dijonsenf, Pfeffer aus der Mühle

Cumberlandsauce

Auch sie hält sich, natürlich im Kühlschrank, einige Tage. Deshalb kann man sie gut zusammen mit der Rehterrine verschenken. Am besten in einem hübschen Glas, das sich gut verschließen läßt.

❶ Von einer Orange die Schalen hauchdünn abschälen oder mit einem Zestenreißer ablösen – ein Zestenreißer sieht aus wie ein Küchenmesser, dessen Klinge abgebrochen ist, an deren Bruchstelle kleine runde Ösen angebracht sind. Diese Ösen sind messerscharf und schneiden hauchfeine Streifen von der Schale, wenn man damit an ihr entlangreißt. So entstehen sogenannte Zesten – daher der Name.

❷ Die Orangenstreifen in einem Sieb in leise kochendes Wasser halten, um alle Bitterstoffe und mögliches Wachs von der Schale zu lösen. Gut abtropfen lassen.

❸ Die Orangen auspressen, ihren Saft mit Madeira oder Portwein mischen. Das Johannisbeergelee im Wasserbad auflösen, Meerrettich, Senfpulver oder Senf sowie die Orangenzesten einrühren.

❹ Die Sauce mit Pfeffer abschmecken. Abkühlen lassen, damit sie dank des sich wieder verfestigenden Johannisbeergelees eine dickflüssige Konsistenz bekommt. Die Sauce soll dann würzig, dabei leicht süß schmecken.

Tip: Berthold Siber, Gast in unserer Tafelrunde, empfiehlt, einen großzügigen Löffel schwarzes Johannisbeergelee hinzuzufügen. Das gibt der Sauce Farbe und einen herben Fruchtgeschmack.

Ententerrine

Für 12 Personen:
1 Ente von etwa 2 kg,
1 dl Cognac, 1 dl Madeira, 250 g Kalbsfilet,
300 g Schweinehals,
100 g fetter, schwach geräucherter Speck,
2 Eier, 4 große dünne Scheiben Speck (Wildgeschäft), 1 EL Mehl,
Muskatnuß, schwarzer Pfeffer, Salz

❶ Die Ente häuten, auslösen, das Fett entfernen, die Brüste in dikke Streifen schneiden und mit der ganzen Entenleber in je 1/2 dl Cognac und Madeira mit etwas frisch geriebener Muskatnuß, gemahlenem Pfeffer und dem in gleich große Streifen geschnittenen Kalbsfilet marinieren.

❷ Das übrige Entenfleisch mit dem Schweinehals und dem Speck durch den Fleischwolf drehen. Mit Muskatnuß, Pfeffer und Salz würzen und mit dem restlichen Cognac und Madeira sowie den beiden Eiern gut vermischen.

❸ Alles zugedeckt im Kühlschrank 24 Stunden ruhen lassen. Dann eine Terrine mit Speckscheiben ausschlagen (eine Scheibe zum Abdecken übrig behalten), die Hälfte der Farce einfüllen und gut festdrücken.

❸ In die Mitte die Leber, drum herum über die ganze Fläche die Entenbrust- und Kalbsfiletstücke anordnen und mit etwas Marinade begießen. Mit dem Rest der Farce bedecken, gut festdrücken, die Speckränder darüberschlagen und mit der letzten Speckscheibe abdecken. Den Rest der Marinade darübergießen und mit einer dikken Stricknadel einen Kamin hineinbohren.

❺ Aus etwas Mehl und Wasser einen festen Teig rühren und damit den Deckel fest auf die Terrine löten. Die Terrine in ein feuerfestes Gefäß stellen (ohne Plastikgriffe!), mit kochendem Wasser bis kurz unter den Rand der Terrine auffüllen und drei Stunden in den 170 Grad heißen Ofen stellen.

❻ Ein- bis zweimal mit kochendem Wasser aufgießen, ohne den Garungsprozeß zu unterbrechen. Im Wasser abkühlen und vor Gebrauch ein bis zwei Tage ruhen lassen. Dazu einen kräftigen Rotwein (Burgund: Côte de Nuits) servieren.

Feine Ardennenpastete

Für 12 Personen:
Für die Füllung:
350 g Kalbsnuß, 250 g roher Schinken (am Stück), 150 g fetter Speck, 1 dl Cognac, 1 TL Thymian, 1 Lorbeerblatt, 500 g Wurstbrät, 2 Eier, 2 große Scheiben fetter Speck (20 x 30 cm, aus dem Wildgeschäft), schwarzer Pfeffer, Salz
Für den Teig:
500 g Mehl, 125 g Butter, 50 g Schweineschmalz, 1 Ei, 1 TL Salz, etwas Wasser, zum Schluß 1 Eigelb
Für das Gelee: 1/2 kräftige Fleischbrühe, 3 EL Madeira, 8 Blatt Gelatine

❶ Zunächst aus der Kalbsnuß, dem mageren Teil des Schinkens und dem Speck jeweils sechs Quader von gut einem halben Zentimeter Breite und Höhe und acht Zentimeter Länge schneiden – die Reste aufheben. Die Quader in einer flachen Schale mit dem Cognac und der Hälfte der im Mörser mit frischgemahlenem Pfeffer und Salz verriebenen Gewürze mindestens eine Stunde marinieren lassen. Die angefallenen Reste durch den Fleischwolf drehen und mit dem Wurstbrät vermischen. Mit den restlichen Gewürzen gut vermischen, mit den Eiern verkneten und zum Schluß mit dem Cognac der Marinade durcharbeiten. Eine halbe Stunde ruhen lassen.

❷ Aus den angegebenen Zutaten einen festen Teig bereiten, etwas ruhen lassen und Dreiviertel der Masse zu einem Rechteck von etwa 35 auf 25 cm und 8 mm Dikke ausrollen.

❸ In die Mitte dieser Teigplatte die eine Speckscheibe legen, hierauf eine dünne Lage Fleischfarce ausbreiten, darauf jeweils zwei der sechs verschiedenen Fleischquader, wieder Farce, wieder Quader, wieder Farce, nochmals Quader und zum Schluß die restliche Farce schichten. Die zweite Speckscheibe darauflegen, gut zusammendrücken und formen.

❹ Die überstehenden Teigstücke ausrollen und über der Pastete zusammenschlagen. Dabei die Enden jeweils mit Wasser befeuchten und gut zusammendrücken.

❺ Eine auf die entsprechende Größe geschnittene Platte aus dem restlichen Teig mit Wasser bestreichen und gut auf die Pastete drücken. Das mit Wasser verrührte Eigelb über die ganze Pastete streichen, mit einem Messer oberflächliche Verzierungen einritzen und auf der Längsachse des Pastetenrückens zwei Löcher von einem knappen Zentimeter Durchmesser schneiden. Auch die Speckscheibe und die Füllung durchstoßen, damit der beim Garen entstehende Dampf entweichen kann.

❻ Aus Alufolie zwei Röhrchen formen und ein wenig in die Löcher stecken. Aus dem restlichen Teig Deckel für diese Löcher bereiten und getrennt mitbacken.

❼ Die Pastete bei 180 Grad 80 bis 85 Minuten backen und erkalten lassen. Durch die Löcher beinahe erstarrtes, aus den angegebenen Zutaten bereitetes Gelee gießen, bis der entstandene Hohlraum gefüllt ist. Den Rest des Gelees erstarren lassen und in kleine Würfel schneiden.

❽ Die Pastete vor Gebrauch einen Tag ruhen lassen. Zum Servieren den größten Teil aufschneiden, vor dem restlichen Block auf einer großen Platte mit Gelee umlegt anrichten und mit Butter, Weißbrot und einem guten, kräftigen Rotwein begleiten.

Kaninchenterrine mit Zwetschgen

Für 12 Personen
1 ganzes Hauskaninchen, 200 g getrocknete Zwetschgen,
3 dl Zwetschgenwasser,
5 gelbe Rüben, 5 Zwiebeln, 1 Lauchstange,
2 Selleriezweige,
5 Wacholderbeeren,
2 Lorbeerblätter,
je 1/2 TL Rosmarin und Thymian, 1/2 Bund Petersilie, 12 schwarze Pfefferkörner, 6 Blatt Gelatine, 4 große dünne Scheiben Speck (Wildgeschäft), schwarzer Pfeffer, Salz

❶ Das Kaninchen entbeinen, die Fleischstücke in nicht zu kleine Würfel schneiden und von allen Sehnen und Häuten befreien. Mit frisch gemahlenem Pfeffer und Salz bestreuen und mit einem Drittel des Zwetschgenwassers marinieren lassen.

❷ Die getrockneten Zwetschgen im restlichen Alkohol einweichen. In einem Topf die Kaninchenknochen und -abfälle mit zwei Litern kaltem Wasser aufsetzen und zum Kochen bringen.

❸ Mit je zwei gelben Rüben und Zwiebeln, Lauch, Sellerie, Wacholderbeeren, einem Lorbeerblatt, Rosmarin, Thymian, Petersilie und Pfefferkörnern nicht zugedeckt drei Stunden kochen lassen.

❹ Zum Schluß darf nur noch ein guter halber Liter kräftig gewürzter Flüssigkeit übrigbleiben. Durch ein feuchtes Leinentuch abseihen und mit nach Vorschrift eingeweichter Gelatine verrühren.

❺ Die Zwetschgen halbieren, entkernen und mit den Fleischwürfeln vermischen. Die übriggebliebenen gelben Rüben und Zwiebeln nicht zu fein hacken und miteinander vermischen.

❻ Eine feuerfeste Form oder Terrine mit Speckscheiben ausschlagen (eine Scheibe zum Abdecken übrigbehalten), das Fleisch und die Gemüsemischung in je drei Lagen einfüllen, angefangen mit einer Schicht Fleisch, abgeschlossen mit einer Schicht Gemüse.

❼ Mit dem Zwetschgenwasser begießen, mit dem zweiten Lorbeerblatt und der letzten Speckscheibe belegen und mit einem Deckel oder Alufolie abdecken.

❽ Die Terrine in einen feuerfesten Topf (ohne Plastikgriffe!) stellen, bis kurz unter den Rand der Terrine mit kochendem Wasser aufgießen und für vier bis fünf Stunden in den 160 Grad heißen Ofen stellen. Jede Stunde mit etwas kochendem Wasser aufgießen, damit die Terrine nicht im Trockenen steht.

❾ Die Terrine nach dem Garen aus dem Wasser nehmen, abdecken, die zum Teil geschmolzene Speckscheibe und das Lorbeerblatt herausnehmen und die heiße, mit Gelatine verrührte Kaninchenbrühe darübergießen.

❿ Die Terrine etwas verschütteln, damit sich die Flüssigkeiten gut vermengen können (aber nicht umwenden), und abkühlen lassen. Mindestens einen Tag in den Kühlschrank stellen. Entweder in der Terrine servieren oder stürzen und alle fetten Teile entfernen. Dazu Weißbrot, einen trockenen Weiß- oder Roséwein und einen kräftigen Salat (Endivien) reichen.

Terrine Maison – Terrine nach Art des Hauses

Für 1 Terrinenform von 1,5 Liter Inhalt:
250 g Zwiebeln, 6 Knoblauchzehen, 2 EL Butter, je 1 Bund Petersilie, Basilikum und Thymian, Salz, 400 g Schweineschulter, 300 g Kalbsschulter, 250 g Hühnerleber, 350 g frischer Bauchspeck (davon die Hälfte in großen, hauchdünnen Scheiben zum Auslegen der Form), 1 EL Piment, 1 TL Pfeffer, 1 EL Crème fraîche, 1 Ei, 1 Eigelb, 1 EL Pastetengewürz, Worcestershiresauce, Cayennepfeffer

❶ Wichtig für Konsistenz und Geschmack dieser Terrine ist, daß ein gutes Drittel des Fleisches nicht durch den Wolf gedreht, sondern mit der Hand in nicht zu kleine, fast zentimetergroße Würfel geschnitten wird.

❷ Die gehackten Zwiebeln und Knoblauch in der Butter weichdünsten. Salzen, abgekühlt mit den Kräutern und dem Fleisch durch die mittlere Scheibe des Wolfs drehen, jeweils ein Drittel des Fleisches jedoch mit der Hand würfeln.

❸ Piment und Pfeffer im Mörser zerreiben, mit den übrigen Zutaten und Gewürzen zum Fleisch geben. Alles gründlich mischen und sehr kräftig abschmecken.

❹ Eine Terrinenform mit den Speckscheiben auslegen. Die Farce einfüllen, dabei mehrmals die Form auf der Arbeitsfläche aufstoßen, damit sich die Farce gut setzt. Mit Speckscheiben verschließen, mit Folie abdecken und möglichst noch einen Deckel auflegen.

❺ Im heißen Wasserbad bei 170 Grad im Backofen etwa 90 Minuten garen. Abkühlen lassen, mit einem Brettchen beschweren, jedoch erst, wenn das flüssig gewordene Fett erstarrt ist, ein Gewicht auflegen, damit die Terrine gepreßt wird (sonst tritt alles Fett, das die Terrine ja geschmeidig halten soll, aus, und sie wird trocken).

❻ Mindestens einen, besser zwei Tage kaltstellen, bevor die Terrine angeschnitten wird.

❼ Dazu Oliven, eingelegte Chilischoten oder Gürkchen und frisch aufgebackenes Baguette reichen.

Gemüseterrine

Für eine Form von
1,5 Liter Inhalt:
ca. 1 kg Gemüse: etwa
Möhren (Rüebli),
Kohlrabi, grüne Bohnen,
Kefen (Zuckererbsen)
und Blumenkohl,
250 g gekochter Schinken, 2 Eiweiß,
1/10 l Erdnußöl,
Cayennepfeffer, Salz,
Pfeffer.

Außerdem: 3 Zucchini

➊ Die Gemüse putzen, in Würfel oder Streifen schneiden bzw. den Blumenkohl in kleine Röschen teilen, alles getrennt in Salzwasser blanchieren und abtropfen lassen.

➋ Den Schinken mit Eiweiß und Öl im elektrischen Zerhacker fein pürieren. Mit Cayenne, Salz und Pfeffer würzen.

➌ Zucchini längs in dünne Scheiben hobeln, blanchieren, die Terrinenform damit auskleiden. Die Schinkenfarce einfüllen und das Gemüse darin einbetten. Zum Schluß mit Zucchinischeiben abdecken.

➍ Die Terrine im Dampf oder Wasserbad garen.

➎ Zum Servieren in fingerdicke Scheiben schneiden und zum Beispiel mit einem Gemüsesalat anrichten, der mit Tomatenvinaigrette angemacht ist.

Variationen zum Thema: Pasteten und Terrinen lassen sich vielfältig abwandeln. Hier einige Vorschläge für feine und rustikale Varianten.

Pastetenteig

Zutaten:
250 g Mehl, 2 Eier,
120 g Schweineschmalz,
etwas Salz,
4 – 5 EL Wasser

➊ Das Mehl auf die Arbeitsfläche schütten. In die Mitte eine Vertiefung drücken.

➋ Dort hinein zwei Eier schlagen. Das Schmalz in Flöckchen obenauf setzen.

➌ Vom Rand her die Zutaten mischen, dabei so viel Wasser zufügen, wie nötig ist, und salzen.

➍ Einen festen Teig daraus kneten und zu einer Kugel formen. Zugedeckt mindestens 2 Stunden, besser noch über Nacht im Kühlschrank ruhen lassen.

Kalbfleischpastete

Zutaten:
1 Grundrezept Pasteten-teig, 400 g Kalbfleisch (aus der Schulter), 250 g Schweinefleisch (Schulter), 300 g Kalbs-leber, 200 g grüner Speck, 1 Schweinefilet, 2 cl Madeira, 2 cl Cognac, 1 TL Thymian, Salz, Pfeffer aus der Mühle, 1 Ei, 1 gehäufter TL Pastetengewürz, Cayennepfeffer, 5 große Scheiben fetter (grüner) Speck (aus dem Wildge-schäft), etwa 15 x 25 cm groß, Butter, 1 Eigelb

❶ Das Kalbfleisch, das Schweinefleisch, die Leber und den grünen Speck durch die feinste Scheibe des Fleischwolfs drehen (oder bereits vom Metzger durchdrehen lassen).

❷ Das Schweinefilet zurechtschneiden, daß das dickere Ende bequem längs in die Pastetenform paßt, jedoch an beiden Enden noch etwa 3 cm Platz läßt. Den Rest längs in 2 Zentimeter breite Streifen schneiden.

❸ Madeira und Cognac mischen, Thymian zufügen, salzen und pfeffern. Alle Schweinefiletstücke nun darin wenden und eine Stunde ziehen lassen.

❹ Währenddessen das durchgedrehte Fleisch in einer Schüssel so kräftig mit den Händen durchwalken, daß keine kleinen Stückchen mehr spürbar sind, sondern eine geschmeidige Masse entstanden ist. Dabei das Ei unterziehen.

❺ Die Pastetenmasse mit Salz, Pfeffer, Pastetengewürz und Cayennepfeffer sehr kräftig würzen. Den Teig 1/2 Zentimeter dick ausrollen. Eine mit Butter ausgepinselte Form damit auskleiden. Mit den großen Speckscheiben auslegen. Die Hälfte der Farce in der Form verteilen.

❻ Das Schweinefilet in heißem Öl rundum kräftig anbraten. Kurz auskühlen, mit einer Speckscheibe umwickeln und als Herzstück auf das Farcebett setzen. Die Schweinefiletstreifen daneben schichten. Mit der restlichen Farce abdecken. Alles mit Speck und Teig abdecken.

❼ Die Teigoberfläche mit Teigresten verzieren. Im auf 180 Grad vorgeheizten Backofen etwa 90 Minuten backen. Falls sich dabei der Teig zu dunkel färben sollte, mit Alufolie zudecken. Die Pastete gleich aus der Form lösen. Warm oder kalt servieren.

Jagdpastete

Zutaten:
1 Grundrezept Pastetenteig oder Halbblätterteig
5 große Speckscheiben, Butter zum Einpinseln der Form
Für die Farce:
400 g Rehfleisch (Keule), 300 g Schweinefleisch (Schulter), 300 g Kalbfleisch (ebenfalls aus der Schulter), 300 g grüner, fetter Speck, 250 g Hühnerleber, 2 EL Butter, Salz, Pfeffer aus der Mühle, 1 EL Madeira, 2 EL Pastetengewürz, 1/2 TL pulverisierte Orangenschale, 1/2 TL Delikateßpaprika, 1 TL fein zerriebener Thymian, 2 Eier, 1 Eigelb zum Bestreichen

❶ Den Pastetenteig ausrollen. Eine Pastetenbackform damit auskleiden. Mit dem Speck auslegen.

❷ Für die Farce das Rehfleisch, das Schweinefleisch, das Kalbfleisch und den Speck durch den Wolf drehen.

❸ Die Hühnerlebern säubern, dabei Häutchen und Sehnen sorgfältig entfernen. Die Lebern entlang der natürlichen Mitte halbieren. Nur wenn sie sehr groß sind, noch einmal auseinanderschneiden. In der heißen Butter rundum kurz anbraten. Mit Salz und Pfeffer bestreuen. Mit dem Madeira beträufeln und zum Abkühlen beiseite stellen.

❹ Währenddessen das durchgedrehte Fleisch mit Salz, Pfeffer, Pastetengewürz, Orangenschale. Paprika und Thymian kräftig abschmecken und die Eier gründlich damit vermischen. Dabei so lange kneten, bis ein glatter Fleischteig entstanden ist.

❺ Zum Schluß den mittlerweile aus den Lebern ausgetretenen Saft unterrühren.

❻ Die Hälfte der Farce in die mit Teig und Speck ausgeschlagene Pastetenbackform füllen und glattstreichen. Die Lebern in die Mitte setzen. Mit dem Rest der Farce abdecken.

❼ Wie im vorigen Rezept beschrieben, einpinseln und bakken.
Auch diese Pastete kann man sowohl heiß wie kalt essen.

Kaninchenterrine

❶ Vom Kaninchen die beiden Hinterkeulen im Gelenk abtrennen. Ebenso die Vorderläufe vom Körper schneiden. Mit einem Messer am Rückgrat entlangfahren und so vorsichtig die Rückenfilets ablösen. Den Rücken herumdrehen und die beiden kleinen, sogenannten echten Filets herausschneiden.

❷ Von beiden Rückenfilets ein Stück abtrennen, das etwas kürzer als die Terrinenform lang ist. Diese beiden Teile längs in 1 Zentimeter breite Streifen schneiden. Das Fleisch der Keulen restlos von den Knochen lösen, dabei die Seimen entfernen.
Alles Kaninchenfleisch (bis auf die zugeschnittenen Streifen) mit dem Kalbfleisch durch die feinste Scheibe des Fleischwolfs drehen.

❸ Vom Speck vier Streifen abschneiden, die ebenso lang sind wie die Kaninchenstreifen und genauso schmal. Kaninchen und

Zutaten:
1 mitteschweres Kaninchen à 1,5 kg, 300 g Kalbfleisch (Schulter), 300 g grüner (fetter) Speck, 4 cl Portwein, 1 EL Thymian, Salz, weißer Pfeffer aus der Mühle, 2 TL Worcestershiresauce, 4 – 5 große Scheiben grüner (fetter) Speck (aus dem Wildgeschäft), 2 TL Pastetengewürz, etwas abgeriebene Zitronenschale, 1 gestrichener TL Delikateßpaprika, 2 cl Cognac, 3 Eigelb, 1 Dose schwarze Trüffel, (25 g), 2 kleine Lorbeerblätter, ein kleiner Thymianzweig
Für das Gelee: 1 Möhre, 1 Petersilienwurzel, 1 Zwiebel, 1 Lauchstange, 250 g Kalbsrückenknochen, 3 Blatt weiße Gelatine

Speckstreifen in eine flache Schale legen. Mit dem Portwein beträufeln. Den Thymian darüberstreuen, salzen, pfeffern und gut mit einem Teelöffel Worcestershiresauce würzen. Gut vermischen und ziehen lassen, bis die weiteren Vorbereitungen erledigt sind. Den Speck ebenfalls durch den Fleischwolf drehen. Eine Terrinenform mit Speckscheiben auslegen.

❹ Für die Farce die zerkleinerten Fleischsorten in einer Rührschüssel mischen. Mit Salz, Pfeffer, dem zweiten Teelöffel Worcestershiresauce, Pastetengewürz, Zitronenschale, Paprika und Cognac kräftig abschmecken. Die Eigelb untermischen, dabei kräftig rühren, damit ein homogener Fleischteig entsteht. Die Hälfte davon in die mit Speck ausgelegte Terrinenform füllen und glattstreichen.

❺ Fleisch- und Speckstreifen aus der Marinade nehmen, nur kurz abtropfen lassen und nebeneinander als Herzstück in die Mitte legen.

❻ Die Trüffel aus der Dose nehmen. Mit einem scharfen Messer in 1/2 Zentimeter schmale Streifen schneiden. Als Linie zwischen die Fleisch-und Speckstreifen legen. Den Saft zur Hälfte darüberträufeln. Die andere Hälfte mit der restlichen Farce vermischen. In die Form füllen und glattstreichen. Mit der letzten Speckscheibe sorgfältig abdecken. Die Oberfläche mit den Lorbeerblättern und dem Thymianzweig dekorieren. Die Form mit ihrem Deckel verschließen (falls sie keinen hat, mit Alufolie abdecken). Im Wasserbad im vorgeheizten Backofen bei 180 Grad 75 Minuten garen.

❼ Die Form aus dem Ofen holen und etwas abkühlen lassen. Dann ein möglichst genau passendes Brettchen statt des Deckels auf die Terrine legen und mit einem Gewicht (z.B. einer gefüllten Konservendose) beschweren. Die Terrine so gepreßt bis zum nächsten Tag völlig auskühlen lassen. Während der Garzeit aus den in grobe Stücke gehackten Kaninchenknochen, dem kleingeschnittenen Gemüse und dem Kalbsknochen mit Wasser eine Brühe kochen. Dabei die Flüssigkeit wiederholt vollständig einkochen lassen und erneut mit Wasser bedecken.

❽ Zum Schluß sollte nicht ganz ein Viertelliter Brühe übrigbleiben. Durch ein feines Sieb filtern. Die Gelatine in kaltem Wasser einweichen, ausdrücken und in der noch heißen Brühe auflösen.

❾ Den Topf in eine mit Eiswasser gefüllte Schüssel stellen, um die Brühe rasch abzukühlen und zum Gelieren zu bringen. Mit Salz und Pfeffer abschmecken. Dann erst in die Terrinenform gießen, um die Zwischenräume auszufüllen, die beim Garen entstanden sind. Vollkommen fest werden lassen. Die Terrine in Scheiben schneiden und so auf einer Platte anrichten.

Haselnuß & Mandelkern Weihnachtsbäckerei – leicht gemacht!

Erst wenn der Duft von Zimt, von Buttergebäck, von Schokolade, Milch und Honig durch das Haus zieht, erst dann kommt so richtig Weihnachtsstimmung auf. Deshalb sollte man, selbst wenn man nicht viel Zeit hat, wenigstens ein paar Kleinigkeiten für die Familie machen, oder für Freunde und Verwandte. Es freut sich jeder über einen persönlichen Gruß. Und er ist besonders persönlich, wenn man ein paar Plätzchen oder selbstgemachte Pralinen anheftet – manchem ist das sogar wichtiger als das eigentliche Geschenk. Weil wir wissen, wie es ist, wenn man wenig Zeit hat (aus eigener Erfahrung), haben wir diesmal Rezepte ausgetüftelt, mit denen man ohne viel Mühe und Aufwand eine schöne Palette verschiedenster Plätzchen hinkriegt, sogar eine Auswahl von selbstgemachtem Konfekt ist dabei – übrigens so leicht zu machen, daß selbst ein blutiger Anfänger mühelos damit zu Rande kommt.

Tip: Tun Sie sich mit einer Freundin oder einem Freund zusammen, lassen Sie sich von den Kindern helfen – zu mehreren macht die Bäckerei doch doppelt Spaß! Wir wünschen Ihnen gute Stimmung und viel Spaß bei der Bäckerei und viel Freude beim Genießen und beim Verschenken. Sie brauchen ja nicht zu verraten, wie einfach alles war und wieviel Vergnügen Sie damit hatten!

Tips & Tricks Haselnuß & Mandelkern

Nüsse sollten sie nie gemahlen, immer ganz kaufen, sie schmekken einfach frischer, sind saftiger, werden nicht so schnell ranzig. Ausnahme: gestiftelte und blättrige Mandeln – sie kriegt man zu Hause nicht so gut hin, deshalb muß man auf gekaufte zurückgreifen, wenn man sie für bestimmte Rezepte braucht. Achten Sie darauf, daß sie keine gelblichen Ränder haben und nicht eingetrocknet wirken. Und noch eins: Sparen Sie bei Nüssen nicht! Eine einzige ranzige oder schlechte Nuß kann den ganzen Teig verderben. Also lieber auf Nummer Sicher gehen und eine etwas teurere Qualität verwenden! Das gilt übrigens auch für das Fett, das Sie zum Backen verwenden.

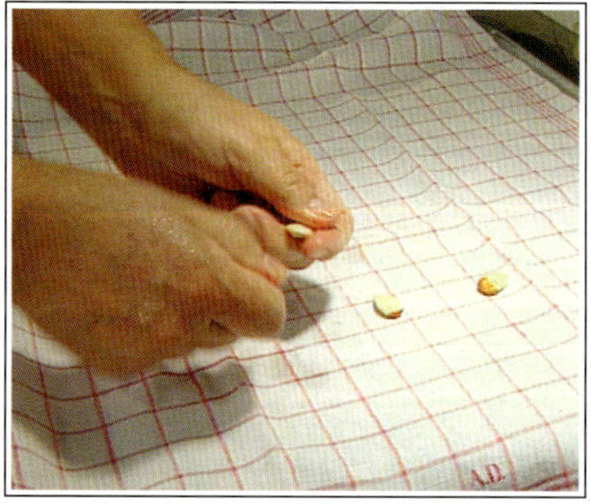

Mandeln aus der Haut herausschnipsen. Immer gut abtrocknen, bevor man sie verwendet

Butter oder Margarine?

Natürlich ist es nicht nur Geschmackssache, sondern auch eine Frage des Geldbeutels, aber für die Weihnachtsbäckerei sollte

man lieber Butter, keine Margarine nehmen. Es schmeckt einfach so viel besser!

Kuvertüre

Auch hier beste Qualität verwenden. Auf keinen Fall Blockschokolade, das ist die einfachste Schokolade; sie ergibt nie einen glänzenden, glatten Überzug, sie wirkt sandig, wenn man sie schmilzt, und ergibt keine innige Bindung im Teig. Kuvertüre ist zum Backen gut geeignet. Man kann aber auch eine gute Tafelschokolade nehmen.

Das schönste Ergebnis erzielen Sie, wenn Sie die geschmolzene Schokolade einmal vollkommen abkühlen lassen und ein zweites Mal, ebenso vorsichtig, wieder erwärmen. Das gibt ihr Glanz, der auch beim Abkühlen bleibt!

Wie man die Plätzchen aufbewahrt

Auf alle Fälle sicher geschützt vor gierigen Hausgenossen – damit die Vorräte nicht längst geplündert sind, wenn Weihnachten endlich herangekommen ist. Plätzchen bleiben knusprig und können nicht austrocknen, wenn sie in dichten Schachteln oder sogar in Vorratsdosen aus Blech aufbewahrt werden. Wobei man unterscheidet zwischen Plätzchen, die knusprig sein und solchen, die mürbe werden sollen. Makronen z. B. bleiben in gut schließenden Dosen kroß, weichen in feuchter Atmosphäre auf. Plätzchen, die mürbe bleiben sollen, können in dekorativen Pappschachteln aufbewahrt werden.

Der *Tip* übrigens, damit der Schokoguß auch wirklich glänzt wie beim Konditor: Die Kuvertüre darf niemals zu heiß werden, nie mehr als Handwärme haben, sonst kristallisiert der Zucker aus, der Guß wird grießelig und bekommt nach dem Abkühlen weiße Spuren. Behutsam erwärmen, nicht alles auf einmal, sondern stückchenweise zufügen. Auf diese Weise läßt sich die Temperatur steuern, falls die Schokolade zu warm zu werden droht.

Apfelschnitze dazwischen sorgen für höhere Luftfeuchtigkeit und schützen zusätzlich vorm Trokkenwerden.

Mehl sieben? Nötig oder überflüssig?

Schmutz wird man damit auf keinen Fall mehr herausfiltern, natürlich ist Mehl absolut sauber, wenn wir es kaufen. Wichtig ist das Sieben nicht aus Hygienegründen, sondern weil es dadurch aufgelockert wird, Luft in den Teig gelangt und er dadurch duftiger wird. Es ist also durchaus nicht überflüssig, sondern stets angesagt, Mehl durchzusieben, bevor man es verarbeitet.

Man kann dazu eigens gedachte Mehlsiebe verwenden, es geht aber auch ganz einfach mit jedem haushaltsüblichen Sieb.

Beschleunigen läßt sich der Durchmarsch des Mehls, indem man mit einem Kochlöffel kräftig rührt und das Mehl in Bewegung hält.

Das Backen: Heißluft, Umluft, Ober- oder Unterhitze?

Wer seinen Backofen kennt, weiß mit ihm umzugehen, kennt die Macken und Vorzüge. Wer ihn jedoch nicht allzu häufig benutzt, steht bei der Weihnachtsbäckerei vor vielen Fragen, zum Beispiel: Kann ich mehrere Bleche auf einmal in den Ofen schieben? Sonst dauert die Bäckerei ja ewig. Antwort: im Prinzip ja. Aber ... In jedem, auch im herkömmlichen Ofen lassen sich flache Gebäckstücke wie Plätzchen durchaus auf einmal backen, allerdings muß man dabei einiges beachten.

Im Umluft oder Heißluftofen wird die heiße Luft umhergewirbelt, und dieser Luftstrom sorgt dafür, daß auf allen Blechen einigermaßen gleichmäßige Hitze herrscht. Man braucht sich nicht weiter darum zu kümmern, muß nicht, wie im herkömmlichen Backofen, die Bleche ab und zu drehen, damit alle Gebäckstücke gleichermaßen von Hitze umfächelt sind. Dieser direkteren und gleichmäßigeren Hitzebewegung verdankt es der Heißluft-/Umluftofen, daß man mit einer geringeren Temperatur auskommt.

Faustregel: Es genügt eine Hitze, die rund 20 Grad unter der des herkömmlichen Backofens liegt. Beispiel: Statt bei 200 Grad im herkömmlichen Backofen genügen im Heißluftofen 180 Grad. Es empfiehlt sich übrigens trotz allem, stets einen Blick auf das Backwerk zu haben, vor allem, wenn man es noch hell haben will – oft herrschen im Ofenraum an der Türseite schwächere Temperaturen als an der Rückwand. Damit die Gebäckstücke nicht ungleichmäßig bräunen, sollte man nach zwei Dritteln der Backzeit die Bleche einfach wenden.

Tip: Falls am Weihnachtsbacknachmittag die Bleche ausgehen: Überziehen Sie die Drahtroste des Backofens einfach mit doppelt gelegter, starker Alufolie – darauf lassen sich die Plätzchen ebensogut betten und backen.

Für insgesamt 200 Stück (pro Sorte also ca. 65):
400 g zimmerwarme Butter, 350 g Puderzucker, 6 Eigelb, abgeriebene Zitronenschale,
600 g Mehl, 1 EL Kakaopulver, 1 Eigelb zum Bestreichen, Hagelzucker,
3 EL Johannisbeer- oder Himbeergelee, Puderzucker zum Bestäuben,
3 EL Quittengelee

Butter-S

DIE REZEPTE

Butter-S, Husarenkrapfen und Schokobusserln

Ein Teig und gleich dreierlei Plätzchen, wenn das nicht zeitsparend ist!

❶ Die Butter mit dem Zucker dick und schaumig rühren, Eigelb zufügen und schließlich die Zitronenschale.

❷ Das Mehl einarbeiten, den Teig mit der Hand einmal durchkneten, schließlich in drei gleich große Portionen teilen.

❸ Zwei davon zu einer Rolle geformt und in Folie gepackt kaltstellen. Die dritte Portion mit dem Kakaopulver durchkneten, bis sie schokoladenbraun ist. Ebenfalls zur Rolle formen und kaltstellen.

❹ Für Butter-S von einer hellen Rolle Scheiben abschneiden, dikke, kleine S formen und auf Backpapier setzen. Mit verquirltem Eigelb einpinseln, mit Hagelzuckerkörner bestreuen und im 200 Grad heißen Ofen etwa 10 bis 12 Minuten backen.

❺ Für Husarenkrapfen die zweite Rolle ebenfalls in Scheiben schneiden, haselnußkleine Kugeln formen, mit einem Kochlöffelstiel eine Höhlung in die Mitte drücken. Die Krapfen auf Backpapier setzen und bei 200 Grad 10 bis 12 Minuten hell backen. Das Johannisbeer- oder Himbeergelee aufkochen, in eine kleine Plastiktüte füllen und jeweils einen

Husarenkrapfen

Klecks in die Höhlung setzen. Husarenkrapfen dick mit Puderzucker bestäuben.

❻ Für **Schokobusserln** die dunkle Rolle in Scheiben schneiden, wie Husarenkrapfen formen, mit Loch versehen und backen. Statt roter Marmelade goldene Aprikosenkonfitüre in die Mitte setzen. Nur zart mit Puderzucker bestäuben.

Tip: Falls der Teig während des Verarbeitens sehr warm und weich geworden ist, zwei Stunden kalt stellen, bevor man die Bleche in den Ofen schiebt. Und: Gut abtrocknen lassen, das Gelee muß richtig fest werden, bevor man die Plätzchen verstaut.

Schokobusserln

Vanillekipferln (1. Rezept)

Für ca. 70 Stück:
250 g Mehl, 200 g Butter, 100 g Puderzucker, 75 g geschälte Mandeln, 1 Prise Salz, 2 Tütchen Vanillezucker sowie Puderzucker zum Bestäuben

❶ Mehl, Butter in Flöckchen, den Puderzucker, die frisch geriebenen Mandeln, Salz und Vanillezucker rasch zu einem festen Teig kneten.

❷ Den Teig zu einer Rolle formen, in Folie gepackt eine Stunde ruhen lassen, dabei kühl stellen.

❸ Von der Rolle dünne Scheiben abschneiden, mit der flachen Hand auf der möglichst kühlen Arbeitsfläche (nur wenig Mehl zum Bestäuben nehmen!) zum Röllchen formen, dieses zu einem Hörnchen biegen. Keine Angst, mit der Zeit bekommt man Übung!

❹ Die Vanillehörnchen auf Backpapier setzen und bei 180 Grad etwa zehn Minuten backen, sie sollen unbedingt hell bleiben!

❺ Die Kipferln noch warm dick mit Hilfe eines Siebs mit Puderzucker bestäuben und auskühlen lassen.

Tip: Wenn Sie Puderzucker selber machen wollen, dann geben Sie 100 g Zucker und Mark aus einer Vanilleschote in einen Zerhacker.

Haselnußmakronen

Für 100 Stück:
6 Eiweiß, 450 g Zucker,
1 Prise Salz, 2 Tütchen Vanillezucker,
300 g Haselnüsse,
1/2 TL Zimt,
100 g Nougatmasse,
100 g Kuvertüre zum Dekorieren

❶ Eiweiß etwa 15 Minuten langsam steif schlagen, dabei Zucker, Salz und Vanillezucker hinzurieseln lassen. Schlagen, bis nichts mehr knirscht, allerdings sollte der Schnee cremig, nicht flockig wirken.

❷ Die Nüsse in der trockenen Pfanne rösten, dabei schütteln und rütteln, damit sie nicht verbrennen, sondern nur Duft entwickeln. Wenn sich kleine schwarze Punkte zeigen, sind die Nüsse soweit, daß man sie in ein Tuch schüttet und damit dann die Schale abrubbeln kann. Erst jetzt die Nüsse mahlen oder im Zerhacker sehr fein zerkleinern.

❸ Zusammen mit dem Zimt vorsichtig unter den Schnee ziehen. Die Masse in einen Spritzbeutel füllen (Lochtülle). Auf ein mit Backpapier belegtes Blech in Abständen voneinander Tupfen setzen – die Makronen sollen flach werden, also etwas auseinanderlaufen!

❹ Im 170 Grad heißen Backofen etwa 15 Minuten mehr trocknen als backen lassen – die Makronen sollen hell bleiben! Sie sind gar, wenn sie sich leicht vom Backpapier lösen lassen.

❺ Inzwischen das Nougat schmelzen. Jeweils zwei ausgekühlte Makronen an der Unterseite damit bestreichen und zusammensetzen.

❻ Zum Schluß die Kuvertüre schmelzen, in einen kleinen Plastikbeutel füllen, ein winziges Loch in die Ecke schneiden. Dadurch haarfeine Linien kreuz und quer über die Oberseite ziehen.

Moritz' Schokotrüffel

Für ca. 50 Stück:
125 g Kakaopulver,
250 g Puderzucker,
200 g zimmerweiche Butter, Kakaopulver und Puderzucker zum Wälzen

❶ Alle Zutaten bis auf Kakaopulver und Puderzucker zum Wälzen im Mixer oder besser noch mit der Hand zu einer homogenen Masse mischen.
Eventuell können sie die Masse auch aromatisieren, z. B. mit Cognac; dann kalt stellen.

❷ Mit einem Teelöffel Portionen abstechen und zwischen kühlen Handflächen zu Kugeln formen.

❸ Die Hälfte der Kugeln in Kakao, die andere Hälfte in Puderzucker wälzen. Kühl aufbewahren und frisch essen!

Mandelsplitter

Für ca. 50 Stück:
125 g helle und
125 g dunkle Kuvertüre,
1 EL Butter, 1 EL Honig,
300 g gestiftelte Mandeln

❶ Die Kuvertüre in zwei getrennten Töpfen schmelzen.

❷ Inzwischen die Butter in einer Pfanne schmelzen, den Honig darin verrühren und schließlich die Mandeln zufügen. Vorsichtig, aber gründlich rösten, die Stifte sollen golden werden, aber dürfen natürlich nicht verbrennen.

❸ Schließlich jeweils die Hälfte in die geschmolzene Schokolade rühren.

❹ Mit einem Löffel Portionen herausfischen und als Häufchen auf eine eingeölte oder mit Backpapier belegte Platte setzen und abkühlen lassen.

Grundrezept:
250 g geschälte Mandeln, 2 Bittermandeln oder einige Tropfen Bittermandelaroma, 250 g Puderzucker, 3 TL Rosen- oder Orangenwasser (gibt es in der Apotheke)

Marzipan

❶ Mandeln zuerst allein mahlen oder im Zerhacker zerkleinern, dann mit dem Zucker portionsweise im Zerhacker pürieren, bis sie sich zu einem festen Teig verbinden, dabei immer soviel Orangen- oder Rosenwasser zufügen, bis die gewünschte Konsistenz erreicht ist.

❷ Sollte der Teig noch krümelig wirken, weitermixen, notfalls tropfenweise warmes Wasser oder Rum oder Cognac einarbeiten.

❸ Den Teig dann nochmals mit den Händen durchkneten und schließlich nach Rezept verarbeiten. Zum Beispiel zu

Marzipankartoffeln

❶ Haselnußkleine Kügelchen abstechen und rund formen.

❷ Sie schließlich in Kakaopulver drehen und wälzen, bis sie rundum davon überzogen sind.

Tip: Die Marzipankartoffeln in ein Sieb geben, das Kakaopulver darüberschütten und nun so lange rütteln und schütteln, bis die Kartoffeln gleichmäßig von Kakaopulver überzogen sind. Über einer Schüssel oder einem Papier arbeiten, das alles überschüssige Pulver auffängt.

Bethmännchen

❶ Haselnußgroße Kugeln vom Marzipan abstechen. Jeweils drei geschälte Mandelhälften seitlich anlegen, so daß sie oben zusammenstoßen.

❷ Mit Eigelb einpinseln, das mit etwas Sahne glattgerührt wurde und bei 200 Grad etwa 5 bis 8 Minuten im Ofen backen, bis sie goldgelb geworden sind.

Marzipan-Nougat-Pralinen

❶ Das Marzipan zwischen zwei Blättern Klarsichtfolie einen halben Zentimeter dick ausrollen, dabei darauf achten, daß ein exaktes Rechteck entsteht. Nougatmasse (fertig gekauft) so zuschneiden, daß sie genau eine Hälfte der Marzipanplatte abdeckt. Die zweite Hälfte abschneiden und obenauf betten.

❷ Mit einem scharfen Messer rechteckige Pralinen ausschneiden. Diese Rohlinge in geschmolzene Kuvertüre tauchen und auf Gittern abkühlen lassen. Kurz bevor der Schokoguß fest wird, jeweils eine geschälte Mandel oder eine geröstete Haselnuß in die Mitte setzen. Ein wenig festdrükken, damit sie haften bleibt!

ZUSATZREZEPTE

Martinas Mokkatrüffel

Für etwa 40 Stück:
0,1 l Sahne, 4 EL starker Kaffee, 125 g Butter, 125 g Bitterschokolade, 2 EL Kaffeelikör, Zimt, Kakaopulver zum Bestäuben

❶ Sahne aufkochen, Kaffee und Butter zufügen. Erst wenn die Butter aufgelöst ist, die Schokolade in Stücke brechen und darin schmelzen. Mit Likör und Zimt würzen. Die Masse absolut glattrühren.

❷ Eine breite, flache, eckige Schale mit Klarsichtfolie auslegen, die Trüffelmasse hineingießen. Im Kühlschrank fest werden lassen. Aus der Form stürzen, die Folie abziehen, die Oberfläche dick mit Kakaopulver besieben.

❸ Die Trüffelmasse mit einem scharfen Messer – am besten zuvor erwärmen, aber unbedingt abtrocknen, bevor man damit schneidet! – in Rauten oder Quadrate schneiden. Vorsichtig in Pralinenhütchen setzen und bis zum Verzehr kühl stellen.

Florentiner

Für ca. 60 Stück:
100 g Butter, 1/8 l Sahne, 100 g Honig, 150 g Zucker, 200 g Mandelblättchen, 50 g Zitronat, 50 g Orangeat, 50 g kandierte Kirschen oder anderes buntes Obst, 150 g dunkle Kuvertüre

❶ Die Butter in einem Topf schmelzen, Sahne, Honig und Zucker zufügen. Fünf Minuten köcheln lassen, schließlich die Mandelblättchen hineinstreuen.

❷ Zitronat, Orangeat und Kirschen im Zerhacker so zerkleinern, daß noch deutliche, aber kleine Stücke zu sehen sind. Zu den Mandeln in die Honigmasse geben und weitere fünf Minuten köcheln – aufpassen, damit nichts ansetzt!

❸ Diese Masse auf ein mit Backpapier ausgelegtes Blech (30 cm mal 35 cm) verteilen und glattstreichen. Sie soll nicht höher als einen halben Zentimeter stehen.

❹ Die Florentinermasse bei 200 Grad etwa 12 bis 14 Minuten backen. Auf ein Brett stürzen, das Papier abziehen, den Teig abkühlen lassen.

❺ Schließlich mit einem scharfen, großen Messer die Platte in Rauten oder Quadrate schneiden.

❻ Die Kuvertüre schmelzen, die Florentiner jeweils halb hineintauchen und gut trocknen.

Springerle

Für ca. 50 Stück:
250 g Mehl, 2 Eier, 250 g Zucker, 1/2 TL Hirschhornsalz, 2 – 3 EL Anissamen

❶ Das Mehl einen halben Tag lang oder besser über Nacht auf der Heizung stehenlassen, damit es schön trocken und durchwärmt wird, dann durchsieben.

❷ Die Eier eine Stunde lang in der Küchenmaschine rühren lassen, nach und nach den Zucker hinzurieseln lassen. Erst wenn der Zukker vollkommen aufgelöst ist und nichts mehr knirscht, das Mehl einarbeiten, dabei das Hirschhornsalz zufügen. Diesen festen Teig zugedeckt zwei Stunden ruhen lassen. Anschließend 3 Millimeter dick ausrollen.

❸ Die Model nur lose auflegen, mit einem Messer Teigflecken in Modelgröße ausschneiden. Die Model wieder abnehmen, dick mit Mehl ausstäuben, bevor je ein Teigflecken behutsam, aber fest hineingedrückt wird.

❹ Die geprägten Teigstücke auf Backpapier setzen, das gleichmäßig mit Anis bestreut ist, darauf achten, daß die Anissamen gerecht auf die Teigflecken verteilt sind. Die Bleche über Nacht kühl, nicht zu kalt stellen, am besten in einem kühlen, trockenen Raum.

❺ Schließlich bei 170 Grad zehn Minuten backen. Die Springerle sollen schneeweiß bleiben. Sie sind gut gelungen, wenn sie ein fingerdickes Fußchen haben. Die Springerle gut auskühlen lassen und in einer Blechdose aufbewahren. Damit sie schön mürbe werden, Apfelschnitze dazwischenbetten.

Mandelkränzchen

Für ca. 35 Stück:
50 g Butter, 2 Eier, 250 g Zucker, 60 g gemahlene Mandeln, 360 g Mehl, 1/2 TL Hirschhornsalz, 1 gehäufter Teelöffel Zimt
Für den Guß: 250 g Puderzucker, 1 Eiweiß, rote Speisefarbe

❶ Die zimmerwarme Butter mit den Eiern so lange mit den Schneeschlägern der Küchenmaschine rühren, bis die Masse dick und schaumig ist. Dabei langsam, nach und nach den Zucker zufügen.

❷ Schließlich die gemahlenen, ungeschälten Mandeln, das Mehl sowie das Hirschhornsalz und den Zimt zufügen.

❸ Diesen geschmeidigen, aber festen Teig eine halbe Stunde in Folie gewickelt kalt stellen.

❹ Den Teig portionsweise auf Alufolie dünn ausrollen, die genau auf Backblechgröße zugeschnitten ist. In großem Abstand Ringe ausstechen – die kleinen Plätzchen herausheben und zwischen die Ringe setzen.

❺ Die Bleche mit den Kreisen und Plätzchen 24 Stunden lang kühl aber trocken stehenlassen, damit sie an der Oberseite antrocknen können.

❻ Schließlich bei 180 bis 190 Grad 15 bis 20 Minuten hellbraun backen. Die Plätzchen auskühlen lassen.

❼ Für den Guß Puderzucker und Eiweiß glattrühren. In zwei Portionen teilen, die eine Hälfte mit Speisefarbe rosa färben. Jeweils die Hälfte der Plätzchen mit weißem und mit rotem Guß bestreichen.

❽ Gut abtrocknen lassen, bevor die Plätzchen in gut schließende Dosen verpackt werden.

Himbeerbusserln

Für ca. 45 Stück:
225 g Butter, 100 g Zucker, 3 Eigelb, 100 g gemahlene, geschälte Mandeln, 240 g Mehl, Himbeermarmelade zum Füllen

❶ Zimmerwarme Butter mit Zukker und Eigelb eine Viertelstunde in der Küchenmaschine schaumig rühren.

❷ Das Mehl und die geriebenen Mandeln einarbeiten. Den festen Teig eine halbe Stunde in Folie gehüllt kalt stellen.

❸ Vom Teig kirschgroße Kugeln abzupfen und rund formen, auf das mit Papier belegte Blech setzen. Mit dem Kochlöffelstiel ein Loch in die Mitte drücken.

❹ Bei 180 Grad ganz hell backen.

❺ Die Marmelade in einen Spritzbeutel füllen und in die Höhlung spritzen. Gut trocknen lassen, bevor die Krapfen in Blechdosen geschichtet werden.

Vanillekipferln (2. Rezept)

Für ca. 75 Stück:
300 g Mehl, 80 g Zucker, 1 Tütchen Vanillezucker, 150 g geschälte, geriebene Mandeln, 250 g weiche Butter

❶ Alle Zutaten zu einem geschmeidigen Teig kneten. Zu Rollen formen, die einen fünfmarkstückgroßen Durchmesser haben. Kalt stellen, bis er wieder fest geworden ist. Scheiben abschneiden, Hörnchen formen. Bei 170 Grad etwa 18 bis 20 Minuten backen.

❷ Noch heiß in Vanillezucker wälzen: Dafür Puderzucker und ausgeschabtes Vanillemark oder pulverisierte Vanille mixen.

Mandelplätzchen

Für ca. 50 Stück:
250 g Butter, 375 g Mehl, 125 g Zucker, 5 Eigelb, abgeriebene Zitronenschale von einer Zitrone, 50 geschälte Mandeln, Eigelb zum Bestreichen, Hagelzucker zum Bestreuen

❶ Weiche Butter mit Mehl, Zukker, Eigelb und Zitronenschale zu einem Mürbeteig kneten. Rollen daraus formen, mit ca. 5 cm Durchmesser. Mindestens eine halbe Stunde kaltstellen. Scheiben abschneiden, flach drücken, jeweils eine Mandel in die Mitte betten, den Teig an den Seiten hochschlagen und um die Mandel drücken.

❷ Die Plätzchen auf mit Backpapier belegte Bleche setzen. Erneut kalt stellen.

❸ Vor dem Backen mit verqirltem Eigelb bepinseln und mit Hagelzucker bestreuen.

❹ Bei 200 Grad ca. 12 bis 13 Minuten backen.

Cedernbrot

Für ca. 50 Stück:
2 Eiweiß, 250 g Zucker, 1 Zitrone (Saft und Schale), 250 g geschälte, gemahlene Mandeln

❶ Eiweiß zu Schnee schlagen, den Zucker zufügen und weitere zehn Minuten schlagen, dabei langsam die abgeriebene Zitronenschale und den Saft zufügen.

❷ Von dieser Masse drei Eßlöffel mit Klarsichtfolie zugedeckt in einem Schälchen beiseite stellen.

❸ Unter den Rest die gemahlenen Mandeln heben. Diese Masse auf einer dick mit Zucker bestreuten Fläche knapp zentimeterdick ausrollen, Monde oder Rechtecke ausstechen.

❹ Mit dem beiseite gestellten Eiweiß bestreichen. Bei schwacher Hitze (150 Grad) ganz hell backen.

Zimtsterne

Für ca. 45 Stück:
3 Eiweiß, 350 g Zucker, abgeriebene Schale von einer Zitrone, 1 gehäufter EL Zimt, 1/2 TL gemahlene Nelken, 380 g gemahlene Mandeln

❶ Eiweiß langsam in der Küchenmaschine steif schlagen, den Zucker zufügen und weitere zehn Minuten schlagen. Von dieser Masse sechs Eßlöffel beiseite stellen.

❷ Unter den Rest die Gewürze (Zitronenschale, Zimt und Nelken) sowie die Mandeln heben. Wenn die Masse zu klebrig ist, mehr Zucker und Mandeln (jeweils die gleiche Menge) untermischen. Diese Masse auf einer mit Zucker bestreuten Arbeitsfläche gut einen Zentimeter dick ausrollen, Sterne ausstechen (das Förmchen immer wieder in Zucker tauchen, damit es nicht so klebt).

❸ Die Sterne mit dem beiseite gestellten Guß bestreichen. Auf Backpapier setzen. Bei 150 Grad etwa 12 Minuten backen – der Guß auf der Oberfläche soll weiß bleiben. Sie sind gar, wenn sie sich vom Papier lösen lassen. Gut verschlossen aufbewahren.

Gefüllte Haselnußmakronen

Für ca. 50 Stück:
2 Eier, 280 g Zucker, 280 g Haselnüsse, je 1/2 TL Zimt und Nelken
Für die Füllung:
50 g Butter, 3 EL Puderzucker, 50 g Schokolade

❶ Eier und Zucker in der Küchenmaschine auf höchster Stufe fünf Minuten schlagen, die gemahlenen Nüsse und die Gewürze untermischen.

❷ Auf einer gezuckerten Arbeitsfläche ausrollen, zweimarkstückgroße Kreise ausstechen. Man kann die Masse auch in einen Spritzbeutel füllen oder mit einem Teelöffel kleine Häufchen direkt aufs Backpapier setzen. Bei 150 Grad ca. 15 bis 16 Minuten backen.

❸ Für die Füllung Butter und Zucker schaumig rühren. Die Schokolade schmelzen und abkühlen, erst dann unter die Buttercreme rühren. Diese Füllung zwischen zwei Makronen streichen und sie zusammensetzen.

Kokosmakronen

Für ca. 50 Stück:
2 Eiweiß, 150 g Zucker, 1 Tütchen Vanillezucker, 50 g geschälte, geriebene Mandeln, 150 g Kokosraspel, 1 Prise Salz, 1/2 TL Zimt, 50 g dunkle Kuvertüre für den Guß

❶ Eiweiß dick und cremig schlagen, dabei langsam den Zucker mitsamt dem Vanillezucker zufügen.

❷ Die geriebenen Mandeln sowie die Kokosflocken einarbeiten, dabei mit Salz und Zimt würzen.

❸ Mit dem Spritzbeutel oder mit zwei Teelöffeln Häufchen auf mit Backpapier belegte Bleche setzen. Die Makronen bei 150 Grad etwa 18 Minuten hellblond mehr trocknen als backen.

❹ Die Makronen auskühlen lassen, dann mit der Unterseite in geschmolzene Schokolade tauchen. Gut abtrocknen lassen, bevor die Makronen in Dosen verstaut werden.

Mohnrauten

Für ca. 50 Stück:
100 g Butter, 3 Eigelb, 3 EL Puderzucker, je 1 TL Rum und Orangenlikör, abgeriebene Schale einer halben Zitrone, 100 g geriebene Mandeln, 150 g Mohn, 3 Eiweiß, 75 g Zucker

❶ Die weiche Butter mit dem Handrührer hell und cremig schlagen, nach und nach die Eigelb und den Puderzucker sowie Rum, Likör und Zitronenschale einarbeiten.

❷ Erst wenn die Creme glänzt, rasch die Nüsse, den frisch gemahlenen Mohn unterziehen. Zum Schluß die Eiweiß sanft steif schlagen, dabei langsam den Zukker hinzurieseln lassen. Den Schnee unter die Nußmasse heben. Diesen Teig auf einem mit Backpapier ausgelegten Blech glattstreichen. Bei 160 Grad 20 Minuten backen (Stäbchenprobe!).

❸ Den Kuchen auf ein Kuchengitter stürzen und auskühlen lassen. Die Teigplatte mit einem großen Messer in Rauten oder Quadrate schneiden. Dick mit Puderzucker bestäuben. Man kann die Mohnrauten auch mit Schokolade überziehen. Dafür läßt man die

Teigplatte zunächst unzerteilt und streicht gleichmäßig mit einer Palette die geschmolzene Kuvertüre auf. Erst wenn die Schokolade fest geworden ist, die Platte mit einem vorgewärmten Messer (stets gut abtrocknen, bevor man schneidet!) aufschneiden.

Schokoladenmakronen

❶ Mandelstifte, geriebene Schokolade, Kakao und Zimt in einer Schüssel mischen.

❷ Eiweiß in einer Metallschüssel steif schlagen, dabei den Zucker zufügen und weitere fünf Minuten schlagen.

❸ Jetzt die Schüssel in ein Wasserbad stellen und weiterschlagen, bis die Masse zäh und warm geworden ist.

❹ Die geriebene Schokolade unter die warme Masse mischen. Mit einem Teelöffel oder, besser noch, mit einem Spritzbeutel Häufchen davon auf Backpapier setzen. Die Plätzchen bei 150 Grad etwa 15 Minuten mehr trocknen als backen.

❺ Die Schokolade zum Verzieren schmelzen, in ein Tütchen füllen, dem man eine Ecke so kurz abschneidet, daß nur eine kleine Öffnung entsteht. Mit diesem Spritzbeutelchen kreuz und quer haarfeine Schokolinien über die Makronen ziehen.

Für ca. 50 Stück:
125 g gestiftelte Mandeln, 125 g geriebene, bittere Schokolade, 2 EL Kakaopulver, 1/2 TL Zimt, 2 Eiweiß, 125 g Zucker
Außerdem: 75 g Schokolade oder Kuvertüre zum Verzieren

Grog, Punsch & Tropendrinks
Heißes zum Aufwärmen und Festefeiern

Wenn es draußen kalt ist, muß man sich von innen wärmen – heiße Getränke tun dann gut. Und sie tun ein übriges, wenn man ihnen Geistvolles beigesellt. Ein heißer, geistreicher Punsch oder Grog bringt Wärme in die Glieder, hilft, wenn man durchgefroren vom Winterspaziergang heimkehrt und bewahrt durchgefrorene Menschen vor der Erkältung! Ein Grog ist immer heiß, wärmt also bereits durch seine Temperatur. Ein Punsch hingegen kann eisgekühlt sein, muß aber nicht. Wohingegen Tropendrinks, die schließlich aus der Wärme kommen, stets auf Eis gerührt daherkommen oder sogar mit Eis gemixt sind.
Uns interessieren heute aber auch besonders Punsche und Drinks, die jetzt in die dunkle und deshalb festliche Jahreszeit passen – schließlich ist Sylvester, es kommt der Karneval!

Was macht den Punsch zum Grog?

So ganz klar läßt sich nämlich das alles gar nicht auseinanderdividieren. Im Prinzip ist ein Grog ein heißes Getränk aus Wasser, eventuell auch Tee, und Rum oder Arrak.

Rum, das weiß man, kommt aus Südamerika, der beste übrigens wird auf den karibischen Inseln produziert, z.B. auf Martinique. Rum wird aus Zuckerrohr gebrannt – die einfachen Sorten aus der Melasse, also dem eingedampften Saft des Rohrs, feinere Qualitäten aus dem gepreßten, vergorenen Zuckerrohrsaft.

Arrak ist ein Schnaps, der aus Reis und dem Saft der Zuckerpalme gebrannt wird – also aus Asien stammt. Die Zuckerpalme, die dort heimisch ist, produziert kokosnußähnliche Früchte, deren Saft man so lange eindampft, bis er kristallisiert. Arrak indes ist ein wenig aus der Mode gekommen. Begnügen wir uns für unsere Grogs mit Rum. Da unterscheidet man den dunklen vom hellen, beziehungsweise weißen, also klaren Rum. Faustregel: Je heller der Rum, desto leichter im Duft und Aroma; je dunkler, desto kräftiger und intensiver.

Und was ist jetzt der Unterschied zwischen Grog und Punsch? Faustregel: Grog ist immer heiß, Punsch kann heiß sein, muß aber nicht. (Beweis: Zum Empfang Tony Buddenbrooks im Pensionat serviert das feine Fräulein Therese Weichbrodt ihm zu Ehren **„Bischof"** – ein roter und süßer Punsch, der kalt getrunken wird.) Grundrezept also für Punsch oder Grog oder heiße steife Sachen: Zucker, der in Wasser aufgelöst wird, dann Wein (weiß oder rot) und die jeweilige namensgebende Würzzutat sowie Spirituose.

Zum Mixen braucht man Eis

Mit den beiden kleinen Eiswürfelschalen, die sich im allgemeinen im Eisfach des Kühlschranks befinden, kommt man natürlich nicht aus, wenn man für Gäste mixen will. Da muß man sich behelfen. Entweder kauft man die praktischen Plastikbeutel, in die man nur Wasser einfüllen muß, um sie dann ins Gefrierfach zu legen. Die Eiswürfel muß man dann aus den Trennkammern auslösen. Oder man produziert mit allem, was zur Verfügung steht, schon tagelang vorher Eiswürfel, wie es der Kühlschrank schafft. Die gefrorenen Würfel werden dann in großen Plastikbeuteln verstaut, aus denen man entnehmen kann, wie man sie braucht.

Größere Würfel kann man mit Gefrierdosen, mit Joghurtbechern oder ähnlichen Kunststoffbehältern herstellen. Manche Getränkelieferanten bieten auch Eiswürfel im Kilopack an. Sorgen Sie jedoch in diesem Fall dafür, daß Sie genügend Platz in der Tiefkühltruhe haben, um die empfindliche Ware Eiswürfel zu lagern, bis Sie sie brauchen.

DIE REZEPTE

Zitronenpunsch

Für 4 Personen:
125 g Zucker, 1/8 l Wasser, Schale und Saft von 1 Zitrone, 1 Flasche Weißwein, 1/8 l weißer Rum

❶ Den Zucker im heißen Wasser auflösen, die dünn abgeschälte Zitronenschale – dabei heißt es aufpassen, damit auch wirklich eine schöne Spirale entsteht! – sowie den Zitronensaft zufügen.

❷ Schließlich den Wein angießen und alles erhitzen und ganz zum Schluß den Rum zugeben.

❸ Den Zitronenpunsch dampfend heiß servieren, möglichst einen Silberlöffel ins Glas stellen, damit das Glas nicht springt!

Feuerzangenbowle oder Crambambuli

Für 8 bis 10 Personen:
3 Flaschen Rotwein (Spätburgunder), 1 Zimtstange, 4 Nelken, 2 Sternanis, 2 Orangen, 1 Zitrone, 1 daumendikkes Stück Ingwer, 1 Zuckerhut, 1/2 l Rum (unbedingt 54% Alkohol)

Das ist der Hit für Ihre nächste Party – vielleicht sind Sie so gut wie Heinz Rühmann im gleichnamigen Film …

❶ Den Wein in einem schönen Topf oder sogar in einem passenden Kupferkessel erhitzen, die Gewürze zufügen.

❷ Die Orange und Zitrone heiß unter fließendem Wasser gründlich abbürsten, um sicherzugehen, daß kein Wachs oder gar Pflanzengift auf der Schale haftet. Mit einem scharfen Messer die Schale dünn abschneiden, so daß sie eine lange Spirale bildet. Es darf kein Fitzelchen der weißen

Haut von der Innenseite daran haften bleiben! Die beiden Früchte auspressen. Ihren Saft samt der Schale zum Wein geben.

❸ Den Ingwer schälen und in dünne Scheiben schneiden. Den Ingwer, die Nelken und den Sternanis zufügen.

❹ Den gewürzten und erhitzten Rotwein im Kessel auf einem Rechaud auf den Eßzimmertisch stellen, um den herum sich bereits die Gäste befinden sollten.

❺ Den Zuckerhut auf einer Zange (gibt es im Haushaltsgeschäft) darüberlegen.

❻ In eine hitzebeständige Kelle füllen Sie den Rum und zünden ihn mit einem Streichholz an.

❼ Gießen Sie den lodernden Rum über den Zuckerhut und löschen Sie das Licht, denn nun können Sie behaglich der bläulich züngelnden Flamme zuschauen.

Achtung, nie den Rum direkt auf den brennenden Zuckerhut gießen, sondern immer mit der Kelle.

❽ Die Flamme darf dabei nie zu hoch werden, damit der Zucker nicht in Brand gesetzt wird, er soll sanft schmelzen und in die Bowle tropfen.

Achten Sie darauf, daß über dem Topf nichts Brennbares hängt!

Leckerbissen, die dazu passen

Bevor man sich über eine Feuerzangenbowle hermacht, sollte man natürlich schon gegessen haben – sie ist kein Essensbegleiter. Aber unbedingt sollte man was zum Knabbern bereitstellen, damit der Alkohol nicht zu schnell ins Hirn steigt.
Hier ein paar Vorschläge:

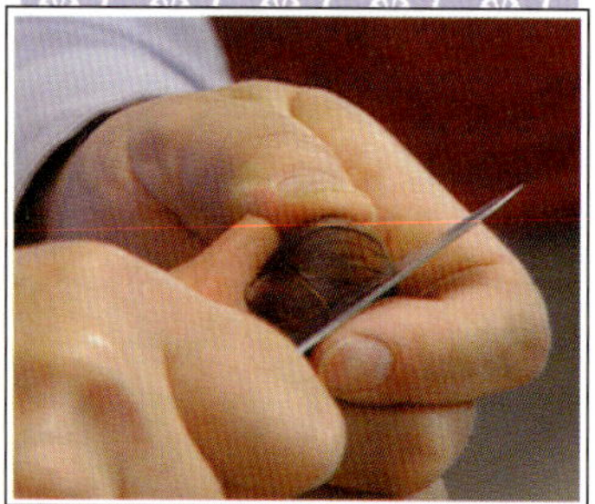

Geröstete Kastanien

Das macht dem Gastgeber kaum Mühe, ist ein höchst gehaltvoller Snack, also eine gute Unterlage, und den Gästen macht's Spaß beim Ausspulen. Die Kastanien auf der flachen Seite kreuzweise einritzen (ehrlich gesagt, es ist Wurscht, auf welcher Seite, Hauptsache daß, weil sonst die Kastanien aufplatzen, die sich in der Hitze ausdehnen!) auf ein Backblech breiten und im Ofen bei 200 bis 250 Grad 15 bis 30 Minuten rösten.

Gefüllte Datteln

Für 10 Personen:
20 frische Datteln (gibt's im Reformhaus, in guten Obstgeschäften oder im Feinkostladen),
200 g Frischkäse (z.B. Philadelphia),
2 Knoblauchzehen,
2 EL Kapern,
1 Bund Petersilie,
2 – 3 Cornichons,
2 – 3 Sardellenfilets,
Pfeffer, Worcestershire-sauce, Cayennepfeffer

Ein ebenso hübscher wie delikater Snack. Die kalorienreichen Datteln bilden eine gehaltvolle Unterlage, auf der sich gut aufbauen läßt! Die Datteln werden mit Frischkäse gefüllt, der mit Kapern, Kräutern, Gürkchen, Anchovis gemixt wurde.

❶ Die Datteln vorsichtig entsteinen – sie dafür mit einem scharfen Messer längs aufschlitzen, dann läßt sich leicht der Stein herauslösen. Käse und die übrigen Zutaten im Mixer pürieren – die cremige Füllung dabei kräftig würzen. Nur mit Salz aufpassen, die Anchovis und Kapern bringen wahrscheinlich genügend davon.

❷ Die Füllung in einen kleinen Spritzbeutel füllen – am schnellsten hat man ihn selbst gemacht: einen Gefrierbeutel nehmen, die Masse einfüllen, eine Ecke so kurz kappen, daß eine kleine Öffnung entsteht.

❸ Die Masse gleichmäßig in die Datteln verteilen, die beiden Dattelhälften wieder zusammendrükken, damit sie ihre ursprüngliche Form erhalten.

❹ Zum Servieren in kleine Papiermanschetten setzen oder auf Salatblättern hübsch anrichten.

Speckpflaumen

Für 10 Personen:
25 schöne Backpflaumen (am besten die etwas teureren Kurpflaumen aus dem Reformhaus nehmen), 25 geschälte Mandeln, 25 hauchdünne Scheiben durchwachsener Bauchspeck, Petersilie, Cayennepfeffer

Ein herrliches Häppchen, das sich prima vorbereiten läßt und wirklich nicht viel Mühe macht, aber jedem schmeckt!

❶ Die Pflaumen entsteinen, statt dessen eine geschälte Mandel hineinstecken. Jede Pflaume mit je einer Speckscheibe umwickeln, dabei jeweils ein Petersilienblatt so dazwischen packen, daß es vom Speck geschützt wird und nicht verbrennt, aber trotzdem als Farbakzent sichtbar ist.

❷ Die eingewickelten Pflaumen mit der Nahtstelle nach unten auf ein Backblech setzen und im 220 Grad vorgeheizten Rohr etwa zehn Minuten knusprig backen.

Tip: Zu den Pflaumen Zahnstocher reichen, dann lassen sie sich mühelos aus der Hand verspeisen. Aber Achtung: Machen Sie Ihre Gäste auf den Mandelkern im Innern aufmerksam, sonst mag womöglich einer erschrecken, wenn er plötzlich auf etwas Hartes beißt.

Cocktailwürstchen im Goldmantel

Für 10 Personen:
3 Scheiben Blätterteig (aus der Tiefkühltruhe, gibt's schon ausgerollt!), 8 Wiener Würstchen oder 300 g Cocktailwürstchen, 1 Ei, 2 – 3 EL Milch, 1/2 TL Paprikapulver

❶ Den Blätterteig auftauen lassen. Jeweils ein kleines Cocktailwürstchen ganz oder auch Stücke von normalen Würstchen darin einwickeln.

❷ Die Päckchen mit Ei, das mit Milch und Paprika verquirlt wurde, einpinseln. Auf mit Backpapier belegtes Blech setzen und bei 220 Grad etwa zehn Minuten backen.

Tip: Natürlich können Sie auch andere Würste in den Teig hüllen und backen – gut schmeckt auch Blutwurst (Flöns), Würfel vom Kaßler oder von Salami.

Piña Colada

Pro Person:
dieselben Zutaten wie unten, zusätzlich 1/8 l frisch gepreßter Ananassaft (siehe Tip)

Die gut geschüttelte Piña Colada mit dem Ananassaft aufgießen, erneut durchschütteln oder sogar mixen und im Longdrinkglas servieren.

Tip: Natürlich kann man Ananassaft in der Dose kaufen. Aber selbst gepreßt ist er einfach noch mal so gut. Ananas ist ja heutzutage wirklich nicht mehr teuer, man muß nur wissen, wie man die Frucht zu Saft macht. Einfach pressen, das klappt nicht. Man muß sie zunächst schälen: mit einem scharfen, großen Messer Schopf und Stielende kappen. Dann die gelbe Schale dünn abschneiden. Die schwarz behaarten „Wimpern" um die Augen mit einem spiralartig angesetzten Schnitt herauskerben. Jetzt die Ananas vierteln, den harten Strunk aus der Mitte herausschneiden und das Fleisch in Stükke hacken. Portionsweise im Mixer pürieren, dabei eiskaltes Wasser zufügen, soviel, bis die richtige Konsistenz erreicht ist. Sollte die Ananas nicht süß genug sein, kann man sie jetzt ruhig zuckern. Findet man sie nicht säuerlich genug, frischt man sie mit etwas Zitronensaft auf. Den Ananassaft kann man ihm Kühlschrank einige Tage aufbewahren, muß ihn aber vor Gebrauch immer wieder aufmixen oder aufschütteln. Man kann die Obststücke auch in einer Zitruspresse ausdrücken (eine, die man zusammenpreßt!) – die Fruchtstücke dabei einige Male wenden, damit auch wirklich alles ausgenutzt wird.

Coconut-Dream

Pro Person:
1/8 l Kokosmilch aus der Dose (sollte die Kokosmilch ungesüßt sein, dann nehmen Sie 2 EL Zuckerlikör),
2 EL Kokoslikör,
2 EL weißer Rum,
2 EL Zuckersirup,
reichlich Eiswürfel,
Minzeblättchen

❶ Alle Zutaten im Mixbecher gründlich schütteln, in einem hohen Longdrinkglas servieren.

❷ Mit einem Minzeblättchen dekorieren.

Mai Tai oder Planter's Punch

Pro Person:
zerstoßenes Eis,
2 EL dunkler Rum,
2 – 3 EL Zuckersirup,
1 EL Grenadinesirup,
1/8 l Orangensaft,
Minze- oder Melisseblätter

❶ Das Eis in den Mixbecher füllen, mit Rum, Zuckersirup und Grenadine tränken und mit Orangensaft auffüllen.

❷ Kräftig schütteln.

❸ Im Longdrinkglas mit Blättern verziert servieren.

Karibischer Rum-Punsch

Pro Person:
1 Limone, 2 EL Zuckersirup, 3 – 4 EL weißer Rum, zerstoßenes Eis

❶ Von der Limone ein Stück Schale abschneiden und über einem Glas zerdrücken, damit die ätherischen Öle darin aufgefangen werden.

❷ Die Limone entsaften – und zwar auf folgende Weise: schräg zur Mitte jeweils Segmente abschneiden, diese über dem Glas gut ausdrücken – nur so gelangt man an den Saft der Früchte. Sie geben ihn nicht preis, wenn man sie wie eine Zitrone halbiert.

❸ Zuckersirup, Rum und Eiswürfel zufügen, gut verrühren.

❹ Nach Belieben mit einem Limonenschnitz dekorieren.

Zuckersirup oder Barzucker

Braucht man immerzu beim Mixen, gehört also in jede Hausbar. Es ist im Prinzip ganz einfach und sehr schnell hergestellt: 1 l Wasser und 1 kg Zucker aufkochen, bis der Zucker vollständig aufgelöst ist.
Kenner und Fachleute nehmen zum Mixen, wenn's was Besonderes sein soll, braunen, also ungereinigten echten Rohrzucker dafür, der viel aromatischer und würziger schmeckt als der braune Rübenzucker, auch Farinzucker genannt. Übrigens kann man karibischen Rohrzuckersirup in gut sortierten Spirituosengeschäften bereits fertig als Barzucker kaufen. Billiger und genausogut ist der selbstgekochte allemal. Vorausgesetzt, Sie verwenden guten, möglichst karibischen Rohrzucker dafür.

Für 4 Personen:
1 Tafel zartbittere Schokolade, nach Belieben
1 – 2 EL Puderzucker,
1/2 l Milch,
4 – 6 EL Rum,
200 g Sahne, Muskat

Tote Tante

❶ Die Schokolade (70 % bis 80 % Kakaoanteil) in Stücke brechen, in einen dickwandigen Topf geben. Behutsam schmelzen, auf sehr schwacher Hitze oder sogar im Wasserbad, damit die Schokolade nicht am Topfboden ansetzt.

❷ Inzwischen in einem zweiten Topf die Milch erhitzen. Sie portionsweise unter ständigem Rühren mit dem Schneebesen zur Schokolade gießen. Dabei stets erst dann nachgießen, wenn die Schokolade die vorige Milchportion aufgenommen hat.

❸ Die fertige Schokolade in Kakaobecher füllen, jeweils einen guten Schuß Rum hineingießen.

❹ Die Sahne cremig-steif schlagen und jeweils eine dicke Haube davon auf die Schokolade setzen. Einen Hauch Muskat über jede Portion stäuben und sogleich servieren.

Pro Person:
Zuckerstückchen, Rum, starker Kaffee, Schlagsahne

Pharisäer

Hierfür genaue Rezeptangaben mit Gramm und Litermaß zu geben ist gänzlich unnötig: Jeder mischt sich seinen Pharisäer nach eigenem Gusto.

❶ Zuckerstückchen in die Tasse stapeln – deshalb ist ein eher hoher Becher angesagt. Mit Rum tränken, mit Kaffee auffüllen.

❷ Einen dicken Klacks Schlagsahne obenauf setzen und auf gar keinen Fall umrühren.

❸ Man trinkt sich durch die eisgekühlte Sahneschicht an das feurige Getränk.

Punschtorte

Wenn man den Teig in zwei Formen bäckt, erhält man einen Mittelboden, der dank der gebackenen Unter- und Oberseite der Torte eine bessere Stabilität gibt, als wenn man einen hohen Boden dreimal durchschneidet. Natürlich können Sie jedoch die Teigmenge in einer etwas größeren Form backen.

❶ Den Zucker mit der Zitronen- und Orangenschale gründlich mischen. Unbedingt die Schale frisch abreiben, dabei über dem Zucker arbeiten, damit die ätherischen Öle, die dabei frei werden, in den Zucker gelangen.

❷ Eigelb in der Küchenmaschine oder mit dem Handrührer dick und cremig schlagen, dabei langsam den Zucker hinzurieseln lassen. Erst wenn die hellgelbe, fast weiße Masse glänzt und kein Zukker mehr knirscht, die Stärke auf die Oberfläche sieben und mit raschen Bewegungen unterrühren.

Die Orangenschale frisch abreiben

❸ Eischnee zu cremig-steifer Salbe schlagen. Diesen Schnee in zwei Partien unter die Eiermasse heben. Zuerst ein Drittel, um die Masse aufzulockern, dann den Rest sehr behutsam und vorsichtig, damit der Schaum nicht zusammenfällt.

❹ Zwei Springformen ausbuttern und mit Bröseln ausstreuen. Zwei Drittel des Teigs in eine Form, den Rest in die zweite Form gießen. Im 180 Grad heißen Backofen den hohen Kuchen 35 bis 40 Minuten, den flachen nur 25 Minuten lang hellbraun backen.

❺ Die Böden auf ein Kuchenrost, das mit einem mit Zucker bestreuten Tuch bedeckt ist, stürzen und auskühlen lassen. Den dicken Boden quer halbieren – das geht am einfachsten mit einem langen Sägemesser.

❻ Die Schnittflächen dieser Böden mit Aprikosenmarmelade einstreichen, die mit etwas Rum glattgerührt wurde. Die Böden aufeinandersetzen. Auch die

Für zwei Springformen von 24 cm Durchmesser oder für eine Form von 26 cm Durchmesser:
250 g Zucker, die abgeriebene Schale einer Zitrone und einer Orange (ungespritzte Früchte kaufen!), 8 Eier, 150 g Speisestärke, Butter für die Form, 150 g Aprikosenkonfitüre zum Füllen

Punschguß:
250 g Puderzucker, 2 – 3 EL weißer Rum
Außerdem: kandierte Früchte, Rosenblätter oder Veilchen zum Garnieren

Oberseite des dritten Bodens mit Aprikosenmarmelade einpinseln.

❼ Für den Guß Zucker und weißen Rum glattrühren. Den Guß mit einer Palette auftragen, dabei schön glattstreichen. Gut trocknen lassen.

❽ Die Oberfläche nach Gusto dekorieren – die Früchte in den eben noch weichen Guß setzen, damit sie daran schön haften bleiben.

❾ Vor dem Anschneiden unbedingt einen Tag durchziehen lassen!

Tip: Wenn Sie die ausgebutterte Form in den Kühlschrank stellen, können sie sehen, wo sie von der Butter schön weißlich überzogen ist. Ist nicht genügend Butter dran, dann können sie nachbuttern.

Tip: Wir haben in der Sendung die Torte zusätzlich mit Schokolocken dekoriert. Die runden Schokoladenblocks aus bitterer, Vollmilch oder weißer Schokolade, die genau auf eine sogenannte Käsegirolle passen (wie man sie für den „Tête de Moine" benötigt), können Sie mitsamt dem Lockenschaber, der Girolle, beziehen über: Vincent Becker, Gewerbestr. 11, 79285 Ebringen bei Freiburg; Tel.: 0 76 64/9 79 80, Fax: 0 76 64/97 98 99.

ZUSATZREZEPTE

Orangenpunsch

Für 4 Personen:
2 EL Earl-Grey-Teeblätter, 3/4 l Wasser, 4 EL Orangenlikör, 4 EL Rum, 1 Orange, 4 Kandissticks

❶ Die Teeblätter mit dem kochenden Wasser aufgießen und fünf Minuten ziehen lassen. Durch ein Sieb filtern, Orangenlikör und Rum zufügen.

❷ Die Orange heiß abspülen und dünn schälen, dabei darauf achten, daß eine Spirale entsteht. Sie im heißen Tee ziehen lassen.

❸ Den Saft auspressen und ebenfalls in den Tee gießen. Die Mischung noch einmal erhitzen. Dann in vier Teegläser verteilen, in denen die Kandissticks stehen. Erst trinken, wenn sie sich aufgelöst haben.

Eierpunsch mit Bier

Für 4 Personen:
1/2 l Bier, 3 EL Zucker, 1 Stück Zitronenschale, 4 Eigelb, 1/4 l Milch

Geradezu eine sättigende Sache, vor allem dann angesagt, wenn man durchgefroren und hungrig vom Winterspaziergang zurückkehrt.

❶ Bier, Zucker und Zitronenschale in einem Topf mischen und erhitzen. In einer Rührschüssel die Eigelb mit der Milch cremig schlagen, nach und nach etwa die Hälfte des heißen Biers zufügen.

❷ Schließlich alles in den Topf zum restlichen Bier gießen, dabei ständig mit dem Schneebesen schlagen und die Sache so lange erhitzen, bis der Punsch dampfend heiß ist und dicklich wird.

Apfelpunsch

Für 4 bis 6 Personen:
2 säuerliche Äpfel (zum Beispiel Boskoop), Zitronensaft, 1 Flasche Apfelsaft (1 l), 1 Zimtstange, 1 Sternanis, 1/8 l Apfelbrand (z. B. Calvados), Zucker nach Gusto

❶ Die Äpfel schälen, mit einem Apfelausstecher das Kerngehäuse entfernen. Die Äpfel in sehr feine Ringe hobeln. Sofort mit Zitronensaft beträufeln, damit sie schön hell bleiben. Den Apfelsaft in einem Topf erhitzen, dabei Zimt und Sternanis sowie ein Stück Zitronenschale zufügen.

❷ Die Apfelscheiben mitsamt dem Zitronensaft, in dem sie baden, in den Topf geben. Alles zwei bis drei Minuten köcheln. Erst ganz zum Schluß den Apfelbrand hineingießen. Den Punsch jetzt nicht mehr kochen lassen, in Teegläser füllen und heiß servieren.

Stichwortverzeichnis

Perlette
Grapes
Food
Stamp
Program
Dole

Rezeptverzeichnis

1. VORSPEISEN

2. SAUCEN / FONDS / DIPS

3. SUPPEN

4. SALATE

5. GEMÜSE

6. NUDELN UND KARTOFFELN

7. REISSPEISEN

8. GEFLÜGEL

9. FLEISCH

10. OFENGERICHTE / AUFLÄUFE

11. GERICHTE AUS DER FRITEUSE

12. PASTETEN UND TERRINEN

13. EIERSPEISEN

14. MEHLSPEISEN

15. BROT / GEBÄCK

16. AUS DER WEIHNACHTSBÄCKEREI

17. BEILAGEN

18. KÄSE

19. DESSERTS

20. GETRÄNKE